LE SAINT CURÉ D'ARS
(1786-1859)

DU MÊME AUTEUR
aux Éditions Salvator

Frère Gabriel Taborin. À l'école de la Sainte Famille
Préface de Mgr Guy Bagnard, évêque de Belley-Ars, 2004.
Traduit et édité en espagnol.

Sainte Jeanne de Chantal ou la Puissance d'aimer
Préface du Cardinal Philippe Barbarin, archevêque de Lyon, 2004.

Sainte Bernadette, la Voie de la simplicité
Préface de Mgr Perrier, évêque de Tarbes-Lourdes
et de Mgr Francis Deniau, évêque de Nevers, 2006.
Traduit et édité en italien et portugais.

Allez boire à la source ! Avec Bernadette.
Pièce de théâtre, préface d'Henri Tisot, 2007.

Bernadette, son histoire
Éditions en français, italien, espagnol, anglais, 2007.

Sainte Thérèse de Lisieux. La sainteté revisitée.
Préface de Mgr Jean-Pierre Cattenoz, archevêque d'Avignon, postface du Père Jean Clapier, 2007.

Don Bosco, par la force du cœur.
Préface du Père Jean-Marie Petitclerc, SDB, 2008.
Traduit et édité en italien.

Le Père Brisson. Un cœur qui bat à l'heure de Dieu.
Préface de Mgr Marc Stenger, évêque de Troyes, 2009.

Paroles du Curé d'Ars. Des prêtres pour nous montrer le chemin du Ciel,
2009.

Françoise Bouchard

LE SAINT CURÉ D'ARS

VISCÉRALEMENT PRÊTRE

Préface de Mgr Jean-Pierre Ricard
Archevêque de Bordeaux
Ancien Président de la
Conférence des Évêques de France

Postface du Père Jean-Philippe Nault
Recteur du sanctuaire d'Ars

SALVATOR
103, rue Notre-Dame-des-Champs
F-75006 Paris

Couverture : Isabelle de Senilhes/Dominique Lemonnier
© Illustration de couverture : Lumière du Monde
Maquette intérieure : *Atlant'Communication*

ISBN : 978-2-7067-0393-5
© **Éditions Salvator**, Paris, 2005 (2e édition 2009)
contact@editions-salvator.com
www.editions-salvator.com
Tous droits réservés pour tous pays.

À mon cher petit-Fils
Jean-Marie Garnaud

SECRÉTAIRERIE D'ÉTAT

SECTION
POUR LES AFFAIRES GÉNÉRALES

Du Vatican, le 17 septembre 2005

Madame

Vous m'avez fait parvenir récemment, à l'intention du Saint-Père, un exemplaire de votre livre intitulé : *« Le saint Curé d'Ars viscéralement prêtre »*. Je suis chargé de vous remercier de l'envoi de cet ouvrage, auquel le Pape a été particulièrement sensible.

En présentant ce prêtre, « patron de tous les curés de l'univers », héraut de l'Évangile auprès des habitants d'Ars, pasteur plein d'audace et de tendresse, comme un saint admirable, vous aidez les jeunes qui cherchent à se donner totalement au Seigneur. Puisse votre regard sur le saint Curé d'Ars inspirer ceux qui désirent devenir, à leur tour, des pasteurs pleins de tendresse au service du peuple de Dieu et des pierres vivantes de l'Église du Christ !

En vous confiant à l'intercession de Notre-Dame et du saint Curé d'Ars, le Pape vous accorde la Bénédiction apostolique, ainsi qu'à vos proches.

Je vous prie de croire, Madame, à mon religieux dévouement.

+A. Card. Sodano

Secrétaire d'État de Sa Sainteté

Madame Françoise BOUCHARD

Préface

Le livre de Françoise Bouchard *Le Saint Curé d'Ars, viscéralement prêtre* est passionnant. Il se lit facilement et offre à ceux qui ne connaissent pas ou connaissent mal la vie de saint Jean-Marie Vianney une approche saisissante. L'auteur restitue au Curé d'Ars toute la densité de son enracinement humain : son époque (cette première moitié du XIXe siècle), sa géographie (Dardilly, Écully et surtout Ars), sa famille, ses paroissiens, tous ceux qui vont croiser son chemin, mais aussi sa psychologie, ses débats intérieurs, son désir de fuite lié à une conscience extrêmement aiguë de son indignité. Rien ne sera occulté, ni sa lutte contre le « grappin », ni les dons particuliers dont il a bénéficié (intuition face aux personnes et guérisons). Mais ce livre nous permet surtout de saisir où se trouve le vrai secret de la sainteté du Curé d'Ars.

Il est cet homme qui s'est totalement livré à Dieu. Dès ses premières années, on sent chez le jeune Jean-Marie Vianney un goût pour la prière, une attention à la présence de Dieu dans la vie quotidienne, un désir de s'accorder à sa volonté. Sa mère remarque et encourage cette inclination vers Dieu. Elle l'aide à refuser le péché, cette rupture avec Dieu : « *Vois-tu, mon enfant,* lui disait-elle souvent, *si tes sœurs et tes frères offensaient le bon Dieu, j'en serais bien peinée, mais je le serais encore beaucoup plus si c'était toi.* » Pour lui, être prêtre c'est vivre tout naturellement ce don à Dieu. Malgré les difficultés et les années qui passent, il n'abandonne pas ce projet du sacerdoce et finalement c'est à près de trente ans qu'il sera ordonné prêtre par Mgr Simon, évêque de Grenoble. La conscience vive de ses limites, qu'il souligne parfois avec humour, et le sentiment profond de son indignité qui parfois nous étonne ne sont pas les marques maladives du manque d'une saine estime de soi. Ils ne sont que l'expression de son désir de ne pas faire écran au Christ, de ne pas mettre de brouillage à l'action du Seigneur dans son ministère. La célébration quotidienne de la messe va être dans sa vie ce moment où, accueillant l'amour du Seigneur qui donne sa vie, qui livre son corps, il va lui-même entrer dans cette dynamique du don total de soi. À un confrère qui lui demandait conseil pour l'oraison, il devait répondre : *« Dès le commencement de la journée, je tâche de m'unir fortement à Notre Seigneur et j'agis ensuite avec la pensée de cette union. »*

Et c'est en accueillant le Christ en soi, en se rendant totalement disponible à son action, que Jean-Marie Vianney va laisser le Christ, le Bon pasteur, former le pasteur en lui. Le Christ lui fait partager sa passion pour le Père et pour le salut de toutes ces foules auxquelles il est envoyé. Saint Matthieu nous dit à ce propos : « *À la vue des foules, il (Jésus) en eut pitié, car elles étaient harassées et prostrées comme des brebis qui n'ont pas de berger* » (Mt 9, 36). Le Christ sait voir la détresse des foules, car son regard est le fruit de sa pitié. Le mot de pitié (traduit aussi par miséricorde) est trop faible. En grec, le verbe employé ici renvoie aux entrailles. Il désigne le coup aux entrailles, l'émotion profonde, l'élancement intérieur de la mère qui voit tout à coup son enfant en danger. Oui, Dieu a pour nous des entrailles de père et de mère ! Je trouve très beau que Françoise Bouchard ait intitulé son livre : Le Curé d'Ars, *viscéralement* prêtre. Car le Christ a mis dans ce prêtre sa passion du salut de tous les hommes. En le nommant à Ars, ce petit village de 230 habitants, le vicaire général de Lyon lui avait dit : « Allez, mon ami. Il n'y a pas beaucoup d'amour de Dieu dans cette paroisse. Vous en mettrez. » Il ne pensait pas si bien dire ! Si Jean-Marie Vianney allait mettre de l'amour dans ce village et bien au-delà c'est parce qu'il était uni à celui qui avait dit : *« Il n'y a pas de plus grand amour que de se dessaisir de sa vie pour ceux qu'on aime. »* (Jn 15, 13) Marqué par une éducation qui garde des traces de réactions jansénistes, le Curé d'Ars va petit à petit se laisser envahir par le sentiment de la miséricorde de Dieu. Siégeant des heures à son confessionnal, il sera vraiment le disciple de celui qui fait « bon accueil » aux pécheurs (cf. Lc 15, 2) et dit aux Pharisiens : *« Ce ne sont pas les gens bien portants qui ont besoin de médecins, mais les malades... je ne suis pas venu appeler les justes, mais les pécheurs. »* (Mt 9, 12-13) Jusqu'au bout, le Curé d'Ars sera le serviteur de cet amour miséricordieux et de ce pardon qui appelle à la conversion. Malgré la fatigue et la lassitude, il ne désertera pas le lieu où le Seigneur l'avait mis. Il disait : *« Si j'avais déjà un pied dans le ciel et qu'on vînt me dire de revenir sur la terre pour travailler à la conversion d'un pécheur, volontiers je reviendrais. Et s'il fallait pour cela rester jusqu'à la fin du monde, me lever à minuit et souffrir comme je souffre, j'y consentirais de tout mon cœur. »*

Les conditions de vie et de ministère des prêtres ont bien changé depuis un siècle et demi. Quel est le curé aujourd'hui qui n'aurait la charge que d'une paroisse de 230 habitants ? Mais la source de la fécondité du ministère apostolique est bien toujours la même : la disponibilité au Christ Pasteur et l'accueil de son action par nous et en nous. Dans son Décret sur le ministère et la vie des prêtres *Presbyterorum Ordinis*, le Concile Vatican II le souligne fortement : « *Le Christ qui fait toujours dans le monde, par l'Église, la volonté du Père, continue à agir par ses ministres. C'est donc lui qui demeure toujours la source et le principe de l'unité de leur vie. Les prêtres réaliseront donc cette unité de vie en s'unissant au Christ dans la découverte de la volonté du Père, et dans le don d'eux-mêmes pour le troupeau qui leur est confié. Menant ainsi la vie même du Bon Pasteur, ils trouveront dans l'exercice de la charité pastorale le lien de la perfection sacerdotale qui ramènera à l'unité leur vie et leur action. Or, cette charité pastorale découle avant tout du sacrifice eucharistique ; celui-ci est donc le centre et la racine de toute la vie du prêtre, dont l'esprit sacerdotal s'efforce d'intérioriser ce qui se fait sur l'autel du sacrifice. Cela n'est possible qui si les prêtres, par la prière, pénètrent de plus en plus profondément dans le mystère du Christ.* » (n° 14) La vie et le ministère du Curé d'Ars sont une magnifique illustration de cette unité intérieure qui est un don du Seigneur. Merci à Françoise Bouchard de l'avoir si merveilleusement évoqué.

† Jean-Pierre RICARD
Archevêque de Bordeaux
Président de la Conférence
des Évêques de France

Préambule

Au seuil d'une vie
« Objets inanimés, avez-vous donc une âme[1] ? »

Le temps était bien gris et froid, en cet après-midi de fin d'automne où j'ai sonné devant le vieux portail de bois de la ferme des Vianney, à Dardilly.

Les membres glacés par un fin brouillard pénétrant, j'ai gravi, une à une, les six marches de pierre passablement érodées, donnant accès à un perron sans rampe.

Dès que j'eus franchi le seuil de la salle commune, la chaleur qui m'envahit le cœur me fit oublier la température ambiante, malgré l'absence de feu dans la cheminée et de braises dans le triple foyer du « potager ».

Qui ne serait saisi d'attendrissement, comme je le fus moi-même, à la vue de cette alcôve encastrant un lit surmonté d'un grand crucifix avec un Christ au visage paisible et miséricordieux ? Le lit des parents Vianney ! J'ai effleuré de la main la paillasse sur laquelle Jean-Marie,

1. Alphonse de Lamartine, « Milly ou la Terre Natale », *Harmonies Poétiques et Religieuses*.

comme ses frères et sœurs, s'éveilla à la vie et poussa ses premiers vagissements. Quelle émotion !

Je me suis assise délicatement sur l'un des deux bancs plaqués contre la longue table rustique en bois, avec ses tiroirs à couverts et, accolée par la droite et la prolongeant, sa vaste huche où, de semaine en semaine, prirent place tant de miches et couronnes dorées à point dans le four à pains du fournil « maison ». Un instant, les yeux mi-clos, je m'imaginai sans peine toute la famille attablée mangeant, dans des écuelles de terre cuite, la soupe fumante au lard et aux légumes, en compagnie des invités du jour : quelques habitués, suivis de deux ou trois pauvres de passage, toujours accueillis avec une égale générosité.

Un moment, j'ai contemplé le contraste harmonieux entre le sombre buffet bas réservé à la vaisselle des grands jours et le mur, grossièrement blanchi à la chaux, auquel il est adossé.

À gauche, la haute armoire à linge, fabriquée sur mesure, frôle le plafond ; tout comme, à droite, la vieille horloge aux boiseries sobrement sculptées et aux aiguilles figées sur leur cadran, qui reste murée dans un pesant silence... Et pourtant, ces aiguilles, combien de fois ont-elles réitéré leur course circulaire sur ce cadran de faïence blanche ? Ce balancier, enchâssé dans sa caisse de noyer, que de secondes a-t-il scandées de son tic-tac égrenant inexorablement la marche irréversible du temps ? Et ce carillon, combien d'heures, tristes ou joyeuses, a-t-il sonnées, au rythme des joies et des peines des Vianney ?

C'est au pied de cette horloge que j'ai porté un regard attendri vers cette chaise en paille où, pendant les jours noirs de 1797, un prêtre réfractaire, lors d'une visite clandestine, a confessé Jean-Marie pour la première fois.

J'ai jeté un œil tout aussi ému sur la « réserve » dans laquelle on voit encore l'évier où madame Vianney et ses filles faisaient la vaisselle et le placard à victuailles à deux battants, toujours approvisionné du temps de l'enfance de Jean-Marie qui, devenu prêtre, l'évoquera pour symboliser la « sainte réserve » du tabernacle.

En quittant cette pièce, si riche en souvenirs, j'ai tenu à en graver quelques autres dans ma mémoire en poursuivant ma visite. J'ai marqué une halte devant le puits où Jean-Marie a dû tirer maints seaux d'eau fraîche et limpide pour les besoins de la ferme. J'ai pénétré dans le fournil où une pelle à pain, appendue au mur de pierre partiellement décrépi, témoigne, par son usure, de la durée et de la fréquence de son utilisation.

Dans l'étable, au sol recouvert d'une légère couche de paille et de foin, j'ai perçu une présence tout aussi intense de Jean-Marie, particulièrement à l'emplacement du lit, aménagé contre le mur du fournil, pour lui-même et son frère qui dormaient là, en compagnie de l'âne, des quatre vaches et des moutons. Touchante reviviscence de l'humble étable de Bethléem, à faire vibrer les cœurs les plus endurcis !

Le cellier et la cave ne sont pas moins habités par le souvenir du jeune berger devenu travailleur des champs, avec leur décoration rustique : bêches, pioches et faucilles, « grappins » – *n'oublions pas le terme* – spécifiques au travail de la vigne, fléaux et vans servant à battre et nettoyer le grain... C'est sur cette évocation des outils utilisés par Jean-Marie pour féconder sa prière dans le travail, que j'ai salué le Frère Yves, auxiliaire du clergé, qui m'a guidée dans ma visite. Et quand il a refermé sur moi le lourd portail de la cour, j'étais plus déterminée que jamais à concrétiser mon dessein : retracer la vie de cet humble paysan qui allait devenir, pour sa paroisse, pour son pays, et pour le monde : le « saint Curé d'Ars ».

I

Une foi nourrie dans l'épreuve

Quand l'amour précède la connaissance

« Entre le bœuf et l'âne gris »

Un soir, non précisé par la « petite histoire », de cette triste année 1789, Marie Beluse, l'épouse de Matthieu Vianney, aidée de Catherine, sa fille aînée, âgée de neuf ans, s'active à préparer la soupe. Une tâche quotidienne qui n'est pas de tout repos !

Car la famille Vianney – *qui compte alors six membres*[1] – accucille, chaque soir, son lot de mendiants locaux et chemineaux auxquels elle offre une écuelle de soupe et, aux mauvais jours, un asile pour la nuit.

Comme elle le fait régulièrement, madame Vianney balaie la pièce du regard pour surveiller son petit monde.

1. Catherine est née le 1er juin 1780. Jeanne-Marie, née le 10 septembre 1782, est décédée en bas âge ; François, est né le 28 septembre 1784. Jean-Marie, le 8 mai 1786. Marguerite, le 8 octobre 1787. Le petit François, qui sera surnommé « Cadet » pour ne pas le confondre avec François l'aîné, devait être attendu par sa mère, car il allait naître le 20 octobre 1790.

Gothon – *ainsi est surnommée Marguerite, qui va vers ses deux ans* – est bien là, qui joue avec François, son grand frère, âgé de cinq ans. Mais Jean-Marie, qui n'a guère plus de trois ans, n'est pas avec eux. Elle ne tarde pas à se rendre à l'évidence : l'enfant a disparu !

Elle s'élance vers la porte, descend en toute hâte les marches du perron, crie plusieurs fois le nom de son fils en le cherchant désespérément dans les moindres recoins de la cour. Survient alors une pensée qui l'épouvante : ne serait-il pas tombé dans la « serve », cette petite mare qui, derrière le mur limitant le jardin, sert d'abreuvoir aux bêtes de la ferme ? Elle se précipite dans sa direction.

Dieu merci, pas de traces de Jean-Marie de ce côté-là ! Elle se dirige avec autant de hâte vers le fournil : il aurait pu s'y réfugier et, de là, se faufiler dans la cave ou la remise, où il risquerait de se blesser avec les outils aratoires... Elle y arrive, à bout de souffle. Elle stoppe net sa course folle. Derrière le mur jouxtant l'étable, elle entend le chuchotement d'une voix enfantine. Elle y pénètre sans bruit. La scène qui s'offre à ses yeux dissipe toute son angoisse : Jean-Marie est là, agenouillé sur une couche de paille, tout près de l'âne gris et des brebis, entre deux vaches ruminant sereinement la bonne herbe grasse broutée dans l'après-midi. Il marmonne des prières, en fixant, d'un regard émerveillé, une petite statue de la Vierge qu'il tient entre ses mains, sans se rendre compte de la présence maternelle.

Toute à sa joie de le retrouver, madame Vianney bondit vers lui et le soulève dans ses bras pour le serrer contre sa poitrine. Les larmes qui perlent de ses joues traduisent l'inquiétude causée par sa disparition, qu'elle lui reproche sur un ton non dénué d'affection : « Comment, tu vas te cacher pour prier ! Tu sais bien que nous faisons nos prières ensemble. Pourquoi me donner une si grande inquiétude ? »

Le fautif se blottit plus fort contre elle et, lui enlaçant le cou entre ses petits bras, lui répond : « Mère, pardonnez-moi, je n'ai pas voulu vous faire de la peine ; je n'y retournerai plus[1] ».

Est-il besoin de préciser que le charmeur obtint un pardon immédiat ?

À l'école du détachement

Il n'est pas dénué d'intérêt de préciser ici les circonstances dans lesquelles Jean-Marie était devenu propriétaire à part entière de cette statuette qu'il avait l'habitude de fixer d'un regard admiratif, pendant la prière en commun du soir, sur le tablier de la cheminée.

Il avait un chapelet auquel il était très attaché. Marguerite, qui le trouvait à son goût, lui demanda un jour de le lui céder. Devant la fermeté de son refus, elle tenta de le lui arracher de force. Il s'ensuivit une dispute à grand renfort de cris et de gesticulations.

Madame Vianney jugea utile d'intervenir avant que l'objet du litige n'éclate en morceaux... Conservant tout son calme, elle fit appel aux bons sentiments de son fils pour l'inviter à l'offrir à sa petite sœur. Jean-Marie refusa d'obtempérer. Car, s'il avait à peine dix-huit mois de plus qu'elle, il ne se trouvait pas moins dans une situation d'aîné ; laquelle présuppose, selon bon nombre de parents, ce surcroît de raison qui est censé inciter les plus grands à de multiples renoncements en faveur de leurs benjamins. Mais madame Vianney n'était pas une femme dépourvue de tout sens pédagogique. Bien au contraire. La résistance opiniâtre de Jean-Marie l'incita à employer l'argument juste pour le frapper au cœur : « Donne-le pour l'amour du bon Dieu » lui lança-t-elle d'une voix douce et persuasive.

---

1. Déposition de Marguerite Vianney-Procès de l'Ordinaire, p. 1013.

« J'obéis, mais il m'en coûta bien des larmes », avouera Jean-Marie en commentant l'incident[1].

Madame Vianney était consciente de la douleur causée à son fils par cette première épreuve pratique de détachement. Aussi voulut-elle le consoler en lui faisant cadeau de la petite statue qui faisait l'objet de sa vénération : « Oh ! que j'aimais cette statue ! » dira-t-il à plus de soixante ans de distance. « Je ne pouvais m'en séparer ni le jour ni la nuit, et je n'aurais pas dormi tranquille si je ne l'avais pas eue à côté de moi, dans mon petit lit... La sainte Vierge, c'est ma plus vieille affection. Je l'ai aimée avant de la connaître[2]. »

Des gestes familiers...

Ce n'est pas seulement vers Marie qu'allaient toutes ses aspirations. Depuis le 8 mai 1786, jour de sa naissance et de son baptême[3], il avait, comme tout chrétien, reçu le don de la foi. Mais tout au long de la journée, sa mère, préoccupée de vivifier cette foi, veillait à lui faire prendre conscience d'une présence intime de ce Dieu invisible « qui a tant aimé les hommes » et souhaite ardemment de leur part, un amour réciproque. Elle suscita en lui, très tôt, ces petits élans du cœur vers ce Dieu aimant : un regard vers le crucifix, présent dans chaque pièce, un signe de croix au lever, un avant chaque repas, un au coucher, qu'elle lui aidait à tracer, dès le

1. *Le Curé d'Ars*, Monnin, 1868, pp. 7 et 8. *Petit Mémoire sur M. Vianney Curé d'Ars*, p. 30 (1re rédaction).
2. Déposition de Marguerite Vianney-P. O., p. 1012. Jeanne-Marie Chanoy, p. 677.
3. Il ne reste rien de l'ancienne église de Dardilly. Dans l'actuelle, on a enchâssé la cuve en cuivre où fut baptisé Jean-Marie, dans le baptistère orné de mosaïques. On peut y lire tout autour cette inscription : « De cette fontaine est né dans le Christ J.-M. Vianney le 8 mai 1786 » (traduction du latin).

berceau, en guidant sa petite main qu'elle tenait dans la sienne.

À peine avait-il une quinzaine de mois qu'il refusa un jour de manger sa soupe, en marquant d'un vigoureux mouvement de tête un non catégorique. Serrant les lèvres avec une énergie inhabituelle, il se montrait inflexible aux exhortations affectueuses de sa mère à accepter d'avaler la cuillerée de potage qu'elle lui présentait[1]. Alors qu'elle s'interrogeait sur les raisons ayant pu motiver un tel comportement, il lui tapota la main en l'invitant, avec insistance, à la placer sur son front : elle avait oublié de l'aider à faire son signe de croix ! Geste réflexe inspiré par l'habitude ? Ou sentiment d'un sens de Dieu prématuré le disposant à accomplir toutes ses actions même les plus simples, sous son regard divin ?

... Pour entrer dans l'intimité de Dieu

L'initiation à la vie chrétienne donnée par sa mère ne se limitait pas, pour Jean-Marie, à une série de gestes pieux. Qu'elle soit dans la maison ou dans le fournil à pétrir le pain ou à faire la lessive[2], dans la cour pour donner à manger aux volailles, dans le jardin ou le verger, elle lui parlait de Dieu, de Jésus et de sa Mère. Elle lui apprenait le « Notre Père » et le « Je vous Salue Marie » en lui commentant chaque terme avec des mots et des images adaptées à son âge. Tout jeune, il récitait la « Salutation Angélique » à chaque sonnerie horaire de l'horloge et à celle de l'Angélus de midi et du soir.

Vers sa troisième année, il avait plaisir à suivre sa mère à l'église pour assister à la messe en semaine. Elle

1. Déposition de Marguerite Vianney, P. O., p. 1011.
2. Dans le fournil, on voit encore la « chaudière à lessive » avec sa cuve où elle faisait bouillir son linge après l'avoir lavé, selon l'usage de l'époque, avec des cendres de bois faisant office de détersif.

lui expliquait à voix basse les attitudes du prêtre et leur sens, et certaines des prières qu'il récitait en latin.

Ces quelques considérations, d'un témoin digne de confiance puisqu'il s'agit de sa sœur, n'ont pas le moindre but d'édification. Elles tendent à nous présenter Jean-Marie comme un enfant ayant baigné, par l'influence maternelle, dans cette atmosphère de familiarité avec Dieu où l'amour précède la connaissance.

Madame Vianney avait conscience que cette inclination vers Dieu, infusée par ses soins à tous ses enfants, était bien plus ancrée encore en Jean-Marie. C'est pourquoi, soucieuse de cultiver un terrain aussi propice, elle s'efforçait de lui donner une horreur du péché : « Vois-tu, mon enfant, lui redisait-elle souvent, si tes sœurs et tes frères offensaient le bon Dieu, j'en serais bien peinée, mais je le serais encore beaucoup plus si c'était toi[1] ».

Marie Vianney avait pressenti en son fils une âme d'élite que l'amour de Dieu ne cesserait de faire grandir. Son époux allait-il se reposer sur elle et négliger son rôle de père ?...

... et dévoiler le visage du Christ

Matthieu Vianney, occupé aux champs ou à l'étable la majeure partie de son temps, avait la piété moins apparente mais non moins réelle. C'était un chrétien authentique qui ne se limitait pas à assister à la messe dominicale et à observer les pratiques imposées par l'Église. Il vivait l'Évangile en action en reconnaissant le visage du Christ dans celui des plus démunis. Il les recevait à sa table pour partager avec eux et les siens, la soupe « trempée » ou les pommes de terre, rajoutées en supplément les jours de plus grande affluence. Puis,

1. Procès Apostolique « *ne pereant* ». Déposition de Frère Athanase, p. 1031.

après la prière en commun, il les conduisait lui-même dans la resserre à outils ou la grange pour leur permettre de passer la nuit à l'abri du froid.

Quand il revenait dans la cuisine, il balayait la vermine tombée de leurs hardes qu'il mettait à sécher devant la cheminée. À l'heure de son entrée dans l'Éternité, nul doute qu'il compte parmi ceux auxquels il sera dit : « J'ai eu faim et vous m'avez donné à manger[1]... »

Prêcher par l'exemple

Pour Jean-Marie : qui m'aime m'écoute...

Ainsi allait la vie, à Dardilly, dans la famille Vianney où était né, le 20 octobre 1790, le petit François « Cadet » ainsi qualifié pour le différencier de son homonyme, « François l'Aîné ».

Vers l'âge de sept ans, Jean-Marie devint berger, « stagiaire » du troupeau familial, sous la houlette de « François l'Aîné », lequel allait commencer à aider occasionnellement son père dans les travaux des champs. Jean-Marie deviendrait progressivement titulaire du poste à part entière. Quels sentiments de joie mêlés de fierté, pour lui, chaque matin et chaque début d'après-midi, de se sentir investi de la responsabilité de ses bêtes ! Escorté de son chien, il partait, musette en bandoulière, un bâton de frêne dans une main, et, bien souvent, dans l'autre, celle de Gothon qu'il aidait à marcher dans le chemin rocailleux.

Ils variaient les pacages, mais celui qu'ils préféraient était le bien-nommé vallon de Chantemerle que traverse, en serpentant, le ruisseau des Planches bordé d'églantiers, d'aulnes et de trembles. Un petit paradis pour les merles

---

1. Mt 5, 35.

et autres passereaux pouvant trouver sur place baies variées, graines, insectes, arbres touffus pour nicher… et eau à volonté !

Cet endroit plein de charme où le clapotis du ruisseau se mêle au gazouillis des oiseaux, attirait aussi de nombreux bergers et bergères gardant leurs bêtes aux alentours. Ils aimaient se rassembler pour bavarder, assis sur la mousse à l'ombre d'un boqueteau. Garçons et filles confondus tricotaient un bas en laine écrue, leur pelote posée à terre qu'ils déroulaient de temps à autre d'un geste rapide de la main.

Bien souvent, à leur demande pressante, Jean-Marie leur retraçait des traits de la vie de Jésus ou des anecdotes sur les saints que sa mère lui avait racontées la veille, dans la soirée, au coin du feu. Parfois, juché sur un tertre, il leur déclamait un sermon ayant de larges emprunts à celui du curé à la messe dominicale. Prestation parfois moins prisée de ses auditeurs dont l'attention finissait par se relâcher. Mais ils éprouvaient une telle affection pour lui qu'ils écoutaient son exposé jusqu'à son terme.

… Qui perd gagne

À Dardilly, la compagnie de Jean-Marie était fort appréciée de ses camarades pour sa piété, ses connaissances, ses conseils. Ils n'estimaient pas moins sa convivialité, sa gaieté, son humour. Ils se réjouissaient quand il trouvait un moment pour venir jouer avec eux dans les rues du village, les soirs des beaux jours, après avoir ramené leurs bêtes à l'étable. Un de leurs jeux de prédilection était le « palet ». Avant chaque partie, ils engageaient chacun leur piécette qu'ils lançaient à terre, en un lieu bien déterminé, à la vue de tous. Le gagnant empochait le tout, insensible à la déception des perdants. Or, par son adresse et sa vivacité, Jean-Marie s'avérait imbattable à ce jeu.

Mais, s'il ne dissimulait pas sa joie d'avoir gagné, il était pris de pitié pour les joueurs malchanceux :

« En les voyant tristes d'avoir perdu, il leur rendait ce qu'il avait gagné, en ajoutant un sou de plus[1] ».

Qui n'aurait souhaité jouer avec un garçon aussi généreux et compatissant ?

« La Terreur » pour tous en France

Cette atmosphère bucolique doit-elle nous faire oublier les événements qui secouaient alors la France ? Depuis le début de la Révolution, le village n'avait pas souffert de ses effets. Le curé Jacques Rey, bien qu'il ait prêté serment à la Constitution Civile du Clergé[2], poursuivait son ministère dans sa paroisse, sans rien modifier à ses habitudes. De sorte que ses paroissiens, dont il était le pasteur depuis quelque quarante ans, lui étaient restés fidèles sans réticences, sans bien saisir les modalités de ses engagements[3]...

---

1. Déposition de Marguerite Vianney, Procès de l'Ordinaire, p. 1011.
2. « La Constitution Civile du Clergé » avait été décrétée par la Constituante le 12 juillet 1790. Elle procédait en outre à un remaniement des diocèses. Elle entra en application courant 1791 dans le Lyonnais. Malgré les menaces d'arrestation, d'emprisonnement, d'exil ou de mort, seuls quatre évêques et moins de la moitié des prêtres prêtèrent serment : d'où leur dénomination d'« assermentés » ou jureurs. Pie VI s'éleva contre cette initiative qu'il considérait comme une violation du Concordat passé en 1516 entre Léon X et François Ier qui reconnaissait l'autorité suprême du pape sur toute la hiérarchie ecclésiastique. Ces mesures, prises unilatéralement, étaient inacceptable de fait, mais aussi de droit, puisqu'elles substituaient l'autorité de l'État à celle du pape en nommant, par élection d'assemblées laïques, prêtres et évêques. En conséquence, les prêtres jureurs étaient déclarés schismatiques par Pie VI.
3. Mgr Trochu mentionne p. 14-15, sans préciser son nom, un prêtre jureur qui aurait été nommé, en remplacement de M. Rey, par l'évêque constitutionnel Lamourette (Rhône-Loire) ami de Mirabeau. Les registres paroissiaux de Dardilly ne font nullement état de ce suppléant.

Mais, au cours de l'année 1793, la Terreur avait propagé sa rage sanguinaire dans la plupart des régions de France. Lyon s'insurgea, sous la conduite de chefs courageux, tel de Précy. La ville capitula, après deux mois de résistance héroïque au siège des troupes de Dubois-Crancé et de Couthon. Et la guillotine fonctionna chaque jour à Lyon... Y compris pour Couthon... La répression s'intensifia partout en France au cours de l'hiver et du printemps 1794. Les prêtres, jureurs ou non jureurs, furent menacés d'emprisonnement, d'exil, de mort. Si M. Rey resta à Dardilly, il fut obligé de cesser tout ministère. Comme la plupart des églises, la sienne fut fermée, les objets du culte confisqués, les autels brisés ; tout comme les croix des chemins et du village. Les cloches, jetées au bas de leur clocher, n'annonçaient plus les divers événements paroissiaux : à Dardilly comme dans tout le pays, c'était l'« Église du silence ».

Une voix qui rompt le silence...

Jean-Marie vivait très mal ce mutisme imposé à ses concitoyens pour la plupart, baptisés, qui se voyaient privés de leur droit de se rassembler dans la maison de Dieu pour affirmer leur foi. Interdiction étendue à leurs maisons où il était devenu périlleux d'exposer un crucifix ou un quelconque objet de piété.

Devant cette situation momentanément sans issue, Jean-Marie allait s'avérer, pour ses camarades, un témoin de la foi fortifié par l'épreuve et un apôtre soucieux de les inviter à faire de leur cœur un sanctuaire intérieur que rien ni personne ne saurait ébranler. Il allait, pour les y aider, s'investir davantage dans son rôle de meneur.

La prière est un élan de l'âme vers Dieu. Mais, pour beaucoup – *particulièrement pour les enfants* – un support tangible est parfois nécessaire pour susciter de telles effusions. Jean-Marie en était convaincu, comme en témoigne l'amour qu'il portait à sa petite Vierge en bois. Il lui vint alors une idée : puisqu'il n'y avait plus rien de concret à vénérer à Dardilly, il confectionnerait de ses mains des statuettes avec la terre argileuse extraite des bords du ruisseau. Il se mit à façonner des représentations de Marie, de saints, de prêtres. Son œuvre terminée, il l'installait dans le creux d'un vieux saule faisant office d'autel qu'il avait pris soin de tapisser de mousse piquée de fleurs des champs et d'entourer d'une couronne de feuillage.

Laissons Jean-Marie nous relater comment il entretenait la dévotion de ses camarades devant ces oratoires champêtres : « on faisait des prières, on chantait... [je] prêchais... Nous faisions nos processions, j'étais toujours le curé ». Jean-Marie était cette voix qui rompt le silence[1]...

... et qui parle à son Dieu

Parfois, mu par un besoin de solitude, il disait à Gothon : « Fais donc mon bas ! Il faut que j'aille prier vers la rivière ». Et il s'esquivait[2].

Son frère François « Cadet » ou quelques voisins venaient parfois lui tenir compagnie dans les champs. Il lui arrivait de confier ses bêtes à l'un ou l'autre : « Toi, tu vas garder mes bestiaux, moi, je vais faire une commission[3] ».

Qu'avait-il donc à faire pour s'éloigner ainsi des autres bergers ? Quelques-uns l'ont espionné pour nous : « Je suis allé un grand nombre de fois examiner à travers un buisson ce qu'il faisait. Je l'ai trouvé à genoux et récitant dévotement son chapelet. Mes camarades l'ont vu aussi plusieurs fois... »

1. Catherine Lassagne, *La Confidente*, p. 46.
2. Procès de l'Ordinaire. Déposition de Marguerite Vianney, p. 1015.
3. Procès de l'Ordinaire. Déposition d'André Provin, p. 1002.

Un cœur fait pour aimer

À Dardilly, les enfants n'étaient pas les seuls à être les témoins de la piété de Jean-Marie et quelques voisins n'hésitaient pas à le considérer comme un futur prêtre. Plus d'une fois, ils l'avaient vu, avant que l'église ne soit fermée, se recueillir un instant après s'être signé à la sonnerie de l'heure ou s'agenouiller pour réciter l'Angélus. L'un d'eux avait dit un jour à sa mère :

« Il faut faire de votre fils un prêtre parce qu'il sait bien les litanies[1] ».

Certains ont cru voir une confirmation de cette vocation en herbe dans son attrait pour l'une de ses distractions préférées qu'il partageait avec l'un de ses camarades. Le jeune Laverrière avait un « service » miniaturisé offert par ses parents pour « dire » la messe : un ciboire et sa patène, un calice, des burettes et leur plateau, un ostensoir, un encensoir, un jeu de chandeliers[2]. Le matin avant de partir aux champs, ils se réunissaient parfois chez l'un ou chez l'autre – *l'un célébrant la messe et l'autre la servant*. Pour Laverrière qui devait rester agriculteur, il ne s'agissait probablement là que d'une activité ludique parmi tant d'autres. Pour Jean-Marie, rien ne nous interdit de supposer des motivations plus profondes.

Faut-il interpréter les propres paroles de Jean-Marie comme une confirmation de ses aspirations au sacerdoce ? Un jour d'été, en compagnie d'une voisine de son âge, Marion Vincent, il conduisait son âne chargé de blé au moulin de Saint Didier. La chaleur étant caniculaire, les deux enfants s'arrêtèrent au bord du chemin à l'ombre

---

1. Catherine Lassagne, *La Confidente*, p. 148.
2. Détails : « Pauvre et Saint Curé d'Ars » Pézeril, pp. 16-17. Ce service en étain est visible dans la vitrine d'une chambre du presbytère d'Ars.

épaisse d'un vieil arbre pour reprendre haleine. Jean-Marie ouvrit le dialogue pour lui déclarer les sentiments affectueux qu'il lui portait :

« Je crois que nous nous accorderions bien nous deux.

— Oui, lui répondit-elle, si nos parents voulaient, nous nous marierions ;

— Oh ! pour ce qui est de moi, reprit-il vivement, n'en parlons pas, n'en parlons jamais[1] !... Il se leva aussitôt, tira son âne par le bridon et reprit son chemin, suivi de sa compagne... Jean-Marie avait ainsi prouvé que, s'il ressentait les germes d'un appel à se donner à Dieu, il ne fermait pas pour autant son cœur à un amour sincère et fort de ses proches : un cœur fait pour aimer !

... et pour donner

La répression du terrible hiver 1793-94 avait ajouté au nombre habituel des mendiants, une cohorte de proscrits de la région lyonnaise qui, ayant fui leur domicile, erraient sans but d'un village à l'autre. Jean-Marie éprouva d'emblée envers eux une profonde compassion. Quand il en rencontrait, le soir, en rentrant ses bêtes, il les invitait à le suivre à la ferme. S'ils étaient accompagnés d'enfants, il les prenait par la main et pleurait avec eux en les écoutant parler des souffrances qu'ils avaient endurées.

Dès leur entrée dans la pièce commune, sa mère rajoutait spontanément des écuelles à leur intention. Et elle puisait, dans le grand chaudron en fonte, autant de louches que de convives, autant de fois que la quantité de soupe le lui permettait. Si elle craignait d'en manquer, elle faisait un signe discret à son mari qui lui disait :

---

1. *Le Curé d'Ars*, Monnin, pp. 12-13. Catherine Lassagne.

« Eh bien, je m'en passerai[1] » suscitant ainsi l'admiration de ses enfants.

Après une nuit au chaud, les malheureux s'apprêtaient à prendre congé de leurs hôtes. Jean-Marie exhortait alors sa mère à donner à ceux qui avaient des vêtements en mauvais état, qui un pantalon, qui une veste, qui une chemise qu'elle sortait de la haute armoire à linge et qu'elle leur offrait avec autant de tendresse que de délicatesse[2].

Les jours les plus froids de l'hiver, Jean-Marie avait à cœur, avec son âne, d'apporter du bois aux familles les plus nécessiteuses du village. Il insistait auprès de son père pour solliciter sa permission d'en prendre, dans le bûcher, à leur attention. Animé par un souci, bien légitime, de sauvegarder sa réserve personnelle, M. Vianney était souvent tenté de limiter les ardeurs charitables de son fils. Mais, après une brève discussion, il finissait presque toujours par lui dire :

« Charge l'âne tant que tu pourras[3] ! »

Jean-Marie ne se faisait pas prier pour exécuter l'ordre paternel. Puis il partait, tout joyeux, faire sa tournée de livraison à ses « clients » habituels.

Entre nuages et embellies

La chute de Robespierre, le 27 juillet 1794 (9 thermidor, an II), allait annoncer une embellie dans la tempête révolutionnaire. Mais d'autres nuages menaçaient...

Rouvrir l'église

Les habitants de Dardilly souffraient de la fermeture de leur église. S'ils faisaient appel occasionnellement à

---

1. Procès de l'Ordinaire, p. 1294. Déposition de Fleury de Véricel.
2. S'après Monseigneur Trochu, p. 25.
3. Procès de l'Ordinaire, p. 1002. Déposition d'André Provin.

M. Rey, resté sur place, ils ressentaient un besoin de plus en plus impérieux de se rassembler le dimanche pour assister à la messe et partager le Pain de Vie. Dès qu'ils apprirent l'abolition, par la Convention, de la Constitution Civile du Clergé le 21 février 1795 (« décret de ventôse » – 3 ventôse, an III) ils firent une pétition pour solliciter la réouverture de leur église... qu'ils obtinrent.

M. Rey allait être autorisé à reprendre son service.

Le sanctuaire allait redevenir le centre de la vie du village et les cloches, rendues à leur clocher, allaient, de jour en jour en scander les points forts d'une extrémité à l'autre du village et jusqu'aux chaumières les plus reculées.

En période estivale, les troupeaux passaient à l'étable les heures où la chaleur était la plus intense. On les menait alors paître bien plus tôt dans les champs, avant l'heure de la messe quotidienne. Jean-Marie éprouvait une joie de plus en plus profonde à y assister – son attrait s'étant accru pendant les longs mois de fermeture de l'église. Bien souvent, au premier son de la cloche, il tentait de trouver un remplaçant. Certains acceptaient contre la rétrocession du service. D'autres se montraient plus exigeants :

« Si tu vas à la messe, tu nous donneras tes saints, si tu veux que nous gardions[1] ».

Le marché était vite conclu. Jean-Marie trouverait bien le temps de se reconstituer une avance de statuettes au bord du ruisseau des Planches !...

Redécouvrir l'Église

Depuis la réouverture de l'église, les Vianney étaient restés fidèles à leur curé, comme l'ensemble des paroissiens. Catherine, la sœur aînée de Jean-Marie, allait parfois passer quelques jours à Écully, dans le village voisin,

1. Catherine Lassagne, *La Confidente*, p. 46.

chez sa tante paternelle, Catherine Viard, ou chez Marguerite, la sœur de sa mère, épouse de François Humbert. Depuis 1794, Écully était devenu un pôle missionnaire où œuvraient quelques prêtres non jureurs, fidèles à Rome et rattachés à Mgr de Marbeuf, évêque de Lyon, parti en exil ; lequel leur donnait ses directives par l'intermédiaire de son vicaire général, Linsolas, resté à Lyon où il se dissimulait sous des déguisements.

À partir de Lyon, à l'instar d'autres régions de France, ils dirigeaient un réseau de prêtres clandestins qui, installés dans des hauts lieux de résistance aux jureurs, rayonnaient à travers les villages alentour pour y exercer leur ministère dans le plus grand secret. À Écully, l'équipe de ces prêtres – variable selon les années – se composait de trois à quatre membres dont la chronique a noté le passage : M. l'abbé Brun[1], deux Sulpiciens : le supérieur et l'économe du grand Séminaire de Lyon[2] qui avait dû fermer ses portes et, à partir de 1797, l'abbé Groboz expulsé de sa paroisse de Sainte Croix, rentré de l'exil pour « missionner » dans la région.

Chacun d'eux, par précaution, exerçait un métier de façade dont il portait la tenue : un pseudo-pâtissier arpentait les rues portant, au-dessus de sa tête, une vaste corbeille à gâteaux ; un prétendu menuisier ne se séparait pas de sa boîte à outils... Le soir, à la faveur de l'obscurité, l'un ou l'autre parcouraient les rues et les chemins, suivant un itinéraire astucieusement embrouillé, pour se rendre au lieu secret où ils allaient célébrer une messe.

Une foi à préserver

Les Viard et les Humbert étaient au nombre des familles d'accueil qui organisaient leur ministère et assuraient leur protection et leur subsistance. C'est par eux que

1. Qui signa des registres paroissiaux en 1795.
2. Il s'agit des Pères Royer et Chaillou.

Catherine Vianney fut informée de leurs activités. C'est là qu'elle fut sensibilisée aux dangers, pour la foi, de suivre les enseignements d'un prêtre devenu schismatique. Rentrée à Dardilly, elle fit part de ces considérations à ses parents qui décidèrent de ne plus fréquenter leur église. D'ailleurs, la suspicion de certains paroissiens à l'encontre de M. Rey, suite à certains de ses propos, s'était accrue depuis le 4 octobre 1797 (14 vendémiaire, an IV) où il avait prêté un nouveau serment de haine à la royauté.

Les Vianney acceptèrent de devenir, à Dardilly, l'un des premiers foyers ouverts aux missionnaires d'Écully. Désormais, ils allaient être au nombre de ceux qui, pour assister à une messe ou recevoir un sacrement, se retrouvaient « dans les bois, dans les fermes écartées par les temps les plus rigoureux et souvent à de grandes distances[1] ».

Il arriva à Jean-Marie de suivre sa mère ou son père[2], parfois de nuit, pour participer à ces réunions secrètes. Le courage intrépide de ces prêtres et de ces gens qui les soutenaient, parfois au risque de grands dangers, (dont il ne faut pas exclure la mort) avait approfondi et mûri sa foi. Il avait accru son amour pour ce Dieu ayant aimé les hommes au point de revêtir leur nature afin de s'immoler pour leur offrir le salut ; et qui se donnait à eux en nourriture pour les soutenir tout au long de leur route vers l'Éternité... Dieu vivant si désiré de son cœur, que les circonstances ne lui avaient pas encore permis de recevoir à l'âge de onze ans !

Une âme à soulager

Un jour d'automne 1797, M. Groboz était venu rendre visite aux Vianney. Peut-être avait-il célébré une messe

---

1. *Le Curé d'Ars*, A. Monnin, p. 17.
2. Une famille eût constitué un groupe susceptible d'éveiller la suspicion.

dans la salle commune ? La réponse à cette interrogation reste dans le domaine des conjectures – d'ailleurs fort probables. En revanche on ne saurait douter de l'entretien accordé, ce jour-là, par le prêtre à Jean-Marie qui en témoignera lui-même plus tard :

« Je me rappelle toujours que la première fois que je me suis confessé, c'était au pied de notre horloge ; et sur la question qu'[il] me fit depuis quel temps je ne m'étais pas confessé, je répondis : jamais[1] ».

Monsieur Groboz qui s'était assis sur la grande chaise de paille placée au pied de l'horloge invita, en souriant, Jean-Marie à se rapprocher de lui. Un long moment, ils se parlèrent à voix basse, indifférents à la présence de ceux qui, à l'autre bout de la pièce, poursuivaient discrètement leurs activités. Jean-Marie allait conserver un souvenir ému de cette première fois où lui fut conféré le sacrement de Réconciliation. Ce prêtre, à la foi solide comme un roc mais au cœur bon comme de l'or avait su, avec une douceur paternelle, lui faire prendre une conscience plus aiguë de la peine causée par le péché à un Dieu si aimant et de l'opportunité de s'efforcer par tous les moyens d'en fuir les moindres occasions.

Après cette confession, M. Groboz invita ses parents à l'envoyer à Écully pour suivre une catéchèse préparatoire à la première communion.

Étant lui-même tenu à une réserve prudente, il était secondé par deux Sœurs de Saint-Charles ayant dû leur salut à la fuite de leur couvent. Vêtues en civil, réfugiées dans leurs familles, elles exerçaient la charge d'institutrices primaires. Ces activités officielles leur permettaient en outre d'assurer les fonctions plus discrètes de catéchistes.

---

1. Catherine Lassagne, *La Confidente*, p. 47.

Recevoir le Pain de Vie

C'est vers le mois de mai 1798 que Jean-Marie fut accompagné par sa mère à Écully, chez l'oncle et la tante Humbert qui s'étaient proposés de l'héberger dans leur ferme dénommée « Le Point du Jour ». Pendant près d'un an, il y bénéficia, de la part des Sœurs, d'une formation accélérée en lecture, écriture et calcul, ainsi que d'un approfondissement de ses connaissances en catéchisme.

Une semaine avant la première communion, M. Groboz assura lui-même la retraite préparatoire dans l'une ou l'autre des maisons mises à sa disposition par des paroissiens sûrs. Plus que jamais, il fallait redoubler de vigilance pour éviter une arrestation qui risquait d'être fatale. Nous avons un témoignage d'un des quinze camarades de Jean-Marie sur sa ferveur pendant cette retraite : « Déjà... nous le regardions comme un petit saint[1]. »

Enfin, à l'époque des fauchaisons, arriva le « grand jour ». Le lieu choisi, dévoilé au dernier moment aux parents sous le sceau du secret, était la maison de Mme de Pingon. Devant les fenêtres de la pièce réservée à leur intention, on avait installé des charrettes de foin que des hommes s'emploieraient à décharger à faible allure pendant la durée de la cérémonie.

Imaginons les mères de ces seize enfants extrayant, de sous leurs larges robes, la veste des dimanches, une médaille et un brassard pour les garçons ; pour les filles, un voile blanc qu'elles agençaient sur leur tête après leur avoir soigneusement brossé les cheveux et ôté la blouse grossière qui camouflait leur robe blanche. Imaginons leur émotion, celle de leurs maris, et des frères et sœurs des communiants – « *J'y assistais moi-même*[2] », précisera plus tard Gothon – imaginons la joie profonde

1. Procès Apostolique « *ne pereant* » ; p. 1258. Déposition de Fleury Véricel, de Dardilly.
2. P. O. Marguerite Vianney, p. 1018.

et grave de M. Groboz, célébrant sa messe sur un autel de fortune au mépris du danger qu'il encourait et offrant, pour la première fois à ces enfants, le corps et le sang du Christ.

Imaginons le bonheur de Jean-Marie dont cette atmosphère de catacombes décuplait les sentiments d'union plénière au Dieu vivant qu'il venait de recevoir : « Oh ! quel beau jour que celui de ma première communion » répétera-t-il plus tard à son entourage. « Quelles touchantes exhortations nous adressait le bon M. Groboz ! C'est le plus beau jour de ma vie. Je ne l'oublierai jamais[1]. »

« Il était si heureux » souligne Gothon, « qu'il ne voulait pas sortir de la chambre[2]... »

Un festin sans lendemain ?

Quand il rentra à Dardilly, Jean-Marie éprouva une grande souffrance de ne pouvoir alimenter sa foi dans l'église paroissiale dont sa famille s'était volontairement exclue. Écœurée par l'obstination de M. Rey dans ses positions hétérodoxes, sa mère avait un jour osé lui lancer : « Tout sarment détaché de la vigne n'est bon qu'à être jeté au feu. »

À quoi il lui avait rétorqué : « C'est vrai, Madame, le cep vaut mieux que le sarment[3]. »

Doit-on voir là une autocritique de son attitude ? Aurait-il été motivé, dans ses prises de positions par davantage de peur et de faiblesse que de pure conviction ? Ces paroles trahissent, pour le moins, une grande souffrance non exempte de remords.

D'ailleurs, la persécution s'était amplifiée partout en France, contre les catholiques et leurs prêtres qui allaient trouver la mort par centaines sur les sinistres pontons

1. Abbé Raymond, *Vie de M. Vianney*, Archives évêché de Belley, p. 11.
2. Marguerite Vianney, P. O, p. 1011.
3. Abbé Vignon; P. A. *in genere*, p. 368.

de Rochefort, de Ré ou d'Oléron, ou en Guyane... Le pape Pie VI n'avait pas échappé à la fureur générale, puisqu'il allait mourir dans sa prison de Valence, le 29 août 1799.

Jean-Marie allait rester sur sa faim eucharistique, car ce dernier souffle de répression sanguinaire avait obligé les missionnaires du Lyonnais à cesser tout ministère et à se cacher. Il ne pourrait plus aller assister, comme il le faisait parfois avant son travail, à une messe clandestine dans les granges d'Écully, désormais désertes. Allait-il pour autant subir un étiolement de sa foi ?...

Une piété à modulation de fréquence

Ici et maintenant

Jean-Marie savait que la célébration de la messe est le sommet spirituel du mystère pascal et que l'Eucharistie nous offre la présence réelle du Dieu vivant la plus intense et la plus parfaite. Mais il n'ignorait pas que Dieu est toujours auprès de ceux qui savent rester avec lui dans une union sans réserve du cœur et de l'esprit. Il allait alors saisir toutes les opportunités qui s'offriraient à lui pour rester dans son intimité.

Dès son retour à Dardilly, il dut échanger son bâton de berger – *cédé à Gothon et François Cadet* – contre les outils de travailleur de terre. Il avait treize ans et ne manquait ni de forces ni de courage. Qu'il travaille au potager, au verger, dans l'étable ou dans les champs, il offrait au Seigneur le froid des petits matins brumeux, la chaleur de la mi-journée, la fatigue, les ampoules aux mains, les éraflures et autres incommodités...

Une Vierge portable

C'est le travail de la vigne qui, dans un premier temps, fut, pour lui, le plus éprouvant. Le premier jour où il s'y employa, en compagnie de son grand frère, il ne parvint pas, malgré tous ses efforts, à manier la pioche à son rythme. Le soir, Jean-Marie demanda à sa mère d'exhorter « l'Aîné » à modérer son zèle. Ce qu'elle fit :

« Mais, répondit François, mon frère n'est pas obligé d'en faire autant que moi. Que dirait-on, si l'aîné n'avançait pas plus que le cadet[1] ? »

Conscience du devoir d'état bien accompli, non exempte de quelques pointes d'amour-propre ? En tout cas, nécessité, pour Jean-Marie, de trouver un moyen pour galvaniser son énergie. Et il le trouva dès le lendemain, si l'on en croit l'anecdote relatée par Gothon : les Vianney avaient reçu la visite d'une religieuse ayant fui son couvent de l'Antiquaille à Lyon. Elle avait donné à Jean-Marie une statuette de la Vierge enveloppée dans un étui cylindrique. Une « Vierge portable », plus pratique à emmener avec lui dans les champs que celle en bois donnée par sa mère qu'il conservait sur une étagère au-dessus de son lit.

Le jour même, il la prit à la vigne. Il la déposa dans la rangée voisine de celle de son frère, à quelques mètres en avant de lui. Sans s'arrêter de piocher, il priait Marie de l'aider à rattraper François. Dès qu'il atteignit la statue, il la ramassa, alla la replacer devant lui et reprit en toute hâte son travail. Il en fut ainsi jusqu'au soir, sans qu'il n'ait ralenti sa cadence. En rentrant à la ferme, Jean-Marie ne cacha pas à sa mère sa satisfaction d'avoir tenu pied à « l'Aîné ». Madame Vianney se contenta de sourire, afin d'éviter de flatter la vanité de l'un et de blesser la susceptibilité de l'autre[2].

Récompense de la Vierge à la confiance indélébile qu'il lui portait ? Effort de son frère qui, pour répondre

1. *Le Curé d'Ars*, A. Monnin, p. 21.

2. *Idem*, pp. 21-22. D'après le témoignage de Fleury de Véricel P. O., p. 1295.

aux exhortations maternelles, aurait réduit son train ? La réponse est peut-être une combinaison de ces deux hypothèses.

Pour Jean-Marie, la dévotion peut être « portative ».

... et adaptable

Quand il se trouvait avec François, il se contentait de méditer en silence, par crainte de l'importuner. Il saisissait alors toutes les opportunités pour rendre son travail fructueux, comme il en témoignera plus tard. Allons, se disait-il « en donnant son coup de pioche, il faut aussi cultiver ton âme, il faut en arracher la mauvaise herbe afin de l'apprêter pour la bonne semence[1]. »

Quand il était seul, il priait à haute voix, avec le gazouillis des oiseaux pour fond sonore. Ses camarades travaillant dans les vignes jouxtant la sienne l'entendaient parfois réciter son Ave de « l'heure » auquel il faisait suivre cette prière de son cru : « Dieu soit béni ! Courage, mon âme ! Le temps passe ; l'éternité s'avance. Vivons comme nous devons mourir... ». Quand sonnait l'Angélus, il invitait tous ceux qui étaient à proximité à le réciter avec lui :

« Lorsque, au son de l'Angélus, nous continuions à travailler », ils nous interpellait doucement : « il y a temps pour travailler et temps pour prier[2] ».

L'aube d'une nouvelle aire

Retrouver la paroisse

Par le Coup d'État du 18 brumaire an IV (9 novembre 1799), le général Bonaparte, Premier Consul, allait redonner

1. A. Monnin, p. 22.
2. Déposition d'André Provin, P. O., p. 1003.

sa liberté à l'Église. Peu à peu, les prêtres survivants revinrent de l'exil et reprirent leur ministère, notamment à Écully, où l'abbé Groboz recommença à célébrer la messe publiquement. Les Vianney, ainsi que leurs compatriotes ayant perdu, comme eux, confiance en M. Rey, venaient chaque dimanche, grossir le nombre de fidèles de la paroisse.

Cependant, vers la fin de 1802, ce dernier adhéra au Concordat (promulgué le 15 juillet 1801). Le nouvel archevêque de Lyon, le cardinal Fesch, signa sa réintégration dans ses fonctions paroissiales. Vu son âge, il lui adjoignit un vicaire, l'abbé Jacques Fournier. Après tant d'années de troubles, l'heure était à l'apaisement. Aussi imagine-t-on la joie que ressentit le vieux prêtre en voyant lui revenir tous ses fidèles, sans excepter les Vianney. Joie bien éphémère, car une grave maladie allait l'obliger à se retirer à Lyon, en décembre 1803[1].

Cultiver l'esprit

En 1803, soucieuse de pallier à l'illettrisme généralisé de sa jeunesse, la commune de Dardilly embaucha un instituteur, M. Dumas. En cette période hivernale, tous les enfants vinrent s'asseoir sur les bancs de l'école installée, comme le secrétariat de mairie, dans le presbytère. Aux plus jeunes, vinrent s'ajouter les adolescents, privés d'instruction, pour la plupart, depuis leur naissance. Jean-Marie, dont la scolarisation n'avait duré qu'un an, était de ceux-là. Il dut faire des progrès assez rapides, puisque Gothon pouvait en dire :

« Son maître... était très content de lui et il disait souvent aux autres enfants : voyez, si vous faisiez comme le jeune Vianney[2] ! »

1. Où il allait mourir le 23 octobre 1804.
2. P. O., Marguerite Vianney, p. 1015.

Il devait ainsi passer environ trois ans en alternant les périodes de classe en hiver et les travaux des champs, du printemps à l'automne.

Coups de pioche et pointes d'humour

Certains de ses compagnons de travail prenaient plaisir, à la faveur d'un moment d'inattention de Jean-Marie, pendant la pause du casse-croûte du matin ou du goûter de l'après-midi, à lui cacher l'un ou l'autre de ses outils.

Quand il s'en apercevait, il arborait un sourire malicieux, cherchait sa pelle ou sa pioche entre les ceps ou dans un buisson d'une haie. L'ayant retrouvée, il scrutait du regard son entourage. Doté d'une perspicacité très aiguë, il découvrait sans tarder le farceur à sa contenance. « Alors, il le remerciait gentiment d'avoir pris soin de ses outils et promettait de lui rendre dans l'occasion le même service[1] ».

Quand, le soir venu, François et Jean-Marie, rentraient à la ferme, pioche ou pelle sur l'épaule, ils faisaient route avec les garçons travaillant dans les champs environnants. Jean-Marie participait à leurs chansons et à leurs conversations de tout son cœur. Mais quand le ton venait à la grivoiserie, il se laissait distancer et égrenait le chapelet de sa communion qu'il récitait sans bruit, du bout des lèvres.

Parfois, l'un d'eux, plus narquois que les autres, lançait à François : « Et toi, ne vas-tu pas aussi marmotter des patenôtres avec ton frère ? » François n'appréciait pas qu'on se moque ainsi de Jean-Marie. Mais il se contentait alors de rougir, sachant bien que ce dernier aurait une repartie aussi prompte que bien adaptée au personnage ; lequel, voyant la plaisanterie tourner à son désavantage, s'empressait d'aborder un nouveau sujet de conversation.

1. *Le Curé d'Ars*, Monnin, pp. 24-25.

« Préparez le chemin du Seigneur[1] »

Un appel différé

Les années de scolarité hivernale de Jean-Marie allaient combler quelques retards en lecture et calcul, mais laisseraient de sérieuses lacunes en orthographe et grammaire.

Sa formation spirituelle, quant à elle, allait s'intensifier au contact de l'abbé Fournier qui lui avait attribué la fonction de « grand clerc » et avec lequel il avait de fréquents entretiens. Il est fort probable que ce prêtre à la foi ardente et communicative l'ait éclairé de ses conseils pour l'aider à conforter ses aspirations à l'appel sacerdotal qu'il pressentait depuis longtemps. Jean-Marie en parla à sa mère qui s'en réjouit.

Dans le courant de 1804, il osa en informer son père pendant la pause de midi. La réponse fut négative. Et catégorique. Ses arguments n'étaient pas sans fondement :

– sur le plan pécuniaire, il venait d'être confronté à des frais qui avaient grevé son budget : à peine s'était-il remis du paiement, en 1801, de la dot de Catherine pour son mariage avec Jacques Belin d'Écully qu'il avait dû, en 1804, dépenser une somme conséquente pour financer un remplaçant à François l'Aîné qui avait tiré un mauvais numéro à la conscription et qui devait partir ;

– par ailleurs, l'entrée de Jean-Marie au séminaire occasionnerait de nouvelles dépenses ;

– son départ l'obligerait à employer un garçon de ferme car « François Cadet » était encore bien jeune pour seconder son frère. Et Matthieu Vianney souffrait lui-même de crises de rhumatismes invalidants. Comprenant l'inopportunité de résister à l'opposition de son père, Jean-Marie continua de travailler aux champs sans modérer son ardeur habituelle. Le devoir d'état primait alors sur son appel.

1. Mt 3-3.

Un appel confirmé

En 1805, Catherine mourait dans la fleur de l'âge (elle avait vingt-cinq ans !) quatre ans à peine après son mariage. Jean-Marie ressentit une profonde souffrance à la disparition de cette grande sœur qui avait si souvent pris soin de lui dans son bas âge. Il eut alors conscience de la brièveté de la vie. Sentiment qui allait se renforcer par le décès, en 1806, de son cher curé, l'abbé Fournier. S'il avait été choqué par l'attitude des prêtres qui, tel M. Rey, avaient prêté des serments en contradiction avec leur foi, il éprouvait, en revanche, une grande admiration pour le courage de tous ceux qui, tel M. Fournier, avaient risqué les pires dangers pour la transmettre. Ce décès qui s'ajoutait à celui de tant de prêtres victimes de la haine de la religion, l'interpella intensément. L'Église avait besoin de pasteurs pour reprendre en main son troupeau en pleine déroute. Un besoin urgent. Lui-même était convaincu de l'authenticité de son appel. Il était bien déterminé à se lancer une nouvelle fois à l'assaut de la volonté paternelle...

Une opportunité à ne pas négliger

Monseigneur Fesch avait nommé, en 1803, l'abbé Charles Balley curé d'Écully. C'était un ancien religieux – un Chanoine Régulier de Saint-Augustin de la Congrégation de Sainte Geneviève, d'où sa dénomination de « génovéfain ».

Ayant fait partie des effectifs de Linsolas dans le Lyonnais, il comptait au nombre de ceux que l'on considérait, dans la région, comme des héros de la fidélité à l'Église. Sa réputation l'avait précédé à Écully où l'on n'appréciait guère les compromissions.

Madame Loras, de Lyon, l'avait hébergé chez elle pendant les jours de Terreur et avait favorisé son apostolat clandestin. Son mari ayant été guillotiné, elle se trouvait dans un total désarroi. Quand son fils Mathias lui dévoila sa vocation à la prêtrise, elle alla supplier l'abbé Balley d'accepter de le recevoir chez lui afin de lui donner un enseignement semblable à celui des petits séminaires. M. Balley avait un ministère débordant, sans bénéficier de l'assistance d'un vicaire. Il n'osa cependant pas refuser ce service à celle qui s'était investie si intensément pour lui porter assistance. D'ailleurs, participer à la formation d'un futur prêtre, n'était-ce pas, pour lui, un objectif à privilégier ? C'est dans le courant de 1806 que Mathias vint s'installer chez lui.

Une conspiration bien tramée

La nouvelle eut vite fait le tour d'Écully. Elle arriva aux oreilles de Jacques Melin qui vit là une opportunité pour son beau-frère : ce dernier, ayant tiré un bon numéro à la conscription de 1806, allait être en mesure de solliciter de M. Balley son admission aux cours de Mathias. Il convoqua les Humbert et Marie Vianney, vraisemblablement par l'intermédiaire de Gothon qui venait régulièrement à Écully. Et la conspiration familiale se trama. On discuta des modalités de séjour de Jean-Marie : Jacques Melin, depuis son récent veuvage, n'étant pas en mesure de s'en charger, les Humbert acceptèrent de lui fournir le vivre et le couvert. Marie Vianney prit l'engagement de régler les frais de nourriture et de s'employer, avec des arguments imparables, à arracher l'assentiment de son mari.

Inutile de pénétrer ici dans les querelles de la petite histoire pour connaître le nom du premier d'entre eux à entrer en contact avec l'abbé Balley afin de lui adresser leur requête[1]. Ce qui est certain, c'est que celui-ci ne se

1. Selon que les auteurs se réfèrent aux dépositions de Gothon qui avait vécu les événements, ou de Catherine Lassagne qui les tiendra, plus tard, de M. Vianney, le premier entretien avec M. Balley concernant Jean-Marie aurait eu lieu soit avec Jacques Melin, soit avec Marie Vianney, accompagnée, ou non, de sa sœur.

laissa pas convaincre. Bien au contraire. Il argua que Jean-Marie, à vingt ans, était plus âgé que son élève ; que, vu sa scolarité réduite, son niveau était bien plus faible ; qu'il ne connaissait pas un mot de latin et bien peu de choses en grammaire... Cependant, le jeune homme lui fut présenté. Après l'avoir bien observé et interrogé brièvement, le prêtre fut désarmé à la vue de son regard profond et droit, de son sourire lumineux, de sa discrétion, de ses connaissances religieuses et de l'intensité de sa foi : « Pour celui-là, je le prendrai, dit-il. Je me sacrifierai pour lui s'il le faut[1]. »

Restait, pour Marie Vianney, à persuader son mari. Elle sut, pour cela, lui présenter des raisons pertinentes : le faible coût de la pension, l'ambiance familiale et la proximité permettant des contacts ; la possibilité, pour Jean-Marie, de donner un coup de main à la ferme en cas de besoin... la satisfaction, pour un père, de donner un enfant à Dieu et la mauvaise conscience que son refus lui inspirerait. Matthieu Vianney finit par céder et, vers le début de 1807, son fils partait pour Écully.

Ainsi, les proches de Jean-Marie, tels de nouveaux Jean-Baptiste, avaient-ils travaillé à préparer, pour lui, « le chemin du Seigneur ».

1. Catherine Lassagne, PA.n.p., p. 398. Déposition de Marguerite Vianney, P. O., p. 1019.

II

Prêtre ou soldat ?

Pour que souffle l'Esprit

Un ami compatissant

Jean-Marie vint s'installer à la ferme du « Point du Jour » dans le courant de l'hiver 1807. Il avait sa chambre pour la nuit et son couvert mis aux repas. Dès son arrivée, ses parents veillèrent à ce qu'il ne soit pas à la charge des Humbert, comme le souligne Gothon :

« Tous les samedis, j'allais à Écully et portais ce dont il avait besoin pour la semaine[1]. »

Une voisine – la veuve Bibost – lui proposa de se charger bénévolement de l'entretien de son linge.

Le matin et l'après-midi, il se rendait au presbytère. Le cours de M. Balley, dès lors ouvert à deux élèves, fut considéré officiellement comme une école presbytérale[2]. Jean-Marie se révéla d'emblée un bien piètre condisciple de Mathias Loras. La plume entre ses doigts lui semblait plus lourde que la pioche ou la pelle qu'il avait

1. Marguerite Vianney, P. O., p. 1019.
2. École assimilée à un petit séminaire tenue par des prêtres de campagne à l'intention des jeunes ruraux pressentant un appel au sacerdoce.

jusqu'alors maniée si aisément dans les champs à longueur de journée. Ses lacunes en orthographe lui pesaient... et celles en grammaire bien plus encore, notamment quand il commença l'apprentissage du latin. Ajoutez à cela une mémoire bien peu entraînée et vous pourrez imaginer à quel point lui étaient hermétiques les complexités de la syntaxe, les caprices des déclinaisons, les subtilités des conjugaisons.

Mathias Loras se contentait parfois de sourire à ses erreurs et contresens. Il l'aidait alors à utiliser un lexique ou à construire ses phrases et à les traduire. Il arrivait aussi que sa patience ait des limites. Un jour, il alla jusqu'à lui donner une gifle. Impulsif de nature, Jean-Marie, dans un premier temps, se sentit poussé à la riposte. S'efforçant, à grand peine, de garder tout son sang-froid, il se jeta à ses genoux pour le prier de l'excuser. Mathias, ému aux larmes, s'excusa de son geste et alla se précipiter dans ses bras pour le supplier de le pardonner[1]. Cet incident allait sceller entre eux une amitié que l'éloignement n'allait pas affaiblir[2].

Un esprit récalcitrant

Jean-Marie éprouvait de telles difficultés qu'il se mit à désespérer d'arriver un jour à la prêtrise. Malgré son travail, le soir, à la lueur de la chandelle et ses implorations au ciel, ses résultats restaient bien décevants.

Il plaça alors toute sa confiance dans l'Esprit Saint. Au mois de mars 1807, le cardinal Fesch allait conférer la Confirmation à Écully pour tous les enfants et adultes des paroisses avoisinantes ; notamment ceux de Dardilly, dont Gothon et ses deux meilleurs amis d'enfance, André

1. Déposition de la comtesse des Garets, P. O., p. 765.
2. Mathias (ou Matthieu) Loras sera ordonné prêtre ; il partira comme missionnaire aux États-Unis où il deviendra évêque.

Provin et Jean-Fleury de Véricel[1]. Jean-Marie reçut ce sacrement avec une grande confiance. Il ajouta à ses prénoms celui de Baptiste, afin de se mettre sous la protection du « Précurseur » et d'obtenir, par son intercession, des lumières pour éclairer son esprit...

Mais les lumières n'arrivaient pas et Jean-Marie était en proie à de fréquentes crises de découragement. Alors, lui venaient à la pensée la tristesse de sa mère qui souffrait de son absence ; l'image de Gothon, si longtemps sa compagne aux champs ; celle de ses deux frères tenus à redoubler d'ardeur pour soulager leur père souffrant toujours de rhumatismes. Il serait si utile à tous, s'il rentrait ! Il retrouverait ses amis, la vie au grand air, le vallon de Chantemerle, son petit âne gris, son chien... Les études étaient, pour lui, bien plus arides que les champs les plus ingrats à cultiver ! Il en venait parfois à solliciter de M. Balley l'autorisation de le quitter pour aller faire un séjour dans sa famille. Le prêtre l'en dissuadait ainsi :

« Tu veux aller chercher du chagrin. Tes parents ne demanderont pas mieux que de te garder à la maison. Alors, adieu tous tes projets, Jean-Marie ! Adieu le sacerdoce !... Adieu les âmes ! » L'argument était suffisant pour l'inciter à redoubler d'efforts sans cesse encouragés par la patience à toute épreuve de son maître... Mais les brumes tenaces de son cerveau continuaient d'envelopper les textes des auteurs latins d'une obscurité impénétrable.

Un régime inopérant

La prière avait-elle donc si peu d'effets ? Il saurait bien obtenir du Seigneur les capacités requises pour répondre à son appel ! Il pousserait plus avant sa requête

---

1. Les trois ont attesté leur présence et leur réception de ce sacrement. P. O., pp 1011 et 1003. PA, np, p. 1260.

en utilisant un autre moyen : les privations de nourriture. Il se ménagea la complicité de la tante Marguerite et de Catherine :

« Ayez bien soin, leur dit-il, de me tremper ma soupe avant d'y avoir mis du beurre ou du lait[1]. » Si sa cousine, qui le servait, se pliait à ses désirs, il lui offrait une médaille, une image et autres petits présents. « L'avais-je oublié, ce qui m'arrivait parfois – se souvient Catherine – il m'en portait sa plainte, et je le voyais triste et sans courage pour manger cette soupe, comme si chaque morceau eût dû l'étrangler[2]. » Inquiète du régime que s'imposait son neveu, la tante Marguerite allait en informer M. Balley. Celui-ci ne tarda pas à réprimander son élève : « vois-tu, mon enfant, il faut bien prier et faire pénitence sans doute, mais il faut aussi se nourrir et ne pas ruiner sa santé[3]. »

Un intercesseur puissant

Le jeûneur malgré lui

Jean-Marie n'avait pas obtenu davantage de satisfaction du jeûne que de la prière. Mais il n'était pas de ceux qui renoncent devant l'échec. Il irait demander assistance à un prêtre qui avait payé de sa vie son ardeur sacerdotale : saint Jean François Régis. Il se rendrait à La Louvesc, pour prier devant ses reliques. Il fit alors le vœu de parcourir à pied les quelques cent kilomètres de trajet et de mendier sa nourriture et son hébergement pour la nuit. Et il partit, un beau matin d'été[4], besace au dos, coiffé d'un chapeau à larges bords, sa gourde attachée à l'extrémité de son bâton, le chapelet de sa communion à la main ; et, dans sa poche, une bourse à

1. A. de Bernétas, *Biographie de J.-M. Vianney*, p. 57.
2. A. de Bernétas, *Biographie de J.-M. Vianney*, p. 57.
3. Catherine Lassagne, *Petit Mémoire*, n° 2, pp. 3-4.
4. Il s'agit très probablement de l'été 1808.

utiliser en cas d'impondérables. Lui, le fils de Matthieu Vianney, dont la maison était toujours ouverte aux miséreux autochtones ou de passage, comment pouvait-il douter que les habitants des lieux jalonnant son itinéraire lui offrent – à l'instar de ses parents – une écuelle de soupe, quelques pommes de terre pour assouvir sa faim et un coin de grange ou d'étable pour dormir ?

Et cependant, il frappa à des portes qui se refermaient invariablement sur lui et il dut coucher à la belle étoile. Hormis quelques rares croûtons de pain, il ne reçut que mépris et menaces. N'était-ce pas un faux pèlerin ? Ne serait-il pas plutôt un paresseux en pleine santé et force de l'âge qui refuserait de travailler ? N'était-il pas un déserteur ? Un prétendu pauvre que trahissaient sa mise correcte, sa délicatesse, ses manières policées ? Tendre la main pour assurer sa subsistance fut, pour lui, une épreuve qui allait rester profondément gravée dans sa mémoire, comme il le déplorera une cinquantaine d'années plus tard : « Je m'en suis mal trouvé... on me prenait pour un voleur et on ne voulait m'accorder ni pain ni abri ». Et de préciser : « il vaut mieux donner que de demander... Je ne conseillerai jamais à personne de faire le vœu de mendicité[1] ». À Écully, il avait fallu l'intervention de l'abbé Balley pour interdire à Jean-Marie les privations de nourriture. Cette épreuve de jeûne imposé lui fit saisir la nécessité d'user d'une juste mesure, même dans les sacrifices offerts généreusement au Seigneur.

Une requête bien acheminée

Il arriva cependant à La Louvesc, dans un état d'épuisement extrême. Alors, il se sentit encore plus intimement lié à Jean-François Régis qui avait connu, lors de sa traversée du haut plateau ardéchois à partir du Puy, des souffrances et privations analogues. Et même bien

1. Monin, p. 31.

pires. Car, si Jean-Marie avait fait son périple en période estivale, « l'apôtre du Vivarais » avait accompli le sien en hiver, la semaine précédant Noël. Il avait marché par un froid glacial, le visage et le corps fouettés par la « burle », souvent obligé, pour contourner une congère obstruant son chemin, de s'enfoncer jusqu'à la taille dans la neige glacée. Le soir venu, s'étant égaré dans la forêt, il avait tenté vainement de se faire héberger dans des fermes. Les paysans sont généreux, dans la région, mais pleins de méfiance dès la nuit tombée.

Son compagnon de route, s'inquiétant de le voir si oppressé et si fiévreux, l'invita à se réfugier dans une maison abandonnée, si délabrée que la neige, poussée par la bise, pénétrait par les interstices des planches disjointes[1]. La paille humide sur laquelle ils s'étendirent n'arrangea pas l'état de Jean François Régis. Lequel, dès son arrivée le lendemain à la Louvesc, se mit à confesser dans une église glaciale, assis au-dessous d'une fenêtre aux carreaux cassés. La congestion pulmonaire allait l'emporter peu après, dans le lit mis à sa disposition par le prêtre qui l'avait invité à participer aux prédications d'une mission.

Cette digression sur saint Jean François Régis nous donne une prise de conscience plus forte de la vénération que lui portait Jean-Marie et de la confiance qu'il avait en un prêtre ayant offert sa vie pour se consacrer au salut des âmes. Il alla s'agenouiller devant sa châsse, persuadé d'obtenir, par son intercession, un cerveau plus réceptif et une mémoire moins fugace. Avant de repartir, il eut à cœur de demander à un Père jésuite qui le confessait de le délier de son vœu de mendicité ; le religieux y consentit « à condition qu'au retour il ferait l'aumône au lieu de la recevoir[2] ».

1. D'après *Saint François Régis*, G. Guitton s. j., éd. Spes, Paris, 1836, p. 530.
2. Abbé Toccanier, P. O., p. 115.

En quittant La Louvesc, il ne doutait pas que sa requête eût été bien reçue...

... et bien entendue

Jean-Marie rentra sans encombres à Écully. Ses progrès ne furent pas aussi fulgurants que certains l'ont avancé – *édification oblige !* – Mais « les études lui furent moins pénibles, et son maître lui-même admira le recours de la grâce divine dans cette intelligence dont il avait peut-être, à de certaines heures, désespéré[1] ». Si M. Balley jugeait l'amélioration de ses moyens intellectuels assez dérisoire, il se réjouissait, jour après jour, du cheminement spirituel exceptionnel de son élève. Vint le moment où il l'estima apte à passer l'examen d'admission au cours de philosophie. Jean-Marie allait franchir une nouvelle étape sur la voie de la prêtrise.

À Dieu-vat !

Un nom de trop sur une liste

C'était sans compter sur Napoléon Ier qui avait un besoin impérieux de recruter des hommes pour faire la guerre à l'Espagne. Jean-Marie avait échappé, comme on le sait, à la conscription de 1806 et aux deux suivantes. Son admission dans une école presbytérale aurait dû l'exempter de tout enrôlement car M. Balley était allé à Lyon pour le faire inscrire sur les listes des séminaristes dispensés de service militaire. Or, nous apprend Gothon, « on oublia de porter son nom... sur les registres[2] ».

1. *Vie du Bienheureux Jean-Marie Vianney*, Curé d'Ars, abbé G. Renoud, missionnaire d'Ars, DDB, 1909.
2. Marguerite Vianney, P. O., p. 1019.

Suite à cette omission[1], Jean-Marie fut du nombre des soldats des classes rappelées à l'automne 1809[2].

On imagine la déception de l'abbé Balley à l'idée de perdre son élève au moment où tous les espoirs semblaient renaître à son sujet. On devine la surprise et la désolation de sa famille.

Quand l'argent ne fait pas le soldat

Marie Vianney était la première à avoir accepté l'appel perçu par son fils. Elle était parvenue, par sa force de persuasion, à arracher au rude Matthieu son consentement. Allait-elle le laisser partir pour si longtemps ? Dans un milieu si peu favorable, sinon contraire, à la réalisation de sa vocation ? Elle n'eut alors qu'une aspiration : exhorter vivement son mari à lui « acheter » un remplaçant. Ne l'avait-il pas fait pour François « l'Aîné ? » Elle savait bien qu'il avait été motivé par l'impérieuse nécessité de conserver un homme pour travailler aux champs. La terre avait tant besoin de bras pour porter ses fruits ! Pour ce qui est de Jean-Marie, ce n'était pas à la terre que l'armée l'arrachait, mais au Seigneur. Matthieu Vianney céda cependant aux instances de Marie. Il chercha un remplaçant... qu'il trouva, moyennant la somme substantielle pour l'époque de 3 000 F, plus 200 F d'argent de poche et un sac contenant un trousseau. Deux jours plus tard, le jeune homme avec lequel il avait traité se ravisa et vint déposer, sur le seuil de la maison Vianney, son argent et son sac. Jean-Marie fut donc obligé de partir. Et, le 26 octobre 1809, il se présentait au bureau de recrutement de Lyon.

---

1. Mgr Fesch avait obtenu de son impérial neveu que, dans le Lyonnais, l'exemption donnée aux séminaristes diocésains soit étendue, depuis 1808, aux élèves des écoles presbytérales. Il n'est pas lieu ici de discourir sur les responsables de cette omission.
2. Ceux de 1810 furent enrôlés par anticipation.

Ses premiers contacts avec la vie militaire furent très éprouvants pour lui. Les grossièretés de ses compagnons de chambrée, leur mauvaise conduite, leurs blasphèmes le choquèrent profondément[1]. Fatigué de ses efforts intellectuels, encore sous le choc de son enrôlement qu'il considérait comme injuste, il fut atteint d'une grande lassitude assortie d'anxiété et d'une forte fièvre. Le médecin du dépôt jugea son état assez grave pour demander son admission à l'Hôtel-Dieu le 28 octobre.

Dans l'alternative

Dès que la nouvelle de son hospitalisation fut connue, quelques-uns de ses proches d'Écully ou Dardilly vinrent à son chevet. L'abbé Balley fut le premier à accourir. Sans être en mesure de rapporter ici leur entretien, on peut néanmoins présumer de sa teneur. Ce prêtre, courageux jusqu'à l'héroïsme, n'avait pas eu peur de rallier le nombre des proscrits, par souci d'intégrité envers l'Église et de fidélité à son chef. Il est fort plausible qu'il n'ait pas été très empressé à l'exhorter à rejoindre, une fois rétabli, son détachement qui allait partir pour Roanne afin de suivre un entraînement intensif avant de se mettre en route pour l'Espagne. Car ce prêtre à la foi solide, d'une extrême rigueur morale, voire ascétique, ne cachait pas sa désapprobation des faits et gestes de Napoléon Ier qui avait osé envahir les États Pontificaux et les annexer à l'Empire. Et qui, après avoir été excommunié par Pie VII, l'avait fait emprisonner à Savone. Et cette excommunication[2] devait s'appliquer à son entourage et à ceux qui le suivaient... Autant de considérations que M. Balley ne se priva pas de commenter à Jean-Marie. Y avait-il matière à orienter son élève vers une position d'objecteur de conscience ?

---

1. D'après Catherine Lassagne, P. A. in g., p. 103.
2. Bulle « *Quum Memoranda* », 10 juin 1809.

Peut-être pouvons-nous pressentir quelques éléments de réponse dans ce témoignage de Catherine Humbert, sa cousine d'Écully venue lui rendre visite : « J'eus le bonheur de passer près de lui une partie de la soirée et de partager son petit repas. Il ne m'entretint à peu près que de Dieu et de la nécessité de faire sa sainte volonté[1]. »

Se posait-il des questions sur la volonté de Dieu pour ce qui est de ses obligations militaires ?... Ou attendait-il que les événements ne la lui manifestent ?...

Une décision en différé

Une quinzaine de jours plus tard – *le 12 novembre* – il partait avec un convoi pour Roanne. Vu son état de faiblesse, il fut autorisé à prendre place dans une voiture. Les cahots du chemin et le froid l'épuisèrent et entraînèrent un nouvel accès de fièvre justifiant une hospitalisation en urgence dès son arrivée à Roanne. Cette rechute de son piteux état fut colportée jusqu'à Dardilly et Écully : « il reçut des visites » de toutes les personnes de sa parenté accompagnées de leurs amis des deux villages[2].

De telles marques d'estime accrurent encore l'intérêt que lui portèrent d'emblée les Sœurs Augustines desservant l'hospice. Lesquelles avaient déjà grandement apprécié ce jeune soldat si pieux, réservé et chaleureux. Elle lui prêtaient des livres, étaient à ses petits soins et parfois, « lui faisaient passer quelques gouttes de vin » ou quelques « morceaux les plus délicats prélevés à son intention sur le dîner de la Communauté ». Leurs positions sur l'Empereur excommunié ne devant pas être très éloignées, à quelques nuances près, de celles de M. Balley, comme, d'ailleurs, en témoignera Jean-Marie :

1. Marguerite Humbert, P. O., p. 1324.
2. Citation et détails suivants : Monnin, pp. 35 et 36.

« Lorsqu'il fut question de mon départ, elle m'engagèrent à rester dans leur maison, promettant de me soustraire aux poursuites de l'autorité[1]. » Si Jean-Marie souscrivait effectivement à leurs suggestions, il se refusait à prendre une décision de son propre chef. La volonté de Dieu à son égard lui serait dictée par les circonstances. Six semaines après son admission, rétabli par les bons soins des Sœurs, il se prépara donc à partir avec son détachement vers l'Espagne.

Un détachement à rattraper ?

Le jour du départ de sa colonne étant fixé au 6 janvier 1810, il devait aller chercher sa feuille de route la veille. Désireux de se placer sous la protection du Seigneur, il entra dans une église située sur le trajet du bureau de recrutement. Il s'abandonna à la prière, dans une totale inconscience du temps qui passe. Quand il se présenta devant la porte du bureau, il la trouva fermée. Le lendemain, son détachement avait pris la route de très bonne heure. Il n'avait pu s'y joindre sans sa feuille de route et devrait attendre l'ouverture du bureau pour se la procurer. Il s'arrangerait bien pour rattraper l'arrière-garde !

Après quelques tracasseries de l'agent recruteur, il obtint le document souhaité et, sac au dos, s'achemina vers son destin sur la route de Renaison. Tout en marchant, il s'interrogeait sur le parti à prendre. Devait-il aller combattre dans l'armée de l'empereur sacrilège, assoiffé de conquêtes et entraînant vers la mort, dans des conflits incessants, tant d'hommes et de jeunes gens dans la force de l'âge ? Allait-il, lui aussi, perdre la vie inutilement ? Ou vivre dans un milieu où sa vocation risquait fort d'être compromise ? Par ailleurs, s'il ne rejoignait pas sa colonne, il risquait d'exposer son père à

1. Déposition de l'abbé Raymond, P. O., p. 1436.

mille ennuis et contrariétés des autorités locales. Il pensait aux déserteurs, repris par les gendarmes et ramenés, la chaîne au cou, vers leurs régiments. Allait-il être de leur nombre?... Cette volonté de Dieu, à laquelle il s'était toujours efforcé de correspondre, où était-elle donc? Se sentant impuissant à la discerner, il aurait recours à son soutien le plus efficace: la Vierge Marie. Il se mit à égrener son chapelet avec une ferveur qui restera gravée dans sa mémoire: « Jamais peut-être je ne l'ai récité de si bon courage[1] » confiera-t-il à ses proches. Extrêmement fatigué par sa longue marche à travers les monts du Forez, il s'arrêta à quelques mètres de la route, dans un bosquet à l'abri de la bise et s'assit sur son paquetage, le buste courbé en avant, les coudes prenant appui sur ses genoux, laissant aller son visage entre ses mains.

Quand le hasard s'en mêle

Il entendit alors le bruit d'un pas alerte et décidé venant de la même direction que lui. Il releva brusquement la tête et vit un homme jeune et taillé en athlète[2].

Sa première réaction fut de se cacher. Trop tard. Le marcheur était un habitant de la région connaissant les moindres détails du paysage, qui avait repéré sa présence au premier coup d'œil. Perspicace comme tout homme de la campagne, il flaira un déserteur en puissance en cet homme exténué, au visage crispé d'angoisse, avec un sac qui ne pouvait appartenir qu'à un soldat. Il

---

1. Catherine Lassagne, *Petit Mémoire* n° 3, p. 6.
2. Il existe plusieurs versions de ces événements quant à leur déroulement et aux intentions de Jean-Marie dont la désertion serait pleinement délibérée ou influencée par cet homme, ou pleinement inconsciente. C'est la plus vraisemblable et la moins rocambolesque qui est retenue ici: Monnin, pp. 37-38. Mgr Fourrey mentionne les différentes versions, pp. 53 à 58.

s'approcha de Jean-Marie et lui déclina son identité : il s'appelait Guy Brun et habitait dans la commune de Saint-Priest-la-Prugne. Après avoir écouté le récit de Jean-Marie sur les événements vécus depuis son enrôlement, il lui exposa de bonnes raisons pour le libérer de ses derniers scrupules à opter pour la désertion. L'ayant mis en confiance, il lui prit son sac et l'invita à le suivre pour l'emmener en lieu sûr.

Ils marchèrent longtemps dans la nuit à travers des sentiers forestiers et, vers 10 heures du soir, frappèrent à la porte d'une maison isolée dont Guy Brun connaissait les habitants. Ils y furent invités à souper et à passer la nuit[1].

Le « cousin » Jérôme

Une adoption spontanée

Le lendemain, Jean-Marie fut conduit à quelque distance de là, dans un hameau dénommé « Les Robins » de la commune des Noës. Il fut présenté au maire, Paul Fayot qui, ayant une nombreuse famille à nourrir et abritant déjà deux déserteurs dans des dépendances de sa maison, ne fut pas en mesure de lui donner asile. Il lui proposa de loger chez sa parente et voisine, Claudine Fayot, veuve et mère de quatre enfants. Il l'assura de sa discrétion à son égard, de la complicité de tous les concitoyens, de son soutien en cas de contrôle des autorités :

« Soyez tranquille, mon ami, lui dit-il, nous répondons de votre sûreté. Les gendarmes ne viendront pas vous chercher ici. Quand vous aurez peur d'eux, vous n'aurez qu'à frapper à ma porte ; elle vous sera toujours ouverte. » Par mesure de sécurité, on convint de donner à Jean-Marie

1. L'abbé Monnin ne précise pas le nom de son guide.

un nom d'emprunt : Jérôme Vincent, et de le faire passer pour un cousin de la famille Fayot. Ainsi fut-il adopté, par les quatre enfants de son hôtesse (dont un prénommé Jérôme) comme un parent de passage hébergé pour une durée indéterminée. Dès le début de son séjour, il proposa à leur mère, pour la dédommager des frais de nourriture, de leur donner des leçons de lecture, écriture calcul et catéchisme. Plusieurs enfants, privés, comme eux, d'instituteur, vinrent se joindre à eux, ainsi que d'« autres personnes du village qui voulurent en profiter jusqu'à l'arrivée des beaux jours[1] ».

Une vie intérieure préservée

Dès son arrivée, « Jérôme » resta sur ses gardes et s'abstint de sortir du hameau. Puis, il commença, certains jours de semaine, à descendre de très bonne heure aux Noës pour assister, dans l'église paroissiale, à la messe matinale. Ensuite, il se recueillait quelques instants devant le tabernacle, dans le silence profond et paisible du sanctuaire vide. Puis il s'entretenait un moment avec le curé, M. Jacquet qui ne tarda pas à lui manifester son approbation dans son refus de servir dans les troupes impériales et à le conforter dans l'assurance qu'aucun de ses paroissiens, l'aurait-il soupçonné de désertion, ne le dénoncerait aux autorités. Jusqu'alors, par mesure de prudence, il avait préféré renoncer à se rendre à la messe dominicale. Chaque dimanche matin, il se faisait le gardien de la petite Claudine, âgée de deux à trois ans, pour permettre à sa mère d'y assister. Dès que M. Jacquet l'eut rassuré, « il ne manquait jamais sa messe du dimanche », comme l'attestera son « cousin », Jérôme Fayot.

1. Déposition de Jérôme Fayot, P. O., p. 1315.

Claudine Fayot va prendre les eaux

En l'honneur de son mariage avec Marie-Louise, Napoléon avait décrété une amnistie générale en faveur de tous les déserteurs des classes de 1806 à 1810[1]. Ceux qui étaient concernés par cette mesure pouvaient en bénéficier, à condition qu'ils réintègrent leur régiment ou qu'ils se procurent un remplaçant dans un délai de trois mois. Tel était le cas de Jean-Marie. Il souhaitait de tout son cœur rentrer à Dardilly pour mettre fin à l'inquiétude de sa famille, au chagrin de sa mère ; et peut-être plus encore, aux tourments que les agents recruteurs locaux occasionnaient à son père qu'ils soupçonnaient de connaître sa retraite et de refuser de la leur dévoiler : « Je vous ferai manger jusqu'à votre dernier sou[2] », l'avait menacé un jour l'officier Blanchard. Or, s'il brûlait d'envie de retrouver les siens, il redoutait d'affronter la colère paternelle. Par ailleurs, il persistait dans son refus, malgré l'amnistie de l'empereur, de servir dans ses armées. Claudine Fayot, qu'il appelait sa « seconde mère » connaissait bien tous ses tourments de conscience. Elle était alors dans un tel état de santé que son médecin lui avait prescrit une cure thermale à Charbonnières[3]. Elle hésitait à laisser ses enfants et sa ferme et trouvait les frais de séjour et de voyage trop élevés pour sa bourse.

Charbonnières étant à quelques kilomètres de Dardilly, Jean-Marie vit là une opportunité inespérée pour donner de ses nouvelles à sa famille, pour tester les dispositions de son père à son égard et pour présager de l'accueil qu'il serait susceptible de lui réserver. Il promit à Claudine de veiller sur sa maison et sur ses enfants pendant son absence et de prendre en main tous les travaux de la ferme avec l'aide assurée des deux aînés. Il

1. Décret du 25 mars 1810.
2. *Vie, Archives*, Abbé Raymond, Archives de Belley.
3. Aujourd'hui, Charbonnières-les-Bains.

lui prêta 100 F pour ses diverses dépenses et lui confia, pour ses parents, « une lettre de douleur et de repentir[1] » dans laquelle il les priait de l'héberger pendant la cure. Elle se laissa convaincre, tant pour les soins qu'elle devait recevoir que pour rendre un service agréable à son protégé. Elle partit donc « vers la fin de mai[2] ».

On imagine la profondeur de la joie que ressentit Marie Vianney en apprenant de cette messagère d'espoir que son cher fils était en vie et en bonne santé. On ne doute pas de la tendresse avec laquelle elle la serra dans ses bras pour la remercier de l'attitude maternelle qu'elle lui avait témoignée. On devine aisément les sentiments plus mitigés de Matthieu Vianney éprouvant un réel soulagement de le savoir sain et sauf et par ailleurs un mécontentement non moins réel à la pensée de tous les désagréments qu'il lui avait fait subir. Il voulut savoir le lieu de sa cachette pour aller le débusquer. Claudine refusa catégoriquement de le lui indiquer en soulignant les raisons légitimes qui avaient motivé son refus de servir dans les troupes impériales[3].

Le conflit ne fut pas réglé pour autant. Mais Claudine avait pu lier amitié avec son hôtesse et lui donner quelques détails sur les occupations quotidiennes de son fils. Elle prit contact avec Claudine Bibost – la veuve qui s'était chargée de l'entretien du linge de Jean-Marie à Écully – qui accepta de recevoir le courrier que lui enverrait ce dernier et de le transmettre secrètement à sa mère. La curiste repartit dix-huit jours après son arrivée.

Jean-Marie a des sueurs froides

La venue du printemps avait arraché les élèves de Jean-Marie à leur école. Les uns avaient retrouvé leurs

1. A. Monnin, Déposition au Procès Apostolique « ne pereant » p. 949.
2. Déposition de Jérôme Fayot, P. O., p. 1317.
3. *Id.*, pp. 1315-1316 pour les détails précédents.

troupeaux, les autres, leurs travaux agricoles. Le maître en congé forcé n'était pas resté oisif pour autant, et encore moins, à la charge de sa protectrice. Fidèle à ses racines paysannes, il avait troqué livres et cahiers contre les outils aratoires. Toujours infatigable, il trouvait le moyen de prêter la main aux fermiers des environs, notamment pendant les labours de printemps et la fenaison.

Travailler à l'extérieur redoublait, pour lui, les risques de se faire arrêter. Car les patrouilles policières multipliaient leurs incursions. La fin de l'hiver, en effet, rendait les chemins plus praticables dans cette région si boisée, si difficile d'accès et si propice au refuge des proscrits plus activement recherchés depuis la fin juin où avait expiré l'amnistie.

Plusieurs fois, alerté par les sentinelles, il avait dû son salut à sa fuite dans la forêt. Un jour, non précisé, de juillet ou août 1810, l'arrivée d'une patrouille avait échappé à la vigilance des guetteurs. Jean-Marie était occupé tout près de la ferme.

Alerté par un signal d'un des fils de Claudine Fayot[1], il courut vers l'étable, se précipita dans le râtelier et se hissa en un éclair, jusqu'à l'une de ces petites trappes – les « *trappous* », selon l'idiome local – pratiquées dans le plancher de la grange pour « pousser », de là, le fourrage dans la crèche. Il s'y était aménagé, à la faveur d'un recoin de mur, un espace juste assez grand pour permettre à un homme recroquevillé de se blottir. En cette période estivale, le foin, récemment récolté, était en fin de fermentation. Ses émanations, jointes aux exhalaisons de l'étable, amplifiées par la chaleur de la toiture, lui procurèrent une forte gêne respiratoire. Les gendarmes fouillèrent le foin de la pointe de leurs sabres d'un bout à l'autre de la grange. En vain. Quand ils quittèrent les

1. Les deux fils aînés de Claudine Fayot et ceux du maire étaient au courant de la situation de Jean-Marie.

lieux, Jean-Marie était au bord de l'asphyxie. En les voyant sortir bredouilles, le maire qui connaissait le repaire du proscrit, éprouva un vif soulagement. Arborant un sourire mi-jovial mi-malicieux, il vint à leur rencontre et, comme il le faisait à chacune de leurs « visites », il les invita à entrer chez lui pour boire un « canon ».

Jean-Marie sauta dans la crèche pour reprendre ses esprits. Mais il attendit dans l'étable qu'ils se soient éloignés avant de reprendre son travail. En commentant l'incident à ses proches, il leur dira « qu'il n'avait jamais tant souffert » et qu'il avait promis à Dieu « de ne plus se plaindre à l'avenir quoiqu'il lui arrivât ». Jamais, par la suite, il ne dérogea à cette résolution[1].

Le prix d'une libération

Revenons à Dardilly où Matthieu Vianney se consolait de l'absence prolongée de Jean-Marie : François Cadet avait tiré un bon numéro à la conscription de 1810[2]. Celui-là, au moins, lui resterait ! Avec François l'Aîné, ils pourraient le décharger progressivement des travaux de la ferme. C'était sans compter sur le capitaine Blanchard qui le poursuivait de sa fureur et le menaçait de fortes amendes si le déserteur ne se livrait pas. Devant son refus, l'agent de recrutement en vint à lui faire une proposition : remplacer Jean-Marie par « Cadet ». À contre-cœur, le pauvre père demanda à ce dernier d'accepter cet arrangement, moyennant une somme de 3 000 F[3] à prélever sur l'héritage de Jean-Marie[4]. Cadet consentit au marché et partit. Le 20 août, il rejoignait son régiment à Phalsbourg.

1. Récit de l'Abbé Tuccanier, P. O. in g., p. 145. Monnin, p. 41.
2. Il allait avoir 20 ans le 20 octobre.
3. Déposition de l'abbé Vignon, curé de Dardilly, Procès « *in genere* » p. 370.
4. Certains témoignages situent ici le désistement d'un remplaçant trouvé par Matthieu Vianney.

Ce départ attrista Marie Vianney et, tout autant, son époux qui se retrouvait seul, pour l'entretien de la ferme, avec François l'Aîné. Dans le courant de septembre, Jean-Marie reçut une lettre de Jacques Melin lui apprenant que sa situation était régularisée et qu'il pouvait rentrer sans appréhension.

Adieu Jérôme

Jean-Marie jugea plus opportun de différer son retour. Il préférait laisser atténuer les remous que sa conduite avait générés dans la famille et se faire oublier du capitaine Blanchard et de ses subordonnés. La moisson était achevée mais les travaux d'automne allaient commencer. Il aurait souhaité continuer d'aider sa famille d'accueil, mais il pensait à son départ prochain, à ses études qu'il aurait tant de mal à reprendre après une si longue interruption. Il demanda à son hôtesse de le garder chez elle sans travailler, moyennant le payement d'une pension. Bien évidemment, elle accepta cette offre. Elle-même et ses enfants se réjouissaient de le conserver quelque temps parmi eux. Afin de se préparer à reprendre les cours de M. Balley, il écrivit à la veuve Bibost pour la prier de lui apporter ses livres laissés chez son beau-frère à Écully. Ce qu'elle fit sans tarder. Jean-Marie rouvrit ses ouvrages de spiritualité et sa grammaire latine. Parfois, rebuté par la difficulté de ses versions, il venait trouver l'abbé Jacquet, à la cure des Noës pour solliciter son aide et ses conseils.

La durée de cette reprise d'études est difficile à préciser, selon les variations des témoignages ayant relaté l'épisode de la désertion[1]. Ce que nul ne conteste, c'est

1. La plupart s'accordent sur 14 mois à partir du 28 octobre 1809 ; certains incluent dans cette période les deux hospitalisations de Jean-Marie à Lyon et à Roanne. Pour les frères Fayot, il serait resté 14 mois aux Robins. Ces détails ne nous intéressent que dans la mesure où, en l'absence de preuves certaines, il est difficile d'affirmer ou d'infirmer qu'il ait pu revoir sa mère, morte le 8 février 1811.

la désolation de tous les gens du pays en apprenant l'imminence de son départ. Leurs témoignages d'adieux attestent leur sympathie à son égard. Claudine Fayot lui donna des serviettes, offertes pour son mariage et n'ayant jamais été utilisées « et bien d'autres choses » ; « on se cotisa pour subvenir aux frais de son retour : on se disputait à qui lui offrirait de l'argent, du linge et des vêtements ; il eut bientôt un trousseau complet ». On lui fit même confectionner une soutane par un tailleur de Roanne dont on voulut l'en voir revêtu avant son départ[1]. Il avait son habit de prêtre. Quand allait-il en avoir la dignité ?

1. D'après l'abbé Monnin, pp. 46 et 47.

III

Le Noviciat d'un prêtre de campagne

Retour en ombre et lumière

Des cicatrices douloureuses

Le retour de Jean-Marie à Dardilly fut une épreuve très douloureuse pour lui, en ce mois de mars 1811[1]. La joie, qu'il avait tant souhaitée, d'embrasser sa mère, ne lui fut pas accordée. C'est sur sa tombe, dans le petit cimetière jouxtant l'église, qu'il vint épancher son cœur dans un flot de larmes. Les retrouvailles avec son père, qui voyait en lui ce déserteur responsable de tous ses ennuis et, peut-être, du décès de son épouse par excès de chagrin, ne furent pas tendres. Matthieu Vianney, cependant, ne s'opposa pas à ce qu'il quitte définitivement la ferme pour aller reprendre ses cours à Écully, chez M. Balley. Pour éviter des frais de pension chez les Humbert, il logerait chez son maître auquel il rendrait quelques menus services pour payer sa nourriture : il travaillerait

1. C'est la date retenue ici car la plus probable, puisqu'annoncée par les fils de son hôtesse (Jérôme Fayot, P. O., p. 1316).

le jardin, aiderait au besoin la servante et ferait office d'enfant de chœur et de sacristain.

De la joie pour tous

Pendant l'absence de Jean-Marie, M. Balley avait fait prier chaque soir pour sa protection et son retour. Quand il rentra, une paroissienne s'était écriée : « Tant mieux ! Nous aurons un *Pater* et un *Ave* de moins à dire tous les jours[1] ». La joie de son maître était d'une autre nature et son accueil fut plus chaleureux et plus enthousiaste que celui de son père. Jean-Marie partagea désormais le quotidien de ce curé de campagne qui vivait en ascète, mais dont la piété était animée par un tendre et ardent amour de Dieu. Et dont l'attrait pour l'Eucharistie était si fort et si vibrant qu'« il pleurait en disant la messe[2] ».

Ses gestes et ses paroles, empreints d'un affectueux respect, excitaient l'admiration de Jean-Marie. Ah ! Qu'il aurait souhaité lui ressembler s'il devenait un jour prêtre ! Cette intériorité si intense et si transparente, son maître la devait, selon lui, à son passé de religieux. D'où sa recherche de modèles à suivre pour apprendre à mener une vie contemplative authentique. C'est ainsi qu'il eut à cœur de se procurer une « Histoire des Pères du Désert » de saint Jérôme[3].

À peine deux mois après son arrivée, Jean-Marie qui venait d'avoir 25 ans, fut revêtu de la soutane et reçut la tonsure de Mgr Simon, évêque de Grenoble[4]. Difficile

---

1. P. A. « *ne pereant* », p. 400.
2. Catherine Lassagne, *Petit Mémoire* n° 1, p. 31.
3. Il demande, par une lettre du 12 février 1810, à Jacques Loras, frère de son ami Mathias, d'acheter ce livre à son intention à Lyon et de le lui faire parvenir.
4. La cérémonie eut lieu à la Primatiale Saint Jean de Lyon. L'évêque de Grenoble s'était déplacé pour remplacer Mgr Fesch qui participait alors au Concile National de Paris.

de préciser lequel, du maître ou de l'élève, était le plus heureux !

Jean-Marie poursuivit ses études et ses activités habituelles, trouvant parfois le temps de rendre visite à la veuve Bibost qui avait repris, depuis son retour, l'entretien de son linge. Lui, retrouvait un peu une mère en elle ; elle lui témoignait, quant à elle, des sentiments affectueux bien partagés par son jeune fils et sa fille Colombe.

Après que Jean-Marie ait passé une nouvelle année scolaire à Écully, M. Balley pensa qu'il était temps, pour lui, d'aller faire son année de philosophie. Il l'envoya au petit séminaire de Verrières, aux alentours de Montbrison, à la Toussaint 1812.

Un élève qui pose problème

Mauvais latiniste...

En représailles au refus des évêques français d'obéir à ses ordres plutôt qu'à ceux du pape, incarcéré à Fontainebleau, l'empereur avait multiplié les mesures anticléricales, notamment la fermeture des petits séminaires (un seul par départements étant toléré). Celui de Verrières, rouvert plus ou moins clandestinement grâce à la ténacité de l'archevêque de Lyon, Mgr Fresch, avait accueilli les élèves des établissements victimes du décret impérial. D'où une pléthore d'effectifs, qui s'élevaient à plus de 230 élèves. Ces derniers furent répartis en deux niveaux. Jean-Marie fut admis dans celui des plus faibles, le n° 2[1]. Dès la première fois où il fut interrogé en latin – *langue utilisée alors pour l'enseignement* – il fut incapable de répondre, ce qui déclencha un fou rire général.

1. Dans le groupe n° 1 figurait, en outres, Marcellin Champagnat ; dans le 2e, Jean-Claude Colin, respectivement fondateurs des Frères Maristes (ou Petits Frères de Marie) et de la Société de Marie.

L'incident s'étant renouvelé à plusieurs reprises, pour lui-même et cinq ou six autres élèves, un groupe fut constitué auquel des cours supplémentaires furent donnés en français. Malgré toute sa bonne volonté, Jean-Marie fut « un élève d'une faiblesse extrême[1]. »

Son classement parmi les moins doués générait en lui une certaine honte encore accrue par sa situation fâcheuse d'élève admis à titre gratuit, son père ayant refusé de régler ses frais de pension. Autant d'humiliations dont il gardera longtemps le souvenir : « À Verrières, j'ai eu un peu à souffrir[2] », avouera-t-il, dans sa vieillesse, à l'abbé Raymond. Son niveau ne s'améliorait guère en latin et bien souvent, quelques élèves plus doués l'aidèrent par compassion, « dans ses thèmes et ses versions[3] ». Ses professeurs n'avaient pas tardé à percevoir ses difficultés, même en français, à saisir les subtilités des raisonnements philosophiques. Ils découvrirent cependant en lui une capacité à compenser partiellement ses lacunes intellectuelles par un solide bon sens paysan et un discernement intuitif hors du commun. Tout ne fut pas négatif pour lui au cours de cette année scolaire, puisqu'il écrivait le 13 juin 1813 à son père : « pour mes études, cela va un peu mieux que je n'aurais pensé[4] ». Mauvais latiniste, tout de même...

... mais bon séminariste

Les professeurs de Verrières étaient pleinement conscients de leur devoir de former de bons prêtres. S'ils déploraient les limites intellectuelles de Jean-Marie, « ils ne se lassaient pas d'admirer tant de retenue, tant de

---

1. Déposition d'un de ses condisciples, le futur abbé J. B. Tournier. P. O. « *ne pereant* », p. 1293.
2. Abbé Raymond, *Vie, Archives*, Évêché de Belley.
3. Dont Nicolas Deschamps, futur Jésuite, comme le rapporte la comtesse des Garets, P. O., p. 766.
4. Citée par Fourrey, p. 77, Trochu, p. 91.

régularité, une obéissance si prompte, une piété si solide... et ils le désignaient comme modèle accompli du bon séminariste[1] ». Ses condisciples ne furent pas insensibles aux « trésors de bonté, de patience et d'humilité qui étaient, dans cette âme, les fruits d'un amour de Dieu et des hommes mûrs avant le temps[2] ». Fruits d'un amour qu'il nourrissait par de fréquentes visites à la chapelle devant le Saint Sacrement et par une affection de plus en plus filiale envers Marie à laquelle il confiait toutes ses difficultés quotidiennes dans un total abandon.

Au mois de juillet 1813, l'année scolaire était achevée. Jean-Marie allait passer l'été à Écully avant d'entrer au grand séminaire Saint-Irénée de Lyon.

Du grand séminaire...

Conscient des difficultés qu'allait rencontrer son disciple, M. Balley jugea opportun de lui donner quelques cours de latin et d'initiation à la théologie. Jean-Marie se ménagea cependant le temps de rendre visite à son beau-frère Jacques Melin, aux Humbert, à Claudine Bibost dont le fils et la fille aimaient à bavarder avec lui. Même si, faute de témoignages, nous ne pouvons l'affirmer, il est fort probable qu'il soit alors allé saluer à Dardilly, son père, François l'Aîné et sa chère Gothon. Vers la mi-octobre, il partit pour Lyon. Il était alors dans sa vingt-huitième année.

Comme tout séminariste, Jean-Marie commença son année à Saint-Irénée par une retraite spirituelle. Puis, les cours s'organisèrent. Il eut trois camarades de chambre : Étienne Declas ; Vincent Bezacier et Jean Duplay qui furent autant d'amis pour lui. Chacun d'eux l'assistera dans ses efforts et aura, de lui, une opinion très positive. Étienne

1. Monnin, p. 49.
2. *Id.*, p. 50.

Declas, avec lequel il avait déjà sympathisé à Verrières, dira de lui plus tard : « Je l'ai bien connu autrefois ; c'est un saint... il était d'une grande simplicité[1]. » Vincent Bezacier précisera : « le résultat de ses études était nul, parce qu'il ne comprenait pas assez bien la langue latine. Plusieurs fois je lui ai donné des explications, que d'ailleurs il ne saisissait pas. Malgré cela, il paraissait s'appliquer continuellement[2]. » Jean Duplay lui fera office de répétiteur, en français, des cours incompris. Aux interrogations qu'il lui adressait ensuite, Jean-Marie « faisait des réponses justes et pleines de bon sens[3] ».

Les considérations qui précèdent nous prouvent bien que, malgré ses efforts, le latin restait pour lui, un obstacle infranchissable. Un professeur, M. Mioland, pris de pitié, consentit à lui donner quelques leçons particulières de théologie dans un ouvrage rédigé en français qui lui valurent quelques progrès. Certains professeurs acceptaient parfois de déroger aux habitudes en lui posant, sur le dogme ou la morale, quelques questions dans sa langue maternelle. « Ses réponses, quoique laconiques, étaient toujours justes et précises[4]. »

Mais l'ensemble des cours avaient lieu en latin. Tout comme les examens de contrôle des connaissances, où Jean-Marie ne pouvait compter sur aucun soutien ni espérer aucun recours. C'est à la suite de ses piètres prestations que « les directeurs, croyant qu'il ne pourrait réussir, le prièrent de se retirer[5] ». Ce départ, selon

---

1. Témoignage du neveu d'Étienne Declas, rapportant les paroles de son oncle, P. O., p. 1620.
2. P. O., p. 1273.
3. Abbé Raymond, *Vie,* p. 62.
4. Abbé Raymond, *Vie*, cahier (manuscrit) B, p. 51.
5. V. Bezacier qui donne cette précision (P. O., page 1273) est un témoin fiable pour avoir fait partie du proche entourage de Jean-Marie. Ses dires sont accrédités par la déposition de l'abbé Raymond, qui les tenait de l'intéressé : Ayant échoué au premier examen de Pâques, il revint chez M. Balley P. O., p. 275.

Vincent Bezacier, est à placer « au bout de cinq à six mois », ce que confirma plus tard l'exclu[1]. Dès que cette mesure fut connue, de nombreux séminaristes « en furent très affectés[2] ». Où allait-il pouvoir se réfugier ?...

... au « Petit Collège » ?

Comment décrire les sentiments de Jean-Marie en franchissant la porte du séminaire Saint-Irénée, son maigre bagage à la main ! Oserait-il retourner à Écully, pour apprendre une telle nouvelle à M. Balley ? Il n'en aurait pas le courage ! Comme il n'envisageait pas davantage de rentrer chez son père, il pensa qu'il y avait urgence à prendre une décision sur la situation à adopter. Il resta quelques instants immobile, sans savoir dans quelle direction se diriger. Un sourire malicieux illumina soudain son visage crispé encore par la déception qui venait de s'abattre sur lui. Puisqu'on lui refusait la voie royale du sacerdoce, il se consacrerait d'une autre manière à Dieu, en passant par la porte des humbles. Il demanderait son admission au « Petit Collège » des Frères des Écoles Chrétiennes où l'un de ses amis d'enfance venait d'entrer comme novice[3]. On lui trouverait bien une occupation, la plus modeste soit-elle ! D'un pas alerte et décidé, il se rendit au Petit Collège, demanda à voir son ami et le prévint de son entrée prochaine, après être allé récupérer quelques affaires personnelles et quelques livres à Écully.

---

1. Y aurait-il confusion dans les Archives du grand séminaire de Lyon où il est précisé : « renvoyé à un curé le 9 décembre ». (Listes des séminaristes entrés... depuis le 1er novembre 1811.)
2. Abbé Dubouis (neveu d'Étienne Déclas), P. A – n, p p. 881.
3. Il s'agissait de Jean Dumond devenu frère Gérard.

Qui veut la fin prend les moyens

Échec surmonté

Quand il arriva au presbytère, il se jeta dans les bras de M. Balley qui pleurait autant que lui en écoutant le récit de son éviction. Mais le vieil homme en avait vu d'autres du temps où il était proscrit. Il n'accepterait pas la fatalité. Il était convaincu que son disciple avait la vocation sacerdotale ; il l'aiderait de toutes ses forces et pèserait de toutes ses influences pour lui permettre de la réaliser. On était au mois d'avril 1814. Or, l'examen des séminaristes de Lyon était fixé à la fin du trimestre. Assez de temps, selon le maître, pour donner à son élève de solides cours de rattrapage. Le latin déroutait Jean-Marie ? Eh bien ! Il reprendrait tout le programme de théologie de l'année dans un ouvrage en français : *Le Manuel de Toulon*, sans négliger de lui donner toutes les explications nécessaires à une bonne compréhension.

La date de l'examen approchait. Le candidat se présenta quelques jours plus tôt au séminaire pour mieux s'y préparer. Les retrouvailles avec ses condisciples furent, pour lui, autant de joies partagées. Mais il devait subir ses épreuves. Quand il se vit seul face à ses examinateurs, il perdit contenance. Il comprit mal les questions qui, bien évidemment, lui furent posées en latin et s'embrouilla dans ses réponses. Ce fut l'échec. Le soir même il frappait à la porte du presbytère d'Écully. À son air pitoyable, M. Balley eut tôt fait de comprendre que son élève, ayant été recalé, ne serait pas admis à recevoir les ordres mineurs et le diaconat auxquels sa réussite l'auraient autorisé. Non, il ne baisserait pas les bras ! Jean-Marie pouvait compter sur lui !

Rattrapage assuré

Le lendemain, il était à Lyon où il ne manquait pas d'amis. Il rencontra M. Groboz qui, on s'en souvient, avait confessé Jean-Marie pour la première fois et qui était devenu le secrétaire général de l'archevêque. Ce dernier étant en lieu sûr en raison de la disgrâce de Napoléon[1], était remplacé, pour l'administration du diocèse, par M. Courbon, vicaire général qui avait tous les pouvoirs décisionnels et qui accorda une entrevue à M. Balley.

M. Groboz emmena son confrère dans le bureau du président du jury de la veille, l'abbé Brochard, pour se porter garant, avec lui, de son protégé et l'exhorter à lui offrir une seconde chance de s'exprimer. M. Balley le pria de venir au plus tôt à Écully afin d'interroger Jean-Marie dans des conditions moins impressionnantes. Et, faut-il le préciser ? En français. M. Brochard accepta. Le lendemain, il était au presbytère à Écully. Il eut un entretien seul à seul avec le candidat malchanceux. Il l'interrogea, Jean-Marie « répondit très bien aux questions qui lui furent posées, et l'on fut très satisfait de ses réponses[2] ».

M. Brochard rentra à Lyon et alla faire un rapport satisfaisant au premier vicaire général, M. Courbon qui, après l'avoir écouté attentivement, lui demanda s'il était pieux, s'il aimait la Sainte Vierge et récitait son chapelet. La réponse fut brève mais sans équivoque :

« Oui. C'est un modèle de piété. »

— Eh bien, je l'appelle. La grâce de Dieu fera le reste, conclut-il[3].

Par cet « appel », la porte d'accès au sacerdoce s'ouvrait pour Jean-Marie qui n'oubliera pas le poids de l'influence de M. Balley sur les autorités ecclésiastiques lyonnaises : « Il est une chose dont [il] aura de la peine

---

1. Il avait abdiqué le 4 avril 1814 et avait été envoyé à l'île d'Elbe. Louis XVIII avait accédé au trône.
2. Selon les versions, avec ou sans le supérieur du grand séminaire.
3. Abbé Raymond, *Vie manuscrite*, p. 65, déposition de l'abbé Toccaner, P. O., p. 115.

à se justifier devant Dieu : c'est [...] d'avoir pris à sa charge un pauvre ignorant comme moi[1] ». Il allait retourner au séminaire pour se préparer à recevoir les premiers ordres et recueillir les directives pour le déroulement de la cérémonie.

Joie rayonnante et paix intérieure

Le 2 juillet 1814, alors jour de la fête de la Visitation, c'est l'évêque de Grenoble, Mgr Simon, officiant toujours en lieu et place de Mgr Fesch, qui lui conféra les quatre ordres mineurs[2] et le sous-diaconat. Un condisciple de Jean-Marie, Pierre Million, qui reçut le sous-diaconat le même jour que lui à la primatiale Saint Jean, nous a laissé ce beau témoignage :

« Après la cérémonie... je me trouvai à côté de lui ; je fus frappé de l'ardeur de la piété avec laquelle il chantait le cantique d'action de grâces et surtout je remarquai que sa figure paraissait toute rayonnante. Mû par un pressentiment, je lui appliquai le verset : "Et toi, enfant, tu seras un prophète du Très-Haut ! en me disant : il a moins de science que beaucoup d'autres, mais dans le ministère il fera de plus grandes choses[2]." »

Avant de faire « de grandes choses », Jean-Marie devait franchir les dernières étapes vers le ministère sacerdotal : le diaconat et la prêtrise. Conscient des aptitudes de M. Balley à achever sa formation, le supérieur du séminaire accepta de le lui confier pour l'année 1814-1815 de préparation au diaconat. Il exigeait cependant qu'il réintègre Saint-Irénée quelques semaines avant la fin de l'année scolaire. C'est dans la deuxième quinzaine de mai 1815 que Jean-Marie reprit place auprès de ses

1. M. Monnin, p. 97.
2. C'était, dans l'ordre : portier, lecteur, exorciste et acolyte. Venaient ensuite le sous-diaconat, le diaconat et la prêtrise.
3. P. O., p. 1281.

condisciples. Le climat était alors bien peu propice aux études ecclésiastiques à Saint-Irénée où ces derniers manifestaient plus d'attrait pour les discussions politiques que pour les raisonnements théologiques. Jean-Marie, quant à lui, s'était réfugié dans un paisible recueillement intérieur pour éviter de se laisser troubler par les prises de position non déguisées de l'ensemble des séminaristes[1]. Le lendemain même de la deuxième abdication de Napoléon, le 23 juin 1815, Mgr Simon[2], venu de Grenoble, conféra le diaconat à Jean-Marie et à trois élèves de sa promotion : Marcellin Champagnat, Jean-Claude Colin et son compagnon de chambre et ami, Étienne Déclas.

« Mûr pour le sacerdoce »

Ces condisciples de Jean-Marie devraient suivre une nouvelle année de cours avant d'accéder au sacerdoce. M. Balley avait sollicité des supérieurs du séminaire, une dérogation pour son protégé. Sa santé se dégradait et ses forces déclinaient. Sans vicaire, il lui arrivait parfois d'être en grande difficulté pour assurer son ministère. Par une ordination anticipée, Jean-Marie pourrait lui être adjoint et faire auprès de lui, sur le terrain, sa dernière année de théologie. Cette proposition fut donc retenue par les autorités, avec suspension de ses pouvoirs de confesser jusqu'à ce que son curé l'en juge apte.

---

1. Il faut préciser ici que l'année en cours n'avait pas été sans remous, à Saint-Irénée comme ailleurs. Après les espérances suscitées par l'avènement de Louis XVIII l'année précédente, le clergé, en grande majorité monarchiste, avait contesté le retour au pouvoir de Napoléon pendant les Cent Jours (10 mars-22 juin 1815) et violemment déploré la catastrophe de Waterloo qui l'avait dramatiquement couronné.
2. Mgr Fesch s'était réfugié définitivement à Rome, sous la protection de Pie VII qui avait délibéré le 25 mais 1814, après l'avènement de Louis XVIII.

Il fut convenu que Jean-Marie serait ordonné après avoir passé avec succès un dernier examen devant le vicaire général, M. Bochard en l'occurrence. Lequel l'« interrogea pendant plus d'une heure... sur les points les plus difficiles de la théologie morale. Il fut content de ses réponses, étonné même qu'il y mit tant de netteté et tant de précision[1]... ».

La grammaire – latine ou française – restait incontestablement un point noir pour Jean-Marie. Mais ses connaissances en doctrine étaient certaines et reconnues par ses supérieurs. Gardons-nous bien d'interpréter ses propres paroles, dictées par une modestie hors du commun, comme un aveu d'incapacité : « Je n'ai point fait d'études, avait-il déclaré à l'abbé Monnin. M. Balley a bien essayé, pendant cinq ou six ans, de m'apprendre quelque chose ; il y a perdu son latin et n'a jamais rien pu loger dans ma pauvre tête[2]. »

Si les dires de Jean-Marie étaient crédibles, ses supérieurs l'auraient-ils jugé « mûr pour le sacerdoce[3] » ? Le 9 août, il obtint donc de M. Courbon ses lettres dimissoriales qui l'autorisaient à être ordonné par l'évêque de Grenoble pour le diocèse de Lyon. La date de la cérémonie fut fixée au 13 août. L'avant-veille, il se mit en route, insensible à la chaleur accablante et, tout au long du trajet, aux menaces et invectives des soldats autrichiens qui avaient envahi la région et dont le parler rauque et incisif allait rester présent à sa mémoire.

Arrivé à Grenoble le samedi 12 août, il fut reçu au grand séminaire où on l'hébergea pour la nuit. Le lendemain, Mgr Simon était venu de l'évêché pour l'ordonner dans la chapelle de la maison. À un vicaire général déplorant la fatigue qu'allait générer, pour un homme de

1. Abbé Raymond, *Vie manuscrite*, p. 67.
2. M. Monnin, *Le Curé d'Ars*, p. 55.
3. *Op. cit.*

son âge, une cérémonie si épuisante destinée à un seul ordinand, il rétorqua :

« Ce n'est pas trop de peine pour ordonner un bon prêtre[1]. »

Le vicaire-stagiaire

Les paroissiens d'Écully furent ravis d'apprendre la nomination de leur cher abbé Vianney comme vicaire. Lequel allait, sous la conduite de son curé, s'initier aux divers aspects de son ministère. Cette année 1816-1817, comme on le sait, était, pour lui, un stage en situation pendant lequel il devait en outre achever sa formation théologique.

Un casuiste bien entraîné

Chaque matin, M. Balley donna donc des cours à son élève, toujours en français. Après les repas, il aimait faire une promenade à pied dans la campagne pour se détendre, mais aussi, pour apporter aux malades le réconfort de sa présence et des sacrements. Il se faisait accompagner de son vicaire, l'un et l'autre prenant place, en cas de mauvais temps ou de canicule, sous l'unique parapluie du presbytère. Tout en marchant, il lui faisait réviser oralement quelques points forts du sujet étudié le matin. Puis il l'interrogeait pour vérifier sa bonne compréhension. Ensuite, il lui présentait des cas à résoudre sur le dogme ou la morale. Il écoutait attentivement ses réponses auxquelles il apportait, si nécessaire, quelques précisions complémentaires.

1. M. Raymond, P. O., p. 283.

Un planning bien réglé

L'étudiant en dernière année, en sa qualité de vicaire, devait en outre s'initier à ses diverses fonctions sacerdotales sous la conduite de M. Balley. Ce religieux, devenu curé de paroisse, avait conservé, de sa vie monacale, un emploi du temps minutieusement réglé et une profonde intériorité. Tous les jours, ils récitaient ensemble « l'office canonial à une heure fixe et invariable[1] ». Chaque mois, ils s'imposaient « un jour de récollection » et, chaque année, une retraite spirituelle. Pour placer leur ministère sous la protection de Marie, ils disaient leur chapelet ensemble et, quand ils en avaient la possibilité, ils montaient à Notre-Dame de Fourvière. Afin de développer la dévotion à Marie de leurs paroissiens, ils recopiaient des prières en l'honneur de son Immaculée Conception qu'ils leur distribuaient.

Dire son amour

La meilleure leçon que donne M. Balley à l'abbé Vianney, c'est celle de l'exemple d'un prêtre empreint d'un amour intense de Dieu : « Pour avoir envie d'aimer le bon Dieu, dira-t-il plus tard, il suffisait de l'entendre s'écrier : "Mon Dieu, je vous aime de tout mon cœur !..." Il répétait continuellement ces paroles, quand il était seul et le soir, dans sa chambre, il ne cessait de les murmurer jusqu'à ce qu'il fût endormi ». Et de préciser : « J'aurais fini par être un peu sage, si j'avais toujours eu le bonheur de vivre avec [lui]. Personne ne [m']avait mieux fait voir jusqu'à quel point l'âme peut se dégager des sens... »

Cet amour de Dieu, pour un prêtre, doit aller jusqu'à son assimilation au Christ, dans son offrande quotidienne

1. Détails et citations ci-après : Monnin, pp. 61-62.

de la rédemption au monde. Il est donc un intermédiaire entre Dieu et les hommes auxquels il véhicule la grâce, de leur naissance (baptême) jusqu'à leur mort (sacrement des malades). M. Balley avait bien compris que le pôle essentiel du sacerdoce est la célébration de la messe où le prêtre réactualise le mystère pascal et leur offre le Pain de Vie. Sa vénération pour l'Eucharistie ne pouvait qu'accroître celle, déjà bien ancrée, de son vicaire. Il suffisait, pour s'en convaincre, de les observer l'un et l'autre quand, après leur messe, ils venaient s'agenouiller devant le tabernacle pour exprimer leur amour au Dieu réellement présent et le laisser parler à leur cœur.

Et prouver cet amour

Pour M. Balley, aimer Dieu, c'est aussi le louer et l'honorer par un bon entretien du sanctuaire et par la richesse de ses autels (il en avait récemment fait édifier un en marbre). C'est encore veiller à la beauté du culte par l'emploi d'ornements et de vases sacrés fastueux et une liturgie digne et fervente.

Comme on ne peut aimer Dieu sans aimer le prochain, M. Balley mettait toute son ardeur, comme on le sait, au service des malades, mais aussi, des enfants et des plus simples et des plus rustres, en adaptant son enseignement de la Parole aux uns et aux autres.

Avec ou sans mesure

Le souhait le plus cher de M. Balley était la sanctification de tous ses paroissiens. Pour les y exhorter, rien de mieux, à son sens, que de commencer par être un vivant exemple de ce qu'il leur prêchait. C'est pourquoi il tenait à s'unir le plus intensément possible aux souffrances endurées par le Christ pour les hommes. Il était profondément empreint de l'esprit janséniste dont certains membres de son ancien couvent étaient de fervents partisans. D'où son manque, bien souvent, de mesure, pour exprimer cette union par des pratiques assez répandues à l'époque : frugalité de la nourriture, port de cilice, usage de la discipline ; mais aussi, rigueur dans ses propos (envers ses pénitents) et dans ses actes. Certains paroissiens, agacés par la dureté de ses homélies, avaient pris l'habitude, à la messe dominicale, de quitter l'église pendant la durée du sermon. Afin de mettre fin à leurs agissements, il avait sollicité de son maire l'intervention du garde champêtre pour les empêcher de sortir avant la fin de l'office[1]. Procédé qui, on le devine aisément, générait un accroissement des réticences des récalcitrants...

Devenir ce que l'on est

C'est dans cette atmosphère de foi intense et vécue au quotidien, mais imprégnée d'un certain courant rigoriste que l'abbé Vianney va commencer son ministère. Suivons-le dans quelques-unes de ses fonctions qui allaient s'élargir progressivement au fur et à mesure de son vicariat et lui permettre de révéler quelques aspects de son charisme propre.

Enseigner la foi

Dès son arrivée, il disait sa messe quotidienne et administrait des baptêmes.

En prenant ses fonctions, il avait fait part à son curé de ses craintes à monter en chaire, seul, devant un auditoire aussi important. M. Balley avait bien compris ses réticences. Dans un premier temps, il lui confia le catéchisme des enfants, afin qu'il s'exerce à s'exprimer

1. Anecdote citée par l'abbé Vial : « La Formation Sacerdotale de Jean-Marie Vianney », p. 26. Oullins, archives du petit séminaire.

devant un public plus réceptif et moins exigeant. Il y réussit merveilleusement bien. Il savait captiver leur attention en utilisant des mots et expressions à leur portée, des anecdotes tirées de leur quotidien, des métaphores, des exemples puisés dans ses souvenirs personnels. Il repérait ceux qui avaient des difficultés de compréhension et les rassemblait par petits groupes et « les instruisait avec une patience inlassable[1] ».

Donner le pardon

Vers la fin du printemps 1816, M. Balley estima la formation de son vicaire suffisante pour confesser. Après avoir soumis son jugement à M. Courbon qui l'approuva, il lui en donna l'autorisation. Pour lui prouver sa confiance, il eut à cœur d'être son premier pénitent. Dans les premiers temps, le confessionnal du vicaire était peu recherché par les paroissiens. Mais ceux qui s'y présentèrent ne tardèrent pas à apprécier en lui une rigueur plus humaine, des conseils plus concrets et mieux adaptés, une intuition à lire dans les plus fins replis des consciences. De sorte que « bientôt, il gagna la confiance des habitants[2] » nous précise Catherine Lassagne. On la gagnerait à moins ! Le résultat ? Colombe Bibost nous le précise :

« Un grand nombre de personnes qui jusque-là n'avaient pas été l'édification de la paroisse changèrent de conduite après s'être adressées à lui[3]. »

Porter la Parole

Les confessions salutaires de l'abbé Vianney ne furent pas les seules causes de l'amélioration du comportement des habitants. Au cours de l'été 1816, M. Balley ressentit

---

1. Colombe Bibost, P. O., p. 1386.
2. P. A. n p, p. 403.
3. P. O., p. 1386.

les premières attaques d'un ulcère à la jambe qui l'obligea à restreindre ses activités extérieures et à s'en décharger sur son vicaire (visites aux malades, notamment qui appréciaient la douceur et la délicatesse avec lesquelles il leur faisait regretter leurs péchés et les encourageait à s'en détacher pour l'amour de Dieu). M. Balley l'invita, à des fréquences de plus en plus rapprochées, à faire les homélies des dimanches ordinaires, réservant à des prédicateurs extérieurs celles des jours de fête. Sa sœur Gothon venait parfois de Dardilly pour l'écouter, comme elle le précisera elle-même : « Il ne prêchait pas encore bien, à mon avis, et cependant quand c'était son tour de parler, on courait à l'église[1] ».

Qu'est-ce qui attirait donc tant d'auditeurs – *intra* et *extra-muros* confondus – à M. Vianney ? Ce n'était pas ses qualités oratoires, alors peu développées. Ni la richesse intellectuelle de ses exposés, toujours simples et bien adaptés. C'était, bien plus encore, ses accents de sincérité et la force de conviction qui l'habitait pour les inviter – chacun et tous – à se défaire du péché et à marcher avec confiance sur les pas du Christ. C'était, enfin, parce qu'il était un exemple vivant de l'amour du prochain qu'il leur enseignait. Plus d'une fois, en effet, il avait donné sa bourse, ses chaussures ou son pantalon neuf à un pauvre de passage, ses économies à une dame ruinée, ou encore, refusé une forte somme d'argent. Quand il prêchait la charité, il savait de quoi il parlait ! M. Balley en était le premier témoin. À l'un des amis d'enfance de son vicaire, il avait déclaré un jour : « [Il] est toujours le même, il donne tout ce qu'il a[2] ».

---

1. P. O., p. 1021.
2. André Provinn P. O., p. 1005.

Être en relation

Si M. Balley imposait à l'abbé Vianney une vie humble et recueillie, il ne refusait pas pour autant les contacts avec « le monde ». Il allait régulièrement rendre visite, à Lyon, à la famille Loras. À Écully, il était souvent reçu chez Claude Laporte, un riche marchand drapier, et à Tassin chez Antoine Jaricot, un industriel qui y avait acquis une maison de campagne. La plupart du temps, son vicaire l'accompagnait. C'est ainsi qu'ils firent l'un et l'autre la connaissance de l'aînée des filles Jaricot, Mme Perrin, à laquelle son père venait de donner la maison en cadeau de mariage. L'abbé Vianney allait y rencontrer un jour sa jeune sœur, Pauline, qu'il reverrait plus tard...

Si M. Balley ne refusait pas les invitations, il savait aussi recevoir. « Assez souvent, il avait pour convives quelques prêtres du voisinage et, pour présider la table, M. Groboz ou les vicaires généraux de Lyon. La vieille servante Françoise améliorait alors l'ordinaire et le repas, bien arrosé avec un vin d'un vigneron du voisinage, se déroulait dans la bonne humeur. Un jour qu'il déjeunait avec plusieurs d'entre eux, ils virent entrer une femme ayant forcé la porte de la salle à manger, malgré les vives protestations de la malheureuse Françoise. Elle fit du regard le tour des convives. Voyant celui qu'elle appelait son fils, elle se précipita vers lui, le serra dans ses bras et lui administra, sur chaque joue, un baiser des plus "sonores". C'était la mère Fayot. Après avoir pris de ses nouvelles sans se soucier d'avoir troublé son repas, elle salua l'assistance et se retira aussi soudainement qu'elle était apparue[1]. »

---

1. Anecdote citée par Trochu, page 118 (Vie, éd 1926).

Où Dieu appelle

Vers l'Éternité

Le mal de M. Balley s'aggrava à l'automne, au point de le clouer au lit toute la journée. La gangrène se déclara. Et, dans le mois de décembre 1817, on le déclara perdu. Le 16 décembre, entouré de nombreux confrères des paroisses voisines, il leur demande pardon de les avoir offensés durant sa vie. M. Vianney, cachant difficilement ses larmes, implora à son tour pardon au nom de tous. Le lendemain, après avoir célébré, à l'intention du mourant, une messe à laquelle tout le village assista, il vint à son chevet. M. Balley lui remit ses instruments de pénitence pour éviter que ceux qui les trouveraient ne le prennent pour un saint. Puis, rassemblant ce qui lui restait de forces, il le bénit de ses mains défaillantes en lui disant : « Adieu, cher enfant ; courage ! continue à aimer et à servir le bon Maître... Souviens-toi de moi au saint autel... Adieu ! nous nous reverrons là-haut[1] ! » Ce furent ses dernières paroles. L'abbé Vianney perdait un peu de lui-même en voyant disparaître son curé auquel il devait la réalisation de sa vocation. Se laissant aller à sa douleur, il pleura un long moment, agenouillé au pied de son lit.

Le lendemain, toute la population du village et de nombreux prêtres amis assistèrent aux funérailles présidées par son ancien condisciple : l'abbé Loras. Les paroissiens d'Écully auraient bien souhaité que leur vicaire devienne leur curé. Mais les autorités diocésaines, vu son inexpérience et l'importance de la localité, n'accédèrent pas à leur demande, à la grande satisfaction de l'intéressé qui s'en jugeait incapable. Ils nommèrent à Écully un nouveau curé : l'abbé Vianney allait devenir son vicaire. Pas pour longtemps...

---

1. Récit d'après Monnin, pp. 63-64.

Vers d'autres cieux

Cinq à six semaines plus tard, en effet, un jeune prêtre, peu après avoir pris ses fonctions au petit village d'Ars[1], venait de mourir. Le poste était vacant. Ah ! un poste bien modeste, bien pauvre et bien ingrat ! Même pas une paroisse, vu son rattachement à celle de Mizérieux. Son desservant ne pouvait être nommé curé, car il était placé sous la dépendance du titulaire de Mizérieux : tout juste avait-il la dénomination de chapelain.

M. Courbon pensa à l'abbé Vianney pour succéder au jeune prêtre. Il l'appela à Lyon pour lui faire part de sa décision. Après lui avoir donné sa feuille de nomination, il le congédia affectueusement et lui dit : « Allez, mon ami. Il n'y a pas beaucoup d'amour de Dieu dans cette paroisse. Vous en mettrez[2]. » L'humble abbé Vianney, sollicité par les paroissiens d'Écully pour devenir leur curé, avait dit à sa tante Humbert : « Je désire une paroisse pauvre et petite, que je pourrai mieux gouverner et où je pourrai me sanctifier plus facilement[3]. » Ses aspirations allaient pouvoir se réaliser.

---

1. Alors Ars-en-Dombes. Aujourd'hui, Ars-sur-Formans.
2. M. Monnin, p. 65.
3. Marguerite Imbert, P. O., p. 1324.
1) C'est la date retenue ici car la plus probable, puisqu'annoncée par les fils de son hôtesse (Jérôme Fayot. PO. Page 1316).

IV

Des étincelles à ranimer

Un aller simple pour Ars

Dans la brume

Nous sommes le 9 février 1818[1]. L'Abbé Vianney a trente-deux ans. Après avoir célébré sa dernière messe à Écully, il s'est mis en route, par un temps glacial et humide, vers sa nouvelle destination. Dans la fin de l'après-midi, il suit, à pied, sur le chemin venant de Mizérieux[2], la charrette dont le conducteur rythme à son allure celle de sa bête. Tout le trésor du futur chapelain d'Ars est là : quatre ou cinq livres et un ballot de linge pour ce qui est de ses biens personnels ; l'héritage de M. Balley : une série

1. Date retenue par la majorité des auteurs et mentionnée notamment sur « le monument de la rencontre » (voir ci-après) et sur, un vitrail de la vieille église. Si la nomination par le Conseil archiépiscopal date du 9 février (archives de l'archevêché de Lyon), on est en droit de supposer : soit qu'il ait fait le trajet dans l'après-midi, soit qu'il l'ait différé de quelques jours ce qui pourrait accréditer les dires de Catherine Lassagne : il « est arrivé à Ars... le 13 février 1818 » (Notice inédite, archives de l'évêché de Belley).
2. Aujourd'hui Misérieux.

d'ouvrages de spiritualité, le grand parapluie qui les avait si souvent abrités l'un et l'autre et une glace au cadre de bois qu'il avait tenu à emporter « parce qu'elle avait reflété son visage[1] »; enfin, quelques objets usuels entassés par sa compagne de route: la veuve Bibost. Laquelle a tenu à le suivre pour l'aider à s'installer et lui faire office de servante, le temps de veiller à l'organisation de son ménage.

Ils ont suivi sans s'égarer l'itinéraire programmé. Dès qu'ils ont dépassé le château de Cibeins, l'abbé Vianney sait qu'ils ne sont pas loin du but: Ars est situé sur un coteau, juste après le Fontblin, un ruisseau coulant au pied du flanc opposé de la colline qu'ils commencent à franchir d'un pas ralenti et dont ils parviennent, non sans peine, au sommet. La fatigue s'est accumulée durant le trajet. De plus, le froid se trouve encore accentué par une épaisse brume noyant tout le paysage d'où seuls émergent ça et là quelques bosquets de chênes et de bouleaux. Un temps à perdre son moral et son chemin! S'il ne s'agissait de l'abbé Vianney, bien résolu à ne perdre ni l'un ni l'autre. Le moral? Il est bien ancré, puisque, dans ce petit village de deux cent trente âmes dont il va être responsable, il pourra « mettre de l'amour », selon l'expression de son vicaire général. Le chemin? Pas facile à deviner quand on se trouve au sommet d'une colline. Car, si l'on ignore la direction à prendre, les risques de s'égarer s'accumulent au fur et à mesure qu'on en descend la pente. Risques que se refuse à encourir l'abbé Vianney, afin d'éviter un surcroît de fatigue à la veuve Bibost.

Sur le bon chemin

Il perçoit alors des cris d'enfants dans un pré. Ce sont de jeunes bergers, comme il l'a été lui-même, qui

1. Abbé Beau, PO, p. 1204. Ces objets sont visibles dans la chambre de M. Vianney à Ars.

bavardent gaiement en gardant leurs moutons. Il s'approche du groupe et leur demande où se trouve le village d'Ars[1]. Ne saisissant que le patois local, ils ne sont pas en mesure de lui répondre. « L'un d'eux cependant finit par comprendre et lui [indique] le chemin[2]. » C'est Antoine Givre. L'abbé Vianney le remercie et lui adresse ces paroles passées à la postérité : « Eh bien ! mon ami, tu m'as montré le chemin d'Ars, je te montrerai le chemin du ciel[3]. » Le petit groupe prend la direction indiquée. En peu de temps, la pente devient plus rapide et il se trouve vite au bout de la colline. Il traverse le pont enjambant le ruisseau du Fontblin qui coule fort à cette époque de l'année. En apercevant les premières maisons en pisé du village, l'abbé Vianney se met à genoux afin de demander à Dieu des grâces abondantes pour lui-même et ses paroissiens[4]... À la faveur d'un éclaircissement de la brume, il distingue l'église et son clocher – ou plutôt l'assemblage de poutres qui en font office, pour soutenir la cloche, depuis le passage des Révolutionnaires. Il se relève, presse le pas afin d'aller rendre une première visite à la maison de Dieu. Il gravit les vieilles marches disjointes de l'escalier d'accès au terre-plein sur lequel elle est construite, traverse le cimetière et ouvre la lourde porte de bois.

Elle est bien étroite, avec ses vingt mètres de long et à peine trois de large ! Sans se laisser aller à ses états

1. Le « monument de la rencontre », sur son socle de pierre, représente, sculptés dans le bronze, le nouveau curé et le berger à l'endroit où ils se parlèrent.

2. Catherine Lassagne, P. À n.p., p. 404.

3. Jeanne-Marie Channay (*id.*, p. 470) dont la sœur Marguerite allait épouser plus tard Antoine Givre. Certains ont donné un caractère prophétique à ces paroles en raison des dates de leur décès : celui d'Antoine (11 août 1859) suivra d'une semaine celui de son pasteur.

4. Catherine Lassagne, P. O., p. 469.

d'âme, il s'agenouille et prie quelques instants pour confier son ministère au Seigneur.

Un constat mitigé

Un beau presbytère

Il sort de l'église pour se rendre au presbytère situé vers l'arrière, un peu en retrait du chevet. Le maire Antoine Mandy et son adjoint Michel Cinier l'y attendent pour l'accueillir, lui remettre les clés et lui faire visiter les lieux : au rez-de-chaussée, une grande cuisine avec sa cheminée équipée de tous les ustensiles et commodités souhaitables pour l'époque et une salle à manger spacieuse avec sa table à quatre rallonges, ses « six chaises de moquette à grand dos » et deux fauteuils richement habillés. Au premier étage, accessible par un escalier de pierre, trois chambres dont deux meublées avec leurs lits à baldaquin bleu et blanc et bien d'autres choses encore[1], notamment un bureau, des meubles de toilette, des commodes et autres bibliothèques... Mobilier d'une valeur bien supérieure à celui d'un modeste prêtre de campagne – qui plus est, un simple chapelain. Ni à Dardilly, ni à Écully, M. Vianney n'avait vécu dans un logement aussi luxueusement agencé ! Il ne fit aucun commentaire et se contenta, après le départ des édiles, de déballer le chargement de la carriole avec l'aide de la veuve Bibost et du charretier. Le lendemain matin, quand la sonnerie de la cloche annonça la messe, tous les Arsois comprirent qu'ils avaient un nouveau prêtre à leur service.

1. Détails du dernier inventaire, abbé Deplace, 30 décembre 1817 (Archives paroissiales d'Ars).

Une « brave demoiselle »

Ils devaient sa nomination à l'initiative de Mlle des Garets qui avait insisté auprès de M. Courbon à l'archevêché de Lyon, pour que le poste d'Ars, vacant depuis le 23 janvier, soit pourvu[1]. Marie-Anne Colombe Garnier des Garets était la châtelaine du village, communément appelée par les habitants « Mademoiselle d'Ars ». Elle s'était engagée auprès de M. Courbon à suppléer, de ses fonds personnels, au modeste traitement (500 F annuels) que devait lui verser la commune et à veiller sur tous les besoins domestiques. Sa mère avait fait l'acquisition de la cure, en 1808, à l'intention des chapelains[2]. Elle s'était employée elle-même à l'aménager aussi confortablement. Une « brave demoiselle », la châtelaine d'Ars ! Ainsi l'avait qualifiée M. Courbon, en notifiant à l'abbé Vianney sa nomination. Qui était donc Mlle des Garets ? C'était une femme de soixante-quatre ans dont la famille jouissait, par ses aumônes, d'une telle estime générale que ni elle ni sa mère (morte en 1811) ne furent inquiétées sous la Terreur, bien que de nombreux prêtres non jureurs soient venus célébrer des messes dans la chapelle du château. Elle appartenait « au meilleur monde par son éducation[3] et les habitudes de sa jeunesse » et menait cependant « une vie fort retirée[4] ».

« Toujours levée la première, elle réunissait de grand matin ses domestiques, dans son salon, pour la prière et une lecture en commun ; elle en faisait autant le soir. Elle allait tous les jours à la messe... faisant à pied, en

1. Un jeune prêtre de vingt-six ans, l'abbé Antoine Deplace, avait été nommé chapelain fin 1817. Atteint de tuberculose, il en était mort le 21 janvier 1818.
2. Fourrey, p. 174.
3. Elle avait été élevée à l'école de Saint-Cyr, près de Versailles, fondée pour les jeunes filles par Mme de Maintenon en 1686.
4. Tous les détails suivants sont tirés de A. Monnin, pp. 75 à 77.

toute saison et par tous les temps, le quart d'heure de mauvais chemin du château à l'église... Le reste du jour se passait à surveiller la tenue de sa maison... à assigner leur tâche aux domestiques, à leur faire quelque bonne lecture, par exemple celle de la vie des saints, à exécuter divers travaux d'aiguille et à prier dans le bréviaire avec Saint-Phal, son vieux et fidèle domestique... »

« Le château d'Ars n'était pas seulement la maison de la prière, c'était l'asile des malheureux, l'hôpital, la banque et la ressource du pays. Mademoiselle d'Ars avait réglé ses dépenses bien au dessous de ses revenus et trouvait de la sorte le moyen de donner avec une inépuisable charité... » Elle prenait aussi du temps pour « préparer des vêtements de toutes les tailles pour... les pauvres du voisinage » dont elle connaissait tous les besoins. Assurément, une bien « brave demoiselle ! »

Un accueil chaleureux

Le premier dimanche après son arrivée[1], M. Ducreux, curé de Mizérieux dont il dépendait, se rendit à Ars, afin de présenter ce « vicaire chapelain » aux paroissiens qui allaient d'emblée le considérer comme leur curé, bien qu'il n'en ait pas le titre officiel. Toute l'assistance scruta des yeux ce prêtre de taille inférieure à la moyenne, assez menu, à la démarche rapide, aux traits accusés mais adoucis par un regard droit et pénétrant assorti d'un léger sourire un tantinet espiègle. En assistant à sa première messe solennelle et chantée, tous furent vivement saisis par la ferveur émue avec laquelle il la célébra. Son sermon, débordant de tendresse et de simplicité, leur alla droit au cœur, bien que prononcé d'une voix plutôt aiguë.

L'impression favorable de ce premier contact se confirma, dès les jours suivants, auprès de sa plus proche

---

1. Probablement le 15 février.

voisine : la veuve Claudine Renard qui habitait, avec ses deux filles Anne et Marianne, une petite maison jouxtant le jardin du presbytère par le nord. Le maire résume en quelques mots l'opinion publique qui, malgré les épreuves en tous genres, n'allait pas se démentir : « Nous avons une pauvre église, mais nous possédons un saint curé[1]. »

Une foi attiédie

M. Vianney fut vite renseigné sur l'état spirituel de sa paroisse, soit par M. Ducreux, soit par la famille Renard et quelques autres voisins dont il fit la connaissance dès son arrivée. Les Arsois avaient traversé comme bien d'autres, les douloureuses épreuves des années révolutionnaires. Leur curé assermenté ayant apostasié, la plupart d'entre eux, pendant une bonne décade, avaient été privés de sacrements et de catéchèse. Seul, un noyau de fidèles avaient bénéficié, dans la chapelle du château, du ministère des prêtres clandestins. D'où un affadissement général de la foi et une ignorance de la doctrine. Depuis la réouverture de l'église, les messes « étaient passablement fréquentées, les dimanches et les fêtes[2] ». Si les hommes, par respect humain ou par manque de conviction, s'abstenaient de recevoir les sacrements, les femmes « ne le faisaient qu'à Pâques[3] et, pour certaines, aux grandes fêtes ». La plupart des enfants manquaient la messe le dimanche : les plus jeunes étaient obligés par leurs parents de garder les bêtes ; quelques-uns de leurs aînés, quand un temps d'orage menaçait les récoltes, allaient aider leurs pères aux champs. Certains hommes – assez rares il est vrai – allaient aux cabarets pendant la messe. Dans leur ensemble, cependant, la majorité des paroissiens avaient conservé un sens religieux latent,

1. Abbé Raymond, P. O., p. 284.
2. Guillaume Villier, P. O., op. 622.
3. Chanoine Boulard, *La Pastorale du Curé d'Ars*, p. 76.

entretenu par un intérêt jamais désavoué pour participer à de grands pèlerinages annuels ou aux fêtes patronales des localités environnantes. Mais ces fêtes, d'après les témoignages reçus par M. Vianney, ne se limitaient pas, à Ars, à des démarches communes de piété : elles se clôturaient par des bals qui se terminaient tard dans la nuit, sur la place du village et donnaient lieu à des rencontres entre garçons et filles qui se prolongeaient dans les coins obscurs et causaient bien des inquiétudes à leurs parents. Ce qui déplaisait tout autant au nouveau curé, c'était la présence de cabarets[1] où, les jours de fête et particulièrement les soirs du dimanche et du lundi, « les pères de famille allaient manger leur fortune[2] ».

Du cœur à l'ouvrage

Monsieur Vianney ne tarderait pas à constater par lui-même les divers aspects du tableau que les uns et les autres lui avaient brossé de sa paroisse. Il était tout disposé à ranimer les étincelles de foi qui subsistaient encore et à travailler à lutter contre les abus en tous genres. Alors, il serait en mesure d'exhorter ses paroissiens à mener une vie chrétienne plus authentique. Or, il était conscient qu'un prêtre ne peut enseigner le message du Christ s'il ne le vit pas lui-même. Il commencerait donc par travailler à sa propre sanctification. La contagion par l'exemple suivrait.

---

1. Le nombre de cabarets est fixé de 1 à 4 selon les auteurs, dont deux au centre du village, les autres, vers l'extérieur. La question ne sera pas réglée ici, car peu essentielle. Peut-être certains ont-ils dénommé ainsi les maisons privées où l'on faisait boire occasionnellement. Un seul nom de tenancier nous est resté, celui de M. Bachelard. D'après le cadastre de 1823 (mairie) deux seraient mentionnés._Détails : *Un homme Social, M. Vianney, Curé d'Ars,* Nodet, pp. 9 et 10.

Pauvre parmi les pauvres

Exception faite de quelques artisans, la population d'Ars était essentiellement agricole. On y dénombrait de rares propriétaires aisés, mais la majorité étaient de simples ouvriers ou de petits exploitants et fermiers qui gagnaient très rudement leur vie. Lui qui était désormais leur pasteur, pourrait-il leur prêcher la pauvreté évangélique en vivant au milieu d'eux dans une cure aussi confortable, voire luxueuse ? Devrait-il conserver une domestique à demeure, lui qui était venu pour les servir ?

Pour ce qui est de la veuve Bibost, le problème ne tarda pas à être réglé. Au bout de quelques jours, il la remercia pour son dévouement et la congédia, en lui déclarant qu'il était très capable de faire sa cuisine lui-même. Elle repartit à Écully, non sans s'être assurée que la mère Renard se chargerait de son ménage et de l'entretien de son linge. Et bien résolue de faire le voyage de temps à autre pour veiller sur son protégé.

Dès le début de la première semaine, M. Vianney alla rendre visite à Mlle des Garets et la pria de faire retirer du presbytère tout ce dont il n'avait pas de besoin essentiel : riche vaisselle, ustensiles de cuisine superflus, mobilier de la salle à manger. Il garda en l'état les lits et leur literie, les quelques rayonnages et les commodes et tables les plus simples. Dans la cuisine qui ferait office de salle à manger pour ses hôtes, il conserva la marmite en fonte suspendue à l'âtre, une vieille table, quelques chaises rustiques, un panier à salade, quelques pièces de vaisselle ordinaire, une huche à pains, une poêle...

M. Vianney avait rendu son intérieur plus modeste. Pauvre parmi les pauvres, il serait en situation plus favorable pour inviter ses paroissiens à suivre son enseignement avec profit.

Des flammes de l'amour...

Afin de confier leur conversion au Seigneur, il allait l'implorer par une prière fervente. Son lieu de prédilection pour lui adresser ses suppliques, c'était son église, où les voisins les plus proches le voyaient pénétrer, une lanterne à la main, bien avant le lever du soleil. L'un d'eux le suivit parfois, à son insu, pour l'observer en silence du fond de la nef : « Que j'aime à voir M. le Curé à l'église, quand il dit ses prières le matin, au petit jour ! déclare-t-il. Avant de commencer, et de temps en temps pendant la récitation de l'office, il regarde le tabernacle avec un sourire qui fait plaisir. On dirait qu'il voit Notre-Seigneur. J'étais vraiment frappé de ma misère spirituelle en la présence de Dieu quand je considérais, à la lueur de la lampe qui brûlait devant lui, sa figure sèche et décharnée, son regard brillant qui se fixait sur la porte du tabernacle avec une expression de bonheur impossible à rendre[1] ».

Pourquoi cette joie ineffable transparaissait-elle si intensément ? Parce qu'il était en permanente union d'esprit et de cœur avec ce Dieu incarné et mort pour les hommes, mais bien vivant et présent dans l'hostie devant laquelle, selon son expression, « il se baignait dans les flammes de l'amour[2] ».

Mais, si le tabernacle est le lieu privilégié de cette présence divine, M. Vianney en était imprégné en tout endroit et en tout instant, notamment quand il lisait son bréviaire où la présence de Dieu devient Parole. Jean-François Renard, fils de la voisine et jeune séminariste se préparant au diaconat, se souviendra longtemps de ces moments où, pendant les vacances, ils disaient le bréviaire ensemble :

---

1. A. Monnin, p. 69. Il s'agit de Jean-François Renard.
2. A. Monnin, p. 69.

« Sa piété était affectueuse et tendre : elle ne présentait rien de bizarre ni de singulier ; elle découlait naturellement de son cœur, comme l'eau d'une source pleine ; elle avait une douceur et une suavité angéliques... Il m'était impossible de contenir mes larmes quand de longs soupirs s'échappaient de sa poitrine... et surtout quand ses regards affectueux s'élevaient vers le ciel. Je rougissais d'être si froid, si imparfait[1]. »

C'est à cet amour de Dieu qu'il faisait appel, au cours de ses promenades solitaires dans la nature où des témoins le surprirent quelquefois. Un jour, c'est le maire, Antoine Mandy qui le trouva agenouillé dans un bois, pleurant à chaudes larmes en disant et redisant : « Mon Dieu, convertissez ma paroisse[2] ! » Plusieurs fois, c'est la châtelaine de Cibeins qui le vit, à l'ombre des grands chênes du parc, lisant ses heures et se prosternant à chaque « *gloria patri*[3] ». Des flammes de l'amour...

... *aux « folies de jeunesse »*

Cette conversion de sa paroisse, M. Vianney était bien disposé à l'obtenir. À l'esprit de pauvreté et de prière, il joindrait, pour cela, un esprit de pénitence tout aussi réel, comme l'attestent ses propres paroles : « Je consens à souffrir tout ce que vous voudrez tout le temps de ma vie !... Oui, pendant cent ans les douleurs les plus aiguës pourvu qu'ils se convertissent[4] ».

Faire maigre chère

M. Vianney avait pris ses fonctions pendant le Carême. Temps de pénitence par excellence qu'il souhaitait ardemment consacrer à une union plus intime avec le Christ

1. M. Monnin, p. 69.
2. P. A continuatif, p. 137.
3. *Op. cit.*
4. Postulateur Mgr Boscredon, P. A. n p, n° 134, p. 73.

souffrant sa Passion. L'élève de M. Balley avait été entraîné à un esprit de sacrifice, lié aux habitudes de l'époque et, on s'en souvient, à une tendance janséniste assez marquée. Il avait, en outre, cette fougue généreuse des commençants qui ignore parfois la mesure et qui allait le pousser à des mortifications indispensables, selon lui, pour obtenir les grâces demandées dans la prière. Autant d'actes et de pratiques, à déconcerter un « chrétien moyen », qu'il nommera plus tard lui-même ses « folies de jeunesse » et qu'il qualifiera « d'imprudences » à un de ses confrères.

Il axa ses premières mortifications sur la nourriture ; constituée presqu'exclusivement de pommes de terre qu'il faisait bouillir lui-même, dans sa grande marmite, pour toute la semaine. Il les conservait dans un panier de fer et les consommait par deux ou trois, sans se préoccuper de la couche de moisissure qui les enrobait au bout de quelques jours. Le matin, il buvait un peu de lait (soit caillé, soit au chocolat) offert par la veuve Renard qui, à sa demande, avait installé ses chèvres dans la remise au fond de la cour du presbytère[2]. Il lui arrivait aussi de faire cuire dans la cendre chaude un œuf[3] qu'elle lui avait donné. Parfois, après avoir pris conscience de l'affaiblissement de ses forces, il mettait la main à la pâte : « Lorsque j'avais besoin de nourriture, je faisais trois matefaims. Pendant que je mangeais le premier, je fabriquais le second ; pendant que je fabriquais le troisième, je mangeais le second. Je mangeais le troisième en arrangeant ma poêle et mon feu[4] ».

Claudine Renard, qui s'était chargée de son ménage, profitait de cette opportunité pour veiller à lui reconstituer

---

1. Abbé Toccaniern P. A. « *in genere* », p. 166.
2. Cette remise est conservée en l'état.
3. J. Cotton, P. O., p. 1383.
4. J. M. Chanay, P. A. « *ne pereant* », p. 489.

ses provisions en pommes de terre et matefaims. Elle insistait parfois pour l'exhorter à absorber une nourriture plus abondante et plus variée. Elle l'avait même réprimandé un jour où elle lui avait apporté un pain sortant du four, de l'avoir distribué à des pauvres, en échange de quelques croûtons traînant dans leurs besaces.

Le régime pour tous

Quinze jours après son installation, sa sœur Gothon et la veuve Bibost purent constater par elles-mêmes le régime auquel il se soumettait. Étant venues lui rendre visite, elles avaient acheté un pain par précaution. Il ne cacha pas sa joie de les revoir, ni sa désolation d'avoir si peu de choses à leur offrir à déjeuner : « Ô mes enfants, qu'est-ce que je vais vous donner ? Je n'ai rien ! » leur dit-il en leur désignant son panier de pommes de terre bouillies. La couche de moisissure qui les entourait les dissuada d'en manger, comme il le fit lui-même avant de les quitter pour aller à l'église où il était attendu.

Elles fouillèrent ses placards et trouvèrent quelques œufs, un peu de beurre et de farine et en firent des matefaims dont elles le savaient friand. Puis elles attrapèrent dans la cour deux pigeonnaux qu'elles firent cuire. Quand il rentra, il mangea de bon appétit les galettes, mais se refusa à toucher aux pigeons : « Oh ! les pauvres bêtes, leur reprocha-t-il sur un ton très attristé, vous les avez donc tuées ; je voulais m'en défaire parce qu'elles font du tort aux voisins, mais il ne fallait pas les faire cuire[1]. »

Quelque temps plus tard, son frère François l'Aîné ne fut pas mieux servi. Il dut faire cuire lui-même des pommes de terre et n'eut, pour toute boisson, « qu'un peu de vin qui s'était gâté dans une bouteille[2] ».

---

1. Marguerite Vianney, P. O., pp. 1021-1022.
2. J. Fleury de Véricel, P. A. n.p., p. 1262.

Mater « le cadavre »

Avant d'organiser son ministère, M. Vianney résolut d'user d'autres moyens pour rendre plus fructueuses sa prière et ses restrictions de nourriture. Comme son maître, M. Balley, il avait déjà un « gilet de crin qu'il portait sur sa chair » confectionné, à sa demande, par Claudine Bibost[1]. Certains soirs, quand il remontait dans sa chambre, il se flagellait pendant un long moment. On entendait les coups de chez Mme Renard qui « trouva plusieurs fois sous les meubles des débris de chaîne... des morceaux de fer ou de plomb qui avaient volé de ses disciplines[2] ». Cette lutte qu'il menait contre ce corps qu'il appelait son « cadavre » laissa plus d'une fois des traces sur « l'épaule gauche de ses chemises toute tachée et maculée de sang[3] ». Après s'être infligé de tels traitements, il allait se coucher dans son lit aménagé à sa manière, comme avait pu le constater Claudine Bibost lors de sa visite avec Gothon : « Elle trouva sous les draps et les couvertures, au lieu de matelas et de garde-paille, des sarments étendus sur le bois du lit [et une paillasse]. Il avait pour traversin une petite botte de paille enveloppée du drap sur lequel il reposait[4]. »

Croyant donner plus de poids à ses prières, il lui arriva même de coucher dans la pièce vide du rez-de-chaussée sur des sarments posés sur les dalles. Le sol et les murs étaient si humides qu'il contracta une névralgie faciale qui l'obligea à mettre fin à son expérience quelques semaines plus tard ; laquelle allait s'avérer si invalidante en période de fortes crises qu'il ne pouvait alors supporter son chapeau. Il réintégra sa chambre

1. Colombe Bibost. P. O. p. 1386.
2. Catherine Lassagne, *Petit Mémoire*, n° 1, p. 11.
3. Chanoine Morel, P. A *« in genere »*, p. 456.
4. Marguerite Vianney, P. O., p. 1012.

mais, certains soirs, il montait au grenier pour dormir à même le plancher avec un morceau de poutre pour oreiller. La famille Renard aperçut plus d'une fois, à une heure très tardive, la lueur de sa lanterne à travers la vitre d'une lucarne. Un paroissien, venu tard dans la nuit le chercher pour assister un mourant, l'entendit dévaler les deux étages avant de lui ouvrir la porte[1]. Un soir, à la veillée, quelques personnes étaient réunies dans la grande salle du presbytère pour casser les noix des noyers plantés sur la place de l'église, afin d'en extraire l'huile destinée à l'entretien de la lampe du sanctuaire. M. Vianney, se disant fatigué, prit congé de l'assistance et monta se coucher. Redoutant qu'il n'ait un malaise, Claudine Renard dit à l'un des hommes présents : « Il faudrait bien aller voir ce que fait Monsieur le Curé, comment il va ». « On monte, on frappe à la porte de sa chambre point de réponse. On s'épouvante, on craint, on ouvre la porte : il n'était pas là. On le cherche ailleurs ; on monte au grenier. Il entendit et lui dit : "N'entrez pas, je ne veux rien[2]." » Cette expérience de couchage au grenier qui intriguait trop ses paroissiens ne s'éternisa pas, si l'on en croit Catherine Lassagne, alors âgée d'une douzaine d'années : « Cependant il retourna coucher dans sa chambre sur la pauvre paillasse[3] » et dans les conditions qu'avait découvertes la veuve Bibost.

M. Vianney se préparait donc à organiser son ministère sacerdotal par la prière et la pénitence. Si sa prière était un perpétuel élan du cœur vers Dieu suscitant notre admiration, certaines de ses pratiques, en revanche, nous déconcertent. Ayons bien soin, cependant, de les replacer dans le contexte de l'époque et à cette période de

1. D'après l'abbé Rougemont, P. A « *ne pereant* », p. 778.
2. *Le Curé d'Ars au Quotidien,* Parole et Silence éd., 2003, p. 114.
3. *Idem*, p. 115.

sa vie où, imprégné de l'influence de M. Balley, il n'avait pas encore axé exclusivement sa foi autour de ce Dieu d'amour et de miséricorde qui incite à une confiance infinie et bannit toute crainte. C'est donc par ces pratiques, dictées par une générosité à toute épreuve dont il désapprouvera plus tard le caractère excessif qu'il voulait « mettre de l'amour » à Ars. Mais il devait avant tout en attirer les habitants en suscitant leur estime et leur affection.

Antoine, Michel, Guillaume et les autres

Un pasteur tous terrains

Dès son installation, M. Vianney eut à cœur de saluer tous les habitants qu'il rencontrait sur son passage. Il avait alors un mot aimable pour tous, particulièrement pour les enfants qu'il tapotait amicalement sur la joue, et pour les personnes âgées, dont il écoutait patiemment les plaintes sur leur santé et leurs difficultés quotidiennes. Les après-midis, il s'accordait une promenade, parfois sans but précis. On le voyait alors, son tricorne sous le bras, lisant son bréviaire ou récitant son chapelet, le long d'un chemin bordé d'arbres, s'arrêter pour admirer le paysage au son du gazouillis des oiseaux, notamment près du Fontblin qui lui rappelait son cher vallon de Chantemerle. Parfois, il allait visiter les malades et leur apporter, à leur demande, le réconfort de la confession ou de l'eucharistie. Puis il les laissait ouvrir leur cœur et leur apportait quelques paroles de consolation. Quand il les quittait, ils sentaient le fardeau de leur souffrance allégé et l'espérance renaître en eux. Il ne manquait pas de faire une halte quand il rencontrait des cultivateurs de terre dans leurs champs. Il s'approchait d'eux, leur serrait la main, leur demandait des détails sur leur travail, leur faisait part de ses propres expériences, leur donnait à l'occasion un conseil. Tous se mirent à apprécier du fond du cœur cet homme simple, à la soutane de toile grossière, aux chaussures de paysan, qui leur témoignait estime et affection pour avoir été l'un des leurs.

Au-devant de ses brebis

Un autre objectif de M. Vianney fut de rendre visite à tous les foyers, afin de voir chacun des ménages dans son cadre de vie habituel et de créer des relations privilégiées personnelles que rien ne remplace. Il déjeunait sommairement de très bonne heure (quelques pommes de terre bouillies ou quelques matefaims de sa fabrication) afin d'arriver dans les fermes pendant le repas de midi où il était certain de trouver toute la famille. En arrivant dans la cour, il appelait le maître de maison par son prénom pour s'annoncer. Puis il entrait en souriant, saluait la tablée et commençait « à demander des nouvelles de la famille, de tout ce qui pouvait l'intéresser ». Il écoutait ce que disaient les uns et les autres, leur donnait son avis sur un point précis, leur demandait des détails sur leur parenté, leurs voisins, les consolait s'ils étaient dans la peine, se réjouissait de leurs satisfactions, leur lançait à l'occasion une boutade. Et, quand il avait établi un climat de confiance amicale, il lui arrivait, à l'occasion, de passer « aux choses spirituelles[1] ». Soucieux de ne pas lasser ses hôtes par une visite trop prolongée, il les quittaient en les assurant de son affection et de ses prières, chacun étant convaincu qu'il « était son meilleur ami[2] ».

---

2. Catherine Lassagne, P. O., p. 502.
3. G. Villier, P. O., page 634.

Donner Dieu par sa Parole

En peu de temps, M. Vianney eut établi, sur le terrain, un constat lucide de l'état dans lequel se trouvait sa paroisse. Il avait créé, par ses multiples contacts, des liens avec tous ses paroissiens, tel un « bon berger » envers ses brebis. Il vivait dans une simplicité en parfaite harmonie avec leur humble existence. Il avait confié à Dieu leur conversion avec les moyens dont il disposait personnellement : la prière et la pénitence. Il n'allait pas pour autant négliger le ministère de la Parole. Bien au contraire. Il disait en effet : « Notre Seigneur, qui est la vérité même, ne fait pas moins de cas de sa Parole que de son Corps[1] » – soulignant ainsi la réalité de la présence du Verbe dans la Parole divine.

Faire germer les semences

Sa préoccupation essentielle, c'était de commencer au plus tôt la catéchèse aux enfants qui avaient, dans leur ensemble, reçu un piètre enseignement religieux en raison de leur indisponibilité la majeure partie de l'année. Ils n'avaient pas reçu davantage en la matière de leurs parents, âgés de vingt à trente-cinq ans, qui n'avaient jamais été catéchisés, si ce n'est, pour certains, par intermittences, au gré du passage des prêtres réfractaires.

M. Vianney commença ses leçons de catéchisme dès la Toussaint 1818, époque qui correspondait, pour les garçons, seuls scolarisés, à la rentrée des classes. Il les convoquait en semaine, à 6 heures du matin. Bien tôt, me direz-vous ! Et cependant, les retardataires n'étaient pas nombreux. Bien au contraire. Certains, même, arrivèrent parfois avant 4 heures du matin. Pourquoi un tel empressement ?

---

1. *Jean-Marie Vianney. La Pensée, son Cœur*, Nodin, p. 27.

En raison de la promesse qu'il leur avait faite : « Je donnerai une image à celui qui arrivera le premier à l'église[1] ». Cadeau qui peut nous sembler bien dérisoire aujourd'hui ! Mais cette simple image, figurant Jésus dans les différentes étapes de sa vie terrestre, Marie, un ange, un saint, les incitait à mieux aimer, connaître et imiter le personnage à force d'en admirer l'effigie.

Comment se déroulaient ces leçons de M. Vianney, reportées, le dimanche juste avant les vêpres ? Quelques témoins nous l'ont relaté :

« Quand nous allions au catéchisme, M. Vianney, en attendant que nous fussions tous arrivés, priait à genoux... sous les cloches. Il priait, priait...[2] Quand il s'était assuré que tout son petit monde fût installé, il commençait par quelques fortes réflexions ordinairement si attendrissantes qu'elles émouvaient les assistants et leur arrachaient des larmes[3]. » Puis c'était la récitation, par quelques-uns, de la leçon donnée à apprendre la veille. Ensuite, il abordait le sujet du jour, en faisant des allées et venues autour des bancs où les enfants étaient assis. Il leur donnait des exemples bien adaptés à leur âge et à leur vie quotidienne, pour faciliter leur compréhension, usait d'un langage coloré et paternel qui suscitait leur intérêt et leur affection.

Les distraits étaient vite rappelés à l'ordre. Par ses va-et-vient, M. Vianney les repérait facilement. Il fondait sur eux en quelques pas et, arborant un sourire mutin visible de toute l'assistance, il leur tapotait la joue de son catéchisme. Il n'en fallait pas plus pour dérider l'atmosphère et ranimer l'attention générale. Il usait du même procédé, au catéchisme du dimanche où les adultes étaient admis. En ces débuts d'après-midi où la digestion tend

1. Jean Pertinand, P. A, « *ne pereant* », p. 814.
2. François Pertinand, P. A. « *ne pereant* » p. 814.
3. *Le Curé d'Ars*, Ville éd., 1926, p. 158.

parfois, à provoquer un état de somnolence, il arrivait qu'une de ses auditrices s'endorme. Il la réveillait sans ménagements, au grand amusement des enfants et sans rancune de la fautive[1].

On ne s'étonnera pas que ces leçons aussi attrayantes que pertinentes aient commencé assez tôt à porter des fruits. Une réserve cependant à l'enthousiasme général des enfants : les strictes exigences du pasteur débutant, bien conformes à son esprit teinté de rigorisme des premiers temps, que certains garçons ne manquèrent pas de dénoncer. Notamment quant à l'âge tardif auquel il les autorisait à faire leur première communion, après leur avoir imposé des années supplémentaires de catéchisme : « C'était ennuyeux tout de même, déplora un garçon, plusieurs fois ajourné d'aller au catéchisme si tard[2] ».

Cultiver les champs

De la compilation...

M. Vianney ne mit pas moins d'ardeur à s'employer à l'enseignement des adultes, tant il était déterminé à lutter contre l'inculture, source de damnation selon lui, car « une personne ignorante ne connaît ni le mal qu'elle fait en péchant ni le bien qu'elle perd[3]... » Quand il devait réaliser un sermon, il s'installait, le soir, après la fermeture de l'église, dans la sacristie où il avait rassemblé tous les écrits et recueils qui lui étaient nécessaires pour ses divers sujets. Il bénéficiait en outre du privilège de se trouver à proximité du tabernacle. Tout près du Dieu vivant pour se préparer à diffuser sa Parole. Ce travail de composition s'effectuait en diverses étapes qui s'étalaient parfois sur plusieurs jours.

---

1. Notes de Mgr Convert. Cahier I n° 24-25. Cahier II n° 5. La dormeuse attitrée était la mère Verchère.
2. Père Drémieux, P. A, « in genere », p. 263.
3. Sermon sur l'absolution, n° 78, p. 8.

Il commençait par lire les lectures du dimanche à venir, afin de s'imprégner de leurs thèmes essentiels. Puis il recherchait des indications et commentaires dans ses divers ouvrages : *Vie des Saints*, dictionnaire de théologie, sermonnaires (notamment les Instructions Familières du Chanoine Bonnardel), catéchismes et autres traités de spiritualité...

Ensuite il sortait de la sacristie pour aller s'agenouiller au pied de l'autel afin de méditer ce qu'il venait de lire et solliciter les lumières de l'Esprit-Saint pour l'inspirer dans l'étape suivante de son travail : la rédaction.

Il revenait à la sacristie, prenait sa plume et se mettait à remplir de longues pages, recopiait certains détails dans l'un ou l'autre de ses livres, substituait certaines tournures obscures à des expressions claires et simples, voire locales, y rajoutait des explications accessibles à tous. Son texte achevé comportait une dizaine de pages. Du bon travail de compilation...

... à la déclamation

Venait ensuite l'apprentissage du sermon, dans la nuit du samedi au dimanche. Après avoir répété de multiples fois chaque passage, il le reprenait encore et se mettait à déclamer « comme s'il eût été en chaire[1] ». Plusieurs témoins, passant à une heure avancée par le chemin longeant le cimetière, l'entendirent s'exercer. Il lui arrivait parfois d'être si épuisé par les efforts que lui imposait sa mémoire toujours aussi rebelle, qu'il s'asseyait un moment sur les dalles, le dos appuyé à la crédence. Il s'assoupissait quelques instants et se remettait à l'œuvre, jusqu'à ce que, tombant de sommeil, il rentre à la cure.

Le lendemain, du haut de la chaire, le résultat n'était pas toujours du meilleur effet, tant il se sentait encore

1. Abbé Renard, alors séminariste, *M. le Curé d'Ars*, II, p. 20.

prisonnier de son texte – ou plutôt de la compilation d'extraits plus ou moins bien agencés de ses différentes sources. Comme son homélie ne durait pas moins d'une heure, parfois il se perdait et il était obligé de redescendre sans avoir fini[1]. De plus, il avait une voix perçante qui arrivait à fatiguer ses auditeurs. À l'un d'eux qui lui reprocha un jour de parler trop fort alors qu'il priait toujours à voix basse, il répliqua :

« Quand je prêche, je parle parfois à des sourds ou à des gens qui dorment, mais quand je prie, je parle au bon Dieu qui n'est pas sourd[2] » – sous-entendu : et qui, lui, ne dort pas !

Conscient de ses imperfections, il pria et fit prier ses proches pour parvenir à l'amélioration souhaitée. En peu de temps, sa mémoire se développa et il fut en mesure d'attribuer dans ses homélies une part de plus en plus large à l'improvisation qui allait faire de lui un orateur populaire des plus recherchés.

Qui aime bien châtie bien

Tous solidaires

Monsieur Vianney se sentait pleinement responsable de ses paroissiens. C'est par amour pour eux qu'il offrait généreusement au Seigneur tous les mérites des dures pénitences qu'il s'imposait. Autant de souffrances et de privations qui avaient pour seul but leur conversion et leur salut intimement lié au sien, comme il le leur répétait souvent dans ses homélies :

« Ô mes chers paroissiens, tâchons d'aller en Paradis ! Là nous verrons Dieu. Que nous serons heureux ! Nous irons tous en procession si la paroisse devient

1. Catherine Lassagne, P. O., p. 367.
2. Catherine Lassagne, *Petit Mémoire*, I.

sage ; et votre curé sera à votre tête[1] ». La béatitude éternelle est donc à la portée de tous les paroissiens. Encore faut-il qu'ils deviennent « sages ». M. Vianney allait les y exhorter sans ménagements en leur faisant prendre conscience de leurs mauvais penchants et de leurs mauvaises habitudes qui compromettent leur foi et les entraînent au péché.

Réveiller le sens du sacré

Plus d'une fois, il fustigeait leur attitude nonchalante dans la Maison de Dieu[2] – à plus forte raison pendant la messe – leur arrivée tardive et leur départ précipité, leurs distractions et bâillements pendant le sermon (une heure, avouons-le, c'était assez long !) ; les jeunes n'étaient pas épargnés qui « regardent du haut en bas, d'un coin de l'église à l'autre... promenant les yeux pour voir comment une telle est arrangée, et sa beauté[3] ». M. Vianney tenait ainsi à inviter les intéressés à réserver leurs opérations de charme à d'autres lieux et d'autres moments. Les jeunes enfants n'échappaient pas à ses invectives : « Voyez ces rires, disait-il, voyez ces signes que se font tous ces impies, tous ces petits ignorants[4]. » Ceux qui manquaient la messe le dimanche n'étaient pas mieux traités : « ceux qui ne font point de difficulté, s'ils rencontrent un ami, en chemin [pour l'église], de le mener chez eux et de laisser la messe pour une autre fois » ; ceux qui « passent le temps des offices au jeu ou au cabaret, au travail, en voyage ou à la danse[5] ».

---

1. *Guillaume Villier,* P. O., p. 628.
2. *Sermon, Du respect dans les églises,* t. IV, p. 216.
3. *Sermon,* t. I, pp. 199-200.
4. *Op. cit.*
5. *Sermon,* t. II, p. 160.

Ni danse ni indécence

M. Vianney s'en prend aussi à une corruption des mœurs telle « qu'il serait presque aussi impossible de trouver des jeunes gens pour recevoir saintement [le mariage] qu'il est impossible de voir monter un damné dans le ciel[1] ».

Une fois devenus parents, les mariés ne sont pas à l'abri de ses foudres : « Hélas ! que de parents traînent leurs pauvres enfants dans l'enfer en y tombant eux-mêmes[2]... ». Particulièrement à cause de leur faiblesse et de leur manque de prudence en les autorisant à fréquenter les foires, vogues et autres veillées où l'on dansait, ne serait-ce qu'en simples spectateurs : « Oh ! si elle ne danse pas, son cœur dansera[3] », répondit-il un jour à un père de famille lui demandant s'il pouvait emmener sa fille au bal. Mademoiselle d'Ars n'était pas davantage à l'abri de ses critiques. Ayant organisé « une ou deux sauteries en famille », elle préféra s'abstenir de ces genres de distractions « par respect pour sa défense[4] ».

M. Vianney reproche encore aux parents « les parures recherchées et indécentes de leurs filles » qui les transforment en « instruments dont l'enfer se sert pour perdre les âmes[5] ». Cette manière directe et forte de parler en chaire entrait bien dans le cadre de la démesure de ses « folies de jeunesse ». Car si son rôle de prêtre l'incitait à dénoncer les tenues impudiques, il le faisait avec des termes durs et sans nuances. Ton qui, teinté d'humour à l'occasion, ne perdait pas de sa virulence même en particulier, comme ce fut un jour le cas pour Mlle d'Ars. Ayant repéré, dans son salon, le portrait d'une femme au

---

1. *Sur les devoirs des parents,* t. III, p. 325.
2. *Sermon* n° 53, t. III p. 326.
3. Mgr Convert. Notes manuscrites. Cahier I, n° 31.
4. Mlle M. des Garets. P. A. « *in genere* », p. 290.
5. *Sermons*, t. III, p. 232.

décolleté généreux, il pointa son index vers le tableau et, esquissant un sourire goguenard, lui lança :

« On dirait qu'elle va se faire guillotiner[1]. » Le tableau fut décroché le jour même.

Son intransigeance d'alors ne faisait pas grande distinction, semble-t-il, entre immodestie vestimentaire et coquetterie bien légitime, comme l'atteste cette rencontre avec une jeune fille d'Ars. Passant devant Jeanne Lardet qui étrennait, sur sa robe, une jolie collerette, il lui dit en riant : « Veux-tu me [la] vendre ? Je t'en donnerai cinq sous.

— Eh ! pour quoi faire, monsieur le Curé ?

— Je la mettrai à mon chat[2]. »

La nécessaire conversion

Tous les paroissiens d'Ars sont invités à « aller au ciel en procession », curé en tête. Ils doivent, pour cela, se convertir. Trop incapables d'y parvenir par leurs seules forces, ils doivent avoir un recours assidu à la communion – nourriture indispensable à toute vie chrétienne. Il en est de même pour la confession qui exhorte ceux qui la reçoivent à une contrition sincère et fructueuse : « Il faut que l'on voie en nous un changement entier, sans quoi nous n'avons pas mérité l'absolution[3]... »

Cet amendement ne saurait attendre le dernier moment, comme certains prétendent le faire en évoquant le bon larron. C'est du haut de la chaire que M. Vianney donne la réponse à cette objection :

« Il n'avait jamais connu le bon Dieu, et dès qu'il l'a connu, il s'est donné à lui. Encore est-il le seul exemple que l'Écriture Sainte nous fournit pour ne pas tout à fait nous désespérer dans ce moment[4] » et de préciser

1. Marthe des Garets, P. A. « *in genere* », p. 310.
2. Mgr Convert. Notes manuscrites. Cahier I, n° 31.
3. *Sermon sur la tiédeur,* t. III, p. 243.
4. *Sermon* n° 17. Sur le délai de la conversion, t. I, p. 389.

qu'il ne confond pas simple repentir et conversion authentique.

La voix du cœur

Ces quelques extraits de sermons de M. Vianney nous semblent teintés d'une connotation janséniste. Ils sont, en effet, d'un rigorisme acéré fortement imprégné de l'influence de M. Balley. Cette tendance, pour un prédicateur, à brandir la crainte de la damnation afin d'inciter son auditoire à la conversion était courante à l'époque. Mais M. Vianney savait ponctuer ses invectives de soupirs et de gémissements, d'exhortations paternelles, à l'occasion de larmes. Tous ces pères de famille et jeunes gens qu'il appelait par leurs prénoms, toutes ces maîtresses de maison qu'il saluait, dans leurs humbles chaumières, avec un respect affectueux, savaient qu'il les aimait et ne recherchait que leur bien. Lui-même se démarque de ce pessimisme fataliste qu'il faut se garder de lui attribuer trop hâtivement : « Ah, [mes amis], je voudrais pouvoir vous conduire à deux doigts du désespoir afin que, frappés de l'état affreux où vous êtes, vous preniez les moyens que le bon Dieu vous présente encore aujourd'hui pour en sortir[1] ». Les sentiments et les nuances de ces exhortations sont trop teintés d'espérance pour y déceler une connotation janséniste, comme le souligne un parent de Mlle d'Ars :

« Par sa piété éclairée et affective, il ramenait les âmes qui, sous les influences du siècle précédent, se raidissaient et se desséchaient dans le rigorisme janséniste. J'en ai pour preuve l'exemple de ma cousine, Mlle d'Ars[2]... »

1. *Ibid.*
2. Comte Jean-Félix Garnier des Garets d'Ars, P. A, *in genere*, p. 413.

V

Des racines bien ancrées

Du levain dans la pâte

M. Vianney connaissait familièrement chacun de ses paroissiens. Il en savait les faiblesses qu'il combattait en chaire en ayant bien soin de leur préciser que ses remontrances étaient motivées par des sentiments affectueux à leur égard et sa préoccupation essentielle de les conduire sur les pas du Seigneur. Il était bien déterminé à poursuivre sa lutte sur certains points forts de leurs errements et il ne s'y dérobera pas. Mais il n'était pas moins conscient de la nécessité, dans l'immédiat, de les inciter à considérer leurs devoirs envers Dieu et l'Église comme autant de démarches d'amour, bien plus que des obligations aussi déplaisantes que contraignantes. « Vous y mettrez de l'amour », lui avait dit son vicaire général. Pour ce faire, il allait s'employer à les exhorter à une fréquentation plus rapprochée des sacrements et du sanctuaire.

Unissez-vous

Il souhaitait constituer un noyau initial de personnes les plus portées à la piété qui, prêchant par l'exemple, entraîneraient à leur suite un nombre croissant de paroissiens. Il n'allait pas manquer de saisir la première opportunité pour intervenir.

Un dimanche après vêpres, quelques jeunes filles attendaient dans l'église pour se confesser. C'était un jour de vogue où l'on dansait sur la place. Après les avoir invitées à réciter ensemble un chapelet, il les confessa. Puis il leur proposa d'aller manger des groseilles dans son jardin. « J'eus la hardiesse de les suivre, quoique jeune encore, souligne Catherine Lassagne, alors âgée de douze ans, et je me rappelle qu'il disait : "N'êtes-vous pas plus heureuses et contentes que celles qui dansent sur la place ?"... Invitation qui n'allait pas se limiter à une après-midi : "Et presque tous les dimanches, ensuite, il nous a invitées à entrer dans sa cuisine où il nous a lu la vie de sainte Catherine[1] et ne nous a parlé que des choses du bon Dieu[2]" ».

À ce petit groupe, vinrent se joindre Claudine Renard et ses filles Anne, Marianne et Antoinette Pignault, une Lyonnaise venue prendre pension chez elle ; Mlle des Garets, Benoîte Lardet, une jeune fille de seize ans ; Claudine Lassagne, mère de Catherine ; et, pendant chacun de ses séjours à Ars, la fidèle Claudine Bibost.

Monsieur Vianney souhaitait aider ces femmes et jeunes filles à persévérer dans leurs bonnes habitudes en les invitant à se regrouper au sein d'une confrérie qui, à leur suite, pourrait accueillir d'autres membres moins sensibles à la piété : « J'ai toujours l'espérance pour un pêcheur, disait-il en chaire, malgré qu'il soit mauvais,

---

1. Par complaisance pour Catherine, la plus jeune de toutes, dont c'était la patronne.
2. Catherine Lassagne, *Petit mémoire* n° 2, p. 9.

parce que, tôt ou tard, les prières des autres confrères obtiendront du bon Dieu la grâce de son retour à Dieu[1] ». Au mois de juin 1818, il fonda la Confrérie du Rosaire[2]. Très vite, cette association compta de nombreux membres auxquels vinrent s'agréger quelques hommes[3].

Monsieur Vianney leur faisait une instruction tous les dimanches après le chapelet. Il les invita ensuite à venir réciter en commun la prière du soir à l'église ; réunion qui « ne tarda pas à devenir un exercice public auquel un nombre toujours croissant d'habitants du village prirent part... » La Confrérie du Saint-Sacrement qu'il instaura pour les hommes, connut un succès plus modéré et plus tardif.

Ouvrez les yeux du cœur

Monsieur Vianney profita de ces rassemblements quotidiens pour faire davantage saisir à ses paroissiens la puissance de l'amour de Dieu dans l'hostie : « Ah ! leur disait-il, mes frères, si nous avions les yeux des anges, en voyant Notre-Seigneur Jésus-Christ qui est ici présent, sur cet autel, et qui nous regarde, comme nous l'aimerions ! Nous voudrions toujours rester à ses pieds : ce serait un avant-goût du ciel... Nous sommes de pauvres aveugles ; nous avons du brouillard sur les yeux... Tout à l'heure, mes Frères, quand je tiendrai Notre-Seigneur dans mes mains ; quand le bon Dieu vous bénira, demandez-lui donc qu'il vous ouvre les yeux du cœur. Dites-lui comme l'aveugle de Jéricho : "Seigneur, faites que je voie !" vous obtiendrez certainement ce que vous désirez, parce qu'il ne veut que notre bonheur : il a les mains

1. *Sermons* t. I, p. 342.
2. Cette Confrérie, déjà créée à Ars par l'un de ses prédécesseurs, était tombée en désuétude, tout comme celle du Saint-Sacrement, réservée aux hommes.
3. A. Monnin, p. 82.

pleines de grâces, cherchant à qui les distribuer, et personne n'en veut... Nous sommes trop malheureux de ne pas comprendre ces choses[1]... ». Ces exhortations qu'il prononçait d'une voix étouffée par les larmes où, d'ailleurs, il s'impliquait lui-même, ne manquèrent pas de porter leurs fruits. Tout au long de la journée, en effet, les membres de la Confrérie du Rosaire venaient se recueillir individuellement devant le tabernacle. D'autres les imitèrent, tel cet agriculteur – le père Chaffangeon – qui, allant aux champs ou en revenant, entrait dans l'église après avoir laissé ses outils de travail à la porte. Il y restait un long moment, assis ou à genoux sans bouger ni remuer les lèvres. M. Vianney qui l'avait observé plusieurs fois fut intrigué par son attitude : « Mon ami, lui demanda-t-il un jour, qu'est-ce que vous dites à Notre-Seigneur pendant les longues visites que vous lui faites ? » « Eh, M. le Curé, lui répondit-il, je ne lui dis rien : je l'avise et il m'avise[2]... » Malgré sa simplicité, il avait compris le sens profond des propos de son pasteur. Il contemplait l'hostie avec ce double regard des yeux et de l'âme, dans un cœur à cœur muet où l'Amour n'a pas besoin de paroles pour se communiquer.

Le père Chaffangeon et quelques autres avaient compris que le tabernacle, « c'est l'office » selon l'expression de M. Vianney évoquant non sans penser à sa maison natale, « cet endroit où l'on conserve les provisions de la famille[3] ».

Vivez de lui. Vivez pour lui

M. Vianney était bien déterminé à conduire ce noyau de fidèles – et d'autres après eux – à une réception plus fréquente de ce Dieu qu'ils venaient adorer devant le

1. A. Monnin, p. 83.
2. A. Monnin, p. 80.
3. A. Monnin, p. 86.

tabernacle : « Ah, si je pouvais... distribuer tous les jours son très saint corps à un grand nombre de fidèles, que je serais heureux[1] ! » Il voulait extirper en eux ces dernières réticences inspirées des tendances jansénistes ; notamment la crainte d'un Dieu inaccessible et inflexible et la notion d'une indignité personnelle toujours présente. Préoccupation manifeste dans quelques extraits de sermons : « Allez, mes Frères, allez à Notre-Seigneur avec amour et confiance ! Allez vivre de lui, afin de vivre pour lui ! Ne dites pas que vous avez trop à faire. Le divin Sauveur n'a-t-il pas dit : "Venez à moi, vous qui travaillez et qui n'en pouvez plus ; venez à moi et je vous soulagerai." Pourriez-vous résister à une invitation aussi débordante de tendresse ? Ne dites pas que vous n'en êtes pas dignes ; mais vous en avez besoin. Si Notre-Seigneur avait en vue votre dignité, il n'aurait jamais institué son beau sacrement d'amour... mais il a eu en vue nos besoins, et nous en avons tous besoin. Ne dites pas que vous êtes pécheurs, que vous avez trop de misères et que c'est pour cela que vous n'osez pas en approcher. J'aimerais autant vous entendre dire que vous êtes trop malades, et que c'est pour cela que vous ne voulez ni [prendre] de remède ni appeler de médecin[2]. »

Ne lui volez pas son jour

Depuis l'arrivée des beaux jours, en cette année 1818 de son arrivée, M. Vianney se désolait de voir déserter l'église, le dimanche, à un nombre assez important d'hommes et, quoique bien plus réduit, de femmes. Le roulement des charrettes et les cris de leurs conducteurs l'écœuraient, à l'heure de la messe : « Quand j'en vois qui charrient [leurs récoltes] de dimanche, je pense qu'ils

1. A. Monnin, p. 84.
2. Lettre sur la fréquente communion.

charrient leur âme en enfer[1] ». Et de donner des arguments, à ceux qui sont présents, pour les dissuader de les imiter. « Est-ce que deux ou trois francs pourront jamais compenser le tort qu'on fait à soi-même en violant la loi de Dieu ? Vous vous imaginez que tout dépend de votre travail ; mais voilà une maladie, voilà un accident... il faut si peu de choses ! un orage, une grêle, une gelée[2]... »

« Vous laissez bien la terre telle qu'elle est quand vous vous en allez ; vous n'emportez rien... Notre premier but est d'aller à Dieu : nous ne sommes sur la terre que pour cela... Le dimanche, c'est le bien du bon Dieu ; c'est son jour à lui... Il a fait tous les jours de la semaine ; il vous en a donné six, il ne s'est réservé que le septième. De quel droit touchez-vous à ce qui ne vous appartient pas[3] ? »

M. Vianney persistait dans sa rigueur en cas de risque passager de mauvais temps. Un dimanche où tous les blés fauchés étaient au sol, de gros nuages noirs poussés par un vent violent laissaient présager un orage imminent. Il « monte en chaire défend de toucher aux gerbes et promet à ses paroissiens plus de beau temps qu'il ne leur en faut pour mettre à l'abri leur récolte. Tout se passa comme il l'avait prédit ; il y eut encore quinze jours sans pluie[4] ».

La plupart des paroissiens se plièrent à ses directives. Bien leur en prit. Car les obstinés furent vite rappelés à l'ordre. Les dimanches après vêpres, on le vit alors prendre au hasard l'un ou l'autre des chemins qui avoisinaient l'église afin de surprendre les fautifs en flagrant délit. Tel ce paysan qui, gêné de le voir arriver près de lui, alla se dissimuler derrière sa charrette

1. Monnin, pp. 99 et 100.
2. Monnin, p. 100
3. Monnin, p. 100.
4. Monnin, p. 101.

pleine : « O mon ami, lui dit [M. Vianney] avec un profond accent de tristesse, vous êtes bien attrapé de me trouver là... Mais le bon Dieu vous voit toujours : c'est lui qu'il faut craindre[1]. » Les contrevenants se firent de plus en plus rares.

Quand il se fut assuré de l'abstention générale du travail dominical, il s'avéra plus compréhensif pour les travaux éminemment urgents, notamment en période d'intempéries de longue durée compromettant la rentrée des récoltes. Sans jamais donner d'autorisation en chaire, il lui arrivait de répondre à ceux qui la sollicitaient en privé : « Faites comme vous voudrez[2] ». Il les estimait devenus assez conscients de leurs devoirs pour leur laisser la liberté du choix.

Les divers visages de l'amitié

M. Vianney avait instauré ce noyau de fidèles qui – tel un levain dans la pâte – allait favoriser l'aube d'un revirement général, lent et progressif – notamment pour ce qui est des bals et des cabarets – mais bien réel. Il allait consolider ses contacts avec certains de ses paroissiens en privilégiant avec les uns, des relations de franche amitié ; avec d'autres, des liens d'un caractère plus spirituel.

Le souper sous la treille

Jean-François Renard, le séminariste voisin qui, l'été venu, se plaisait à lire son bréviaire avec M. Vianney, nous relate sa première rencontre avec lui[3] :

« C'était une belle journée du mois d'août » (1818) à l'heure où le soleil décline. M. Vianney l'avait invité

1. Mgr Trochu, p. 175.
2. Mgr Trochu, p. 176.
3. D'après *M. le Curé d'Ars,* I, pp. 4 et 5, pour toute l'anecdote.

à un souper préparé par sa mère, Claudine Renard. « La table fut mise sous la treille. » « M. Vianney fut d'une politesse touchante. Sous des dehors austères, il était facile de remarquer une douce et aimable gaieté... un air de bonté » et une « grande attention » à ses paroles. M. Vianney rit de bon cœur quand son invité lui raconta « plusieurs facéties innocentes qui arrivent entre écoliers ». Il prit plaisir, à son tour, à lui rapporter les bévues et maladresses de la vieille servante de M. Balley. Entre les deux hommes, le courant passa dès ce premier contact placé sous le signe de la détente et de la bonne humeur.

Le pain des pauvres

À quelque temps de là, M. Vianney invita à souper d'autres convives : Claudine Renard, sa fille Marianne et leur pensionnaire, Antoinette Pignault. Ayant appris, par Jean-François, l'ambiance agréable de son repas en tête à tête avec M. Vianney, elles ne cachaient pas leur joie d'être à leur tour ses invitées. Quelle ne fut pas leur surprise, en entrant dans la cuisine de la cure ! Pas de feu allumé ni de marmite sur le potager. Au centre de la table, « la corbeille contenant le pain des pauvres » – pleine de ces croûtons qu'il échangeait avec les mendiants de passage contre un morceau de miche bien fraîche ou quelques pièces de sa bourse. « À droite, la Vie des Saints et un gros volume in-folio ; à gauche... un seau rempli d'eau. »

Dès qu'elles furent entrées, il leur dit : « Nous allons bien nous régaler ce soir ; nous nous nourrirons du pain des pauvres, qui sont les amis de Jésus-Christ, nous étancherons notre soif avec la boisson des saints : voilà pour le corps. Courage, mes enfants, mangez et buvez ! Nous lirons ensuite la Vie des Saints, les grands serviteurs de Dieu, si pénitents et si mortifiés, et nous nous mettrons sous la protection de la Reine du Ciel en récitant le chapelet : voilà pour l'âme[1] »...

Par ces deux anecdotes, M. Vianney manifeste la capacité d'accommodement de son humour à toutes les situations. Il se laisse guider, par l'affection du cœur, pour partager, selon les circonstances, les aliments terrestres et la nourriture spirituelle. Nul doute que les uns et les autres des participants à ces deux soirées n'en aient conservé un souvenir aussi fructueux qu'inoubliable.

Une consolation dans la peine

Pour rester sur ce registre de l'amitié, nous accélérerons ici la marche du temps, d'une année environ. Le 8 juillet 1819, Matthieu Vianney mourut sans que son fils ait pu l'assister dans ses derniers moments. Lequel fut très affecté de cette situation qui lui rappelait le décès de sa mère peu de jours avant son arrivée des Robins. Leur souvenir allait rester profondément gravé dans sa mémoire et son cœur et « jusqu'à la fin de sa vie, il célébra de temps en temps la messe[2] » à leur intention. François Cadet n'ayant pas donné de ses nouvelles depuis son départ plus ou moins forcé, il ne retrouva, aux funérailles, que Gothon et François l'Aîné. Lequel, ayant conservé la ferme de Dardilly en toute propriété, s'engagea à lui verser une pension à vie.

C'est au cours du même été que M. Vianney fit la connaissance du vicomte François des Garets, frère de Mlle d'Ars, venu se reposer quelques semaines au château familial. C'était un capitaine des dragons à la retraite, veuf et sans enfants. Il habitait boulevard Saint Germain à Paris, près de la paroisse Saint-Sulpice qu'il

---

1. D'après le récit de l'abbé Renard qui le tenait des intéressées. *Ars et le vénérable Vianney*, pp. 59-60.
2. A. Renard P. A *ne pereant*, p. 533.

comblait de ses bienfaits. « Il était fort pieux, fort dévot à Marie[1]. »

Tous les matins, il assistait à la messe qu'il servait avec Jean-François Renard. Les après-midis, il passait une partie de son temps à visiter les habitants d'Ars. Il ne craignait pas d'entrer dans les maisons les plus humbles, de serrer la main des uns et des autres, de s'asseoir pour apporter des paroles de consolation à une personne âgée ou malade, à saluer affectueusement un enfant. Aux plus pauvres, il offrait de l'argent avec la plus grande délicatesse. On ne doute pas qu'il ait suscité une sincère admiration de tous.

Leur pasteur ne tarda pas à partager leurs sentiments à son égard dès les premiers entretiens qu'ils eurent dans la sacristie. Ils « y passaient de longues heures qui leur paraissaient dérobées au ciel, tant ils y trouvaient de douceur et de consolation mutuelle...[2] ». M. Vianney fit part un jour de son enthousiasme à Jean-François Renard : « Oh ! que je suis content d'avoir fait la connaissance de M. d'Ars ! Qu'il est pieux ! Comme il aime le bon Dieu ! Que je suis imparfait auprès de lui[3] ! »

L'avenir n'allait pas démentir l'opinion favorable qu'il en avait. Bien au contraire...

On n'échappe pas à son destin

Une cure d'air frais ?

Peu d'événements, hormis le décès de son père, marquèrent, pour M. Vianney, l'année 1819. On doit cependant parler ici du sciage au pied de ses arbres fruitiers. Acte anodin, me direz-vous ? voire insensé ? Probablement pas,

1. A. Renard, *M. le Curé d'Ars*, I, P. 11.
2. Monnin, P. 90.
3. Archives paroissiales d'Ars.

si l'on considère ses motivations profondes : dégager sa responsabilité des offenses à Dieu commises par les maraudeurs qui s'introduisaient de nuit dans son verger, en passant entre les arbres de sa haie, pour lui dérober ses fruits.

Cette même année, il fit placer une cloche dont le parrain et la marraine furent le vicomte d'Ars et sa sœur, dont elle reçut le prénom[1]. Cette satisfaction lui apporta un peu de baume au cœur qui n'était pas superflu. Il ressentait en effet un certain découragement à voir un nombre encore important de ses paroissiens si lents à s'amender. Était-il ou non, à la hauteur de sa tâche ? De plus, ses névralgies faciales, associées à des fièvres intermittentes et autres saignements de nez, aggravaient encore son état de faiblesse provoqué par l'austérité de ses habitudes alimentaires.

Les bruits sur son mauvais état de santé parvinrent jusqu'à l'archevêché de Lyon. M. Courbon, qui lui vouait une amitié sincère, avait fait plus d'une tentative pour l'exhorter à mieux prendre soin de lui : « Je fais l'impossible pour [l']amener à changer de régime. Je n'obtiens rien. Ses amis ne sont pas plus heureux que moi. Il écoute et fait à sa tête[2]. »

Conscient de son impuissance à le faire amender quant à son régime, il tenterait, pour le moins, de remédier à ses troubles causés par l'insalubrité du climat. Il lui proposa alors le poste de Salles, dans le Beaujolais, près de Villefranche-sur-Saône. L'air pur de ce charmant village à flanc de colline lui serait salutaire. M. Vianney eut un haut-le-cœur en apprenant sa nomination. Il n'ignorait

1. C'est Mlle d'Ars qui réglera l'année suivante le prix de cette cloche, comme elle le précisera elle-même : « Je lui ai même donné (au maire) 73 francs qu'il avait avancés pour la cloche La Colombe de l'année passée » : décompte établi en 1820. Archives paroissiales d'Ars « Vieille église ».

2. Lettre du 17 avril 1820 à Mlle d'Ars.

pas que les difficultés qu'il laisserait à Ars ne manqueraient pas de ressurgir à Salles et qu'il en rencontrerait de nouvelles. Mais son supérieur hiérarchique lui avait donné un ordre. Il y obéirait sans tergiverser. Il écrivit à son frère François pour l'informer de la nouvelle, sans lui révéler ses états d'âme :

Mon cher frère,

« Je quitte la Bresse pour le Beaujolais. C'est la semaine prochaine que ce départ doit avoir lieu. On m'envoie dans une cure pas bien loin de Villefranche. J'espère aller te voir bientôt[1]. »

Un faisceau d'obstacles

Quelques jours plus tard, il fit appel à un voiturier pour charger ses quelques meubles et souvenirs de M. Balley et ses caisses de livres. Arrivé au bord de la Saône, elle était en crue. Le vent était si violent et les eaux si tumultueuses que le batelier refusa de le faire traverser avec sa cargaison. Il retourna à Ars, bien déterminé à différer son voyage. Quelques jours plus tard, nouvelle tentative : le fleuve persistait dans son obstination à lui interdire le passage.

Les éléments avaient formé un premier barrage à son départ. Les paroissiens allaient en ériger un à leur manière. Mademoiselle d'Ars qui se disait prête à « étrangler » M. Courbon lui écrivit pour le prier de revenir sur sa décision. Une délégation de paroissiens, Antoine Mandy, leur maire, en tête, allèrent le trouver à Lyon. Leur détermination à conserver leur chapelain qui, d'ailleurs, était à leur charge et non à celle du diocèse, ne laissa pas insensible le vicaire général, déjà ébranlé par la lettre de Mlle des Garets. Aux dernières instances

1. Lettre du 8 avril 1820, Monnin.

du maire, il répondit : « Puisqu'il en est ainsi, il peut rester tant qu'il voudra[1]. » Et il lui confia une lettre officielle qui annulait la nomination à Salles.

Un extra au presbytère

1820 était une année marquante pour Ars. Jean-François Renard, l'enfant du pays, avait reçu l'ordination sacerdotale. Bien évidemment, c'est dans son église qu'il tint à dire sa « première messe ». Dans celle de ce curé qu'il considérait « comme un père, comme un ami, comme un sage conseiller ». Il nous dépeint son émotion lors de la cérémonie : « Quel feu sacré embrasait mon pauvre cœur... si imparfait auprès du sien ! Quelles douces larmes coulaient de mes yeux à ce moment solennel... j'avais à mes côtés le plus pieux des prêtres. Il est vrai, mon cœur bondissait de joie, mais en même temps, je rougissais de me trouver si imparfait, si pécheur[2]. »

C'était la joie, aussi, dans le cœur de M. Vianney qui souhaitait donner un caractère mémorable à cette journée où se célébrait cette messe solennelle du premier prêtre d'Ars ordonné depuis sa prise de fonctions. Contentement pas limité au plan spirituel ! Il avait fait préparer à cette occasion un repas festif au presbytère : bœuf, volailles et leurs accompagnements, sans oublier un bon vin de pays pour arroser le tout. Deux autres convives furent invités à partager ces agapes : deux séminaristes de Saint-Irénée qui avaient assisté à la cérémonie. Ils furent témoins, comme l'abbé Renard, de « l'amabilité charmante » dont fit preuve leur hôte qui ne craignit pas ce jour-là, de faire une sérieuse entorse à son régime.

Quelques jours plus tard, l'abbé Renard fut reçu par M. Courbon pour en recevoir ses « lettres de pouvoirs »

1. J.-B. Mandy, P. A *in genere*, P. 242.
2. Abbé Renard, *M. le Curé d'Ars*, t. I, P. 20. Le « nous » employé par l'auteur est substitué ici au « je ».

attestant sa nomination de vicaire à la paroisse de Jujurieux. Ce dernier le pria de présenter ses amitiés à M. Vianney et de l'inviter à se nourrir un peu mieux, employant pour cela une expression qui ne manquait pas de force et de réalisme : « Veuillez surtout lui faire comprendre qu'on ne prend pas le Ciel par la famine[1] ».

Le jeune prêtre transmit le message. Rien ne nous permet de présager que l'intéressé allait le suivre à la lettre… Du moins, dans l'immédiat.

Une paroisse pour les Arsois

Comme bon nombre d'Arsois, M. François des Garets désirait, depuis longtemps, que la chapellenie soit déliée de sa dépendance à Mizérieux. Doté d'un pasteur tel que M. Vianney, Ars méritait de devenir une paroisse autonome. Le vicomte avait à Paris assez de relations puissantes pour obtenir cette faveur. Mais il fallait pour cela que le presbytère appartienne à la fabrique […]. Or, comme on le sait ; M. des Garets avait hérité de sa mère la cure et ses dépendances. Il prit donc la décision qui s'imposait pour rendre ce projet réalisable. Le 19 juin 1821, il établissait un acte officiel de donation de l'ensemble à la fabrique.

Le lendemain, il écrivit à sa sœur pour lui signaler qu'il avait exigé une condition expresse à cette transaction : « qu'Ars soit érigé en succursale ». Ce jour même, lui précise-t-il, « le Conseil d'État présenta au roi » sa requête[2].

La municipalité d'Ars n'était pas restée étrangère à la démarche de son châtelain. Elle avait adressé à Louis XVIII une supplique où elle lui exposait les arguments pertinents

1. D'après l'abbé Renard, *Ars et le Vénérable Vianney*, p. 61.
2. Autre exigence : la réservation, dans l'église, d'un banc pour la famille et de la tribune. Autre avantage : la jouissance, pour les résidents, « du chenevrier joignant la cure ». Lettre du 20 juin 1821.

pour influer sur sa décision : caractère précaire de la situation du prêtre desservant ; perte considérable, pour les habitants, si on leur enlevait cet « homme d'une haute vertu » ayant fait un bien infini dans sa paroisse et dans les environs[1]. En outre, si Ars venait à être privé de chapelain, les enfants se trouveraient dans l'impossibilité d'aller suivre les cours de catéchisme à Mizérieux en raison du mauvais état de la route en hiver (entre autres, les débordements fréquents du Fontblin). Le curé en titre, quant à lui, aurait bien à souffrir de l'éloignement du centre paroissial pour rendre visite aux malades dispersés dans la campagne.

L'action conjuguée de M. des Garets et du conseil municipal eut toute son efficacité : par une ordonnance du 20 juin 1821, Ars fut déclaré paroisse, bien que le nombre de ses habitants soit au dessous du seuil requis (500).

Le chantier du curé

Une restauration en marche

Je viens ici d'évoquer les solides liens d'amitié du cœur et de l'esprit noués par M. Vianney avec ses paroissiens et ses efforts pour ranimer leur sens religieux et moral. Mais M. Vianney n'avait pas attendu que sa modeste chapellenie soit érigée en paroisse – et que, par voie de conséquence, il soit gratifié du titre de curé – pour s'employer à la restauration et à l'enrichissement de son église. Dès l'année de son arrivée, il y avait entrepris des travaux de restauration et d'embellissement, dans le double objectif d'offrir un sanctuaire plus digne au Seigneur et plus attrayant à ses paroissiens. Ces travaux, il va les réaliser d'année en année, au fur et à mesure des besoins

1. Supplique du 22 février 1821 (Archives, Marie d'Ars).

et des possibilités matérielles et pécuniaires. À l'occasion, il y participera en personne et invitera ses concitoyens à l'imiter. Il y emploiera son argent personnel, fera des quêtes, lancera des souscriptions, frappera aux portes des amis (notamment Mlle d'Ars et son frère, Mlle Pignault...) ; il impliquera la municipalité, ordonnera des neuvaines et recevra, parfois, au moment le plus critique, une bourse d'un inconnu de passage. Il convient ici de remonter à ce premier été 1818 de son arrivée à Ars.

Le Seigneur à l'honneur

La première préoccupation de M. Vianney fut de remplacer le maître-autel, dénué de la moindre décoration et qui tombait en ruine. Il en commanda au menuisier un nouveau, non dépourvu de moulures et dorures. Il eut à cœur de participer au montage avec les ouvriers, comme en témoigne Jean-François Renard qui mit à profit ses vacances pour l'aider : « Avec quelle ardeur il mettait lui-même la main à l'œuvre, maniant avec vivacité la scie et le marteau ! Quelle joie peinte sur sa figure ! Il semblait que l'ouvrage n'avançait pas au gré de ses désirs[1] ». Pour compléter l'effet décoratif, il alla à Lyon pour acheter « deux petites têtes d'anges qu'il disposa de chaque côté du tabernacle[2] ».

Puis il jugea indispensable de restaurer les bancs du chœur et les boiseries recouvrant la partie inférieure des murs qui contrastaient par leur délabrement avec les dorures et les brillantes couleurs de l'autel. « Le menuisier se fit alors décorateur et on le vit, pendant plusieurs mois, le pinceau à la main, essayer de redonner

1. Abbé Renard, *Ars et le Vénérable Vianney*, p. 35.
2. Trochu, p. 156. Ces angelots ont été volés.

aux vieilles moulures et aux antiques panneaux un peu de fraîcheur et d'éclat[1]. »

Un hommage à sa Mère

En 1819, M. Vianney avait dû se borner à faire fixer « la Colombe » au vieux campanile, mais il redoutait son effondrement à chacune de ses sonneries. Avec l'accord du maire, il lança, début 1820, une souscription pour l'édification d'un nouveau clocher. Un clocher de briques aux murs carrés dont l'effet massif fut atténué par quatre doubles fenêtres à arcades brisées, séparées, chacune en son milieu, par une colonnette en pierre[2]. Mlle d'Ars compléta généreusement le montant de la somme recueillie entre les quarante-quatre donateurs. M. Vianney paya de sa bourse une deuxième cloche qui reçut le vocable « du Saint Rosaire » et fut bénite par M. Pasquier, curé de Trévoux qui était de ses amis.

Quand on connaît la vénération de M. Vianney pour Marie – sa « plus vieille affection » –, on ne s'étonne pas de son vif désir de la faire partager à ses paroissiens. Dans son église, il est vrai, une chapelle lui était dédiée, ornée d'un tableau de l'Annonciation. Mais elle était, selon lui, trop exiguë, trop modeste et peu propice à susciter leur dévotion. Il en fit construire une plus vaste, l'orna d'un plafond bas en plâtre peint et la dota d'un autel qu'il enrichit de moulures et de deux paires de chandeliers. Estimant le tableau peu propice à sensibiliser les cœurs à la piété, il lui substitua une statue de la Vierge à l'Enfant en plâtre polychrome. Comme il l'avait prévu, les travaux furent achevés pour le 6 août 1820, jour de la fête patronale. Quand il procéda à la

---

1. Monnin, p. 110.
2. Étrange coïncidence : ces colonnettes provenaient du cloître de Salles en Beaujolais où M. Vianney avait reçu sa nomination sans effet. C'est ce clocher qui surplombe la vieille église.

bénédiction de la chapelle, son émotion était si intense qu'il la communiqua à tous les paroissiens réunis pour la circonstance. C'est, par la suite, sur cet autel qu'il aura à cœur de célébrer la messe chaque samedi, jour consacré à Marie.

En 1822, la commune décréta une « souscription extraordinaire » pour financer la réfection du plafond de la nef dangereusement craquelé.

M. Vianney était heureux. La rénovation de son église était en bonne voie. Il aurait bien voulu poursuivre sans délai son chantier. Mais il avait épuisé sa bourse, son maigre salaire de vicaire-chapelain et tous les dons offerts par les bienfaiteurs habituels. Après l'impôt pour le plafond, il n'osait pas solliciter une fois encore la générosité publique.

La préséance au précurseur

Cependant, il se sentit soudain appelé à se lancer dans une nouvelle réalisation. Un jour, en disant sa messe, il aurait eu une vision de la Vierge et de saint Jean-Baptiste se tenant de part et d'autre de l'autel. Il perçut là une invitation à offrir à la vénération de ses paroissiens une chapelle dédiée au précurseur, en face de celle de Marie. S'il trouvait un moyen pour subvenir aux premiers frais, Dieu pourvoirait au reste ! Et il trouva ce moyen, comme en témoigne cet extrait de lettre de son frère François l'Aîné :

« Si tu pouvais m'envoyer ma pension de toute l'année, tu me ferais plaisir, car je viens de faire une emplette importante pour mon église. Si même tu pouvais m'avancer celle de l'année prochaine, ce serait mieux... J'ose espérer, mon très cher ami, que tu me feras ce plaisir[1]. »

---

1. Monnin, *Le Curé d'Ars,* t. I, p. 293.

François ne dut pas manquer d'obtempérer à sa requête. M. Vianney avait en outre rencontré, dans la campagne, un promeneur inconnu qui lui aurait remis une bourse assez garnie pour régler le solde de sa dette[1]. Ce dont nous sommes certains, c'est que ce problème d'argent lui causa un réel souci et qu'il en tira des conséquences : « il déclara que la leçon était bonne et qu'il ne se mettrait plus en pareil embarras[2] ». Il prit, sauf en des cas exceptionnels, l'habitude de payer d'avance. De toute manière, M. Vianney se sentit soulagé de pouvoir régler la note du menuisier et des maçons. Il mit à profit l'érection de cette chapelle pour faire inscrire sur son arcade cette allusion au martyre de celui qu'il avait pris pour patron à la confirmation : « Sa tête fut le prix d'une danse[3]. » Une invitation à méditer pour ses paroissiens, bien dans le ton de ses sermons moralisateurs.

La chapelle achevée, M. Vianney fut très touché que son condisciple d'Écully, Mathias Loras, alors supérieur du petit séminaire de Meximieux, soit venu la bénir. Il fut bien plus impressionné encore de l'ampleur de l'assistance à cette fête : « On eût dit, précise Catherine Lassagne, que le saint précurseur avait passé dans toutes les paroisses environnantes, appelant les populations à Ars[4] ». Quelques jours plus tard, M. Vianney révélait en chaire non pas la « vision » mentionnée ci-avant, mais une grâce exceptionnelle dont il aurait bénéficié sur ces lieux mêmes : « Mes frères, si vous saviez ce qui s'est passé dans cette chapelle..., vous n'oseriez pas y entrer »[5]. Si M. Vianney était comblé de grâces, il gardait cependant les pieds sur terre. Il n'ignorait pas que ses finances

1. Catherine Lassagne, p. 214.
2. Philippe des Garets.
3. Cette inscription n'est plus visible aujourd'hui.
4. Monnin, p. 116.
5. Catherine Lassagne, P.M. n° 3, *La Confidente*, p. 131.

étaient au plus bas et s'était promis de ne plus engager de frais sans être en mesure de les régler préalablement. Il ferma donc le chantier entrepris dans son église, pour une durée indéterminée. Après Marie, le Précurseur avait eu la préséance. D'autres hommages à d'autres saints suivraient...

Le « ménage du bon Dieu »

M. le vicomte d'Ars n'allait pas pour autant suspendre ses bienfaits. Sa sœur lui écrivait régulièrement pour l'informer des nouvelles « du pays » et de la paroisse. Elle ne manqua pas de l'alerter sur la nécessité de remédier à l'indigence en matière d'objets du culte que son curé dénommait : « le ménage du bon Dieu ».

M. des Garets était d'autant plus motivé à participer activement à l'embellissement de l'église d'Ars qu'elle était devenue une paroisse autonome. Elle venait, par ailleurs, de sortir de la tutelle de l'archevêque de Lyon depuis l'instauration du diocèse de Belley dont l'évêque, Mgr Devie, intronisé le 13 juin 1823, prenait sous sa juridiction les pays de l'Ain, la Dombes et la Bresse.

Le vicomte allait donc pourvoir, en plusieurs étapes, à l'enrichissement « du ménage du bon Dieu » comme il l'annonçait de Paris à sa sœur :

« Jamais le sanctuaire du village ne sera aussi somptueux et aussi magnifique que je le désire[1]. »

D'une année à l'autre[2], il allait s'employer à combler la fabrique de ses dons : chasubles et autres ornements liturgiques en soie, drap d'or et velours ouvragés de broderies d'or et d'argent ; plusieurs paires de chandeliers, un soleil d'argent, un tabernacle en cuivre doré... À chaque envoi qu'il recevait, M. Vianney ne pouvait contenir sa

1. Lettre du 18 octobre 1822 (Archives Paroissiales d'Ars).
2. Ces dons s'échelonnèrent de 1822 à 1827.

joie. Il allait alors sur la place, frappait à quelques portes, hélait un passant, un groupe d'enfants, une personne âgée en les appelant par leur nom : « Venez, venez voir une belle chose avant de mourir[1] ! » Riant et pleurant d'émotion, il levait les bras au ciel en poussant d'incessantes exclamations assorties de louanges à l'intention du vicomte. Puis il entraînait tous ceux qu'il avait rassemblés vers le presbytère pour leur faire découvrir le contenu de la dernière caisse reçue...

En 1823, dès la première arrivée de cette série de riches présents – il s'agissait, notamment, de trois bannières (au Saint-Sacrement, à la Vierge et à Saint Sixte) – M. Vianney emmena toute la paroisse à Notre-Dame de Fourvière, à Lyon, afin de « rendre grâce à la très sainte Vierge et lui faire hommage de ces richesses[2] ».

Le dais somptueux envoyé par le vicomte en 1824 entraîna des frais imprévus ; ce dernier étant plus large que la porte d'entrée de l'église, il prit à sa charge les travaux d'agrandissement et, un peu plus tard, ceux de la double rampe d'accès à l'église et son perron.

Une pastorale tous azymuths

Le pasteur veille sur ses brebis...

Tous autour du berger

Pendant qu'il s'intéressait activement à tous ces efforts d'embellissement du sanctuaire, M. Vianney ne négligeait pas pour autant ses devoirs envers ses paroissiens. Il poursuivait ses catéchismes quotidiens aux enfants et ceux du dimanche après-midi, ouverts à tous. Il maintenait la piété des membres de la Confrérie du Saint-Rosaire qu'il réunissait après les vêpres dominicales.

1. Monnin, p. 112.
2. Prosper des Garets, P. O., p. 293.

Le nombre assez restreint d'agrégés à la Confrérie du Saint-Sacrement l'avait incité à y admettre les femmes ; d'où une présence permanente de ses membres dans l'église : « Je ne me souviens pas, assure un témoin, d'y être jamais entré sans avoir trouvé quelqu'un en adoration[1]. » La prière du soir avait une assistance accrue et, le dimanche, bon nombre de jeunes filles préféraient se réunir au presbytère plutôt que d'aller danser.

M. Vianney savait que les Arsois avaient un profond attrait pour les réjouissances. Afin de les détourner des bals, vogues et cabarets, il jugea nécessaire de leur proposer d'autres festivités en rendant les cérémonies liturgiques plus attrayantes. « Quand cela était possible, on faisait venir la musique, et les jeunes gens faisaient partir des "boîtes" (pétards) tout le long du chemin[2] que suivaient les processions. Le renom des Fêtes-Dieu d'Ars s'étendit bientôt dans toute la région. Dès 1819, M. Vianney déployait déjà en la circonstance toute la pompe possible[3]. » Il faisait habiller les jeunes enfants en blanc et porter des cierges aux plus grands. Il faisait réaliser plusieurs reposoirs sur le trajet du château à l'église où se déroulait la procession.

La bénédiction du maître-autel, celles du clocher et des deux chapelles (il y en aura d'autres) furent autant de prétextes à des fêtes solennelles, comme, on s'en souvient, la réception des ornements et bannières du vicomte (Fourvière).

M. Vianney manifestait un grand intérêt pour les soirées où l'on venait casser les noix à la cure en se répartissant dans deux pièces. Il allait d'un groupe à l'autre avec une joie visible et leur disait quelques paroles aimables.

---

1. G. Villiers, P. O., p. 644
2. Prosper des Garets, P. O., p. 950.
3. G. Villiers, P. O., p. 644.

Il lui arrivait parfois d'accepter de partager un repas avec certaines familles. « Chez nous, témoigne Catherine Lassagne, c'était un plaisir pour tous de le recevoir[1]. » Antoine Mandy, un des fils du maire, précise : « Il a quelque fois mangé chez mon père, mais jamais sur invitation. Il survenait pendant notre repas et y prenait part gaiement [...] et même ne refusait pas de goûter un peu de vin en offrant une santé à toute la famille[2]. »

Hors de danger

Si M. Vianney avait fait scier ses arbres au pied, c'était dans le seul but de supprimer les occasions de péché dont il se sentait responsable. C'est dans ce même objectif qu'il persistait, en chaire ou lors de ses visites dans les foyers, à jeter l'anathème sur les bals. Les cabarets faisaient toujours l'objet de ses foudres : « le cabaret, disait-il, c'est la boutique du démon, l'école où l'enfer débite et enseigne sa doctrine, le lieu où l'on vend les âmes, où les ménages se ruinent, où les santés s'altèrent, où les disputes commencent, et où les meurtres se commettent[3] ». De telles attaques finirent par porter leurs fruits. À tel point que le tenancier du café de la place vint lui faire sa doléance en l'accusant d'avoir causé sa ruine. M. Vianney qui ne se limitait pas à la simple critique, lui donna assez d'argent pour le déterminer à fermer sa maison[4]. Le second cabaretier installé dans la partie centrale du village, résista plus longtemps mais finit par fermer à son tour. Ainsi n'y avait-il plus de cabarets autour de l'église[5].

---

1. P. O. p. 490.
2. *Antoine Mandy*, p. 1358.
3. Sermons, t. 3, p. 337. M. Vianney se réfère ici à Saint Jean Climaque.
4. D'après Jean Pertinand, P. A. *ne pereant*, p. 860.
5. Marthe des Garets, P. A., *in genere*, p. 290.

Un des fronts sur lesquels M. Vianney exerça sa virulence, c'est la lutte contre le blasphème : « S'[il] règne dans vos maisons, disait-il à ses paroissiens, tout ira en périssant. N'est-ce pas un miracle extraordinaire qu'une maison où se trouve un blasphémateur ne soit pas écrasée par la foudre et accablée de toutes sortes de malheurs[1] ? » Là encore, il eut un résultat satisfaisant : « toute espèce de jurements et d'imprécations même les expressions seulement grossières disparurent du vocabulaire d'Ars[2] ». Peut-être doit-on cependant atténuer quelque peu ce jugement aussi enthousiaste.

Dans l'ensemble, M. Vianney ne semblait pas trop mécontent des fruits de son apostolat en 1823, puisqu'il écrivait à Claudine Fayot des Nöes : « Je vous dirai que je suis dans une petite paroisse pleine de religion qui sert le bon Dieu de tout son cœur[3]. »

Sous sa protection

M. Vianney, lui aussi, s'efforçait de servir ses paroissiens de son mieux. Et particulièrement ceux qui inspiraient sa compassion. Persuadé que « pour aller droit au cœur il faut passer par l'estomac », il disait aux familles en difficultés : « Venez chercher du blé dans le grenier ». Il avait pitié des foyers endettés. « Tantôt il payait leur loyer, tantôt il leur donnait des secours plus importants. »

Quand il rencontrait un pauvre en chemin ou à sa porte, il l'invitait à le suivre ou à entrer à la cure. « Il faisait un bon feu pour le chauffer. Il l'entretenait de choses spirituelles et, tout en réchauffant son corps, il tâchait de réchauffer son âme. » Il lui parlait avec une telle considération qu'il sentait renaître sa dignité. Puis, sachant qu'il passait d'une maison à l'autre et se trouvait

1. *Sermons*, t. II, p. 217.
2. Trochu, p. 174.
3 Lettre du 7 novembre 1823. À de Bernétas. Biographie.

« ainsi au courant de petites histoires de famille qu'il colportait dans tout le pays », il « profitait des entretiens avec lui pour le former à la charité et à la discrétion[1] ». Est-il besoin de préciser que le malheureux repartait plus serein, l'estomac rassasié et quelques pièces dans sa poche...

M. Vianney exigeait la sanctification du jour du Seigneur. Mais il était bien déterminé à s'attaquer aux causes des manquements de certains de ses paroissiens : les mères de famille, les domestiques et les journaliers. « Les maris finirent par accepter [...] que leurs épouses ne se tuent plus à la tâche[2]. » Les femmes, quant à elles, furent invitées par lui à se limiter, le dimanche, aux activités essentielles, à « faire tout ce qu'on peut faire le samedi, même dans le ménage, pour être libre le dimanche[3] ».

M. Vianney ne se gênait pas pour rappeler leurs responsabilités aux propriétaires et fermiers à l'égard de ceux qui les servaient. « Un nommé Rousset » comprit la leçon et « déclara que ses domestiques ne travailleraient plus le dimanche[4]. Ce geste fut imité par la presque totalité de gros fermiers qui n'en diminuèrent pas pour autant le salaire de leurs employés[5] ». Un profond mystique, M. Vianney, mais aussi un homme sociable manifestement. Sur tous les fronts, il pouvait être considéré comme un bon pasteur qui prend soin de ses brebis.

Hors de sa bergerie

Intérimaire convaincant

Sa renommée s'étendait aux villages alentour dont les curés faisaient de plus en plus appel à ses services. Il

---

1. J.-B. Mandy (+ citations précédentes), P. O., p. 596.
2. *Un homme social,* B. Nodet, pp. 24-29.
3. *Ibid.* D'après Catherine Lassagne.
4. J. Pertinand, P. O. p. 359.
5. *Un Homme Social,* Nodet, p. 25.

remplaçait les plus âgés, malades ou infirmes pour la célébration des mariages, baptêmes, funérailles[1], les prédications. Un de ses sermons de Carême à Mizérieux atteste qu'il ne cédait en rien, à l'extérieur d'Ars, à sa dureté teintée d'humour de l'époque. Ayant rappelé quelques vérités en matière de morale, « il s'aperçut que quelques hommes sortaient de l'église ». En préambule à sa prédication, il lança à son auditoire cette mise en garde : « Ce soir, je vais prêcher sur le vol ; s'il y en a quelques-uns qui se sentent coupables, qu'ils sortent avant que je commence ». On s'en serait douté : « Personne ne sortit[2] ».

Par tous les temps

Il ne refusait jamais d'aller visiter les malades de ses confrères, à leur simple demande, et par tous les temps. Un jour, par un froid glacial, il revint d'un enterrement « le visage presque gelé ». Une autre fois « il rentra de nuit par des chemins pleins d'eau et de boue. Il arriva au presbytère d'Ars dans un état pitoyable, mais il ne s'en plaignit point ; au contraire, il en paraissait content[3] ». Ainsi tenait-il sa promesse faite dans sa cachette inconfortable de la grange des Noës de ne jamais se plaindre à l'avenir. Le maire s'inquiétait parfois de son état de santé, particulièrement quand il devait se déplacer hors de la paroisse en période hivernale. Il demandait alors à son fils Antoine de l'accompagner. Celui-ci le suivit bien souvent dans ses courses « au milieu des neiges et des froids ». « Bien que nous suivions rarement, précise-t-il, la route la plus courte… jamais le trajet ne me parut long, tant [il] savait l'abréger en me citant des faits de la vie des saints. S'il m'arrivait quelquefois de faire quelque réflexion sur l'intensité de la froidure ou la difficulté des

1. *Ibid.*
2. Jeanne-Marie Chanay, P. O. p. 701.
3. Catherine Lassagne, P.M. n° 3, p. 57.

chemins, sa réponse était toujours prête : "Les saints, mon ami, en ont bien souffert davantage. Offrons cela au bon Dieu[1]". »

Une fois, appelé en pleine nuit, « il était si malade lui-même qu'il fut obligé en arrivant de s'étendre sur un lit. On dut le ramener en voiture[2] ».

Les visites aux malades n'étaient guère plus agréables en été. Un jour du mois d'août (probablement 1823), Jean-François Renard, en visite chez sa mère, l'avait accompagné à Rancé pour confesser un mourant. La chaleur était caniculaire et le temps bien lourd. Un orage éclata, accompagné d'une pluie torrentielle. Ils arrivèrent à destination trempés jusqu'aux os. Voyant que M. Vianney grelottait de froid, la maîtresse de maison alluma un bon feu et l'invita à poser sa soutane pour la faire sécher et lui prêta des vêtements pour le réchauffer. Pris d'un accès de fièvre, il alla s'étendre dans le lit du malade pour écouter sa confession. Puis il se sentit mieux, remit sa soutane sèche et put repartir. « Il était fort gai, commente l'abbé Renard. Tout de même, me dit-il, avec cette veste et ce grand bonnet, j'étais encore joli garçon ! Cela m'a fait penser au temps de ma jeunesse[3]. »

À toutes ces activités incessantes d'assistance aux prêtres des paroisses voisines, il faut ajouter les intérims qu'il ne refusait jamais, quand un poste devenait vacant, jusqu'à la nomination d'un titulaire.

Pour tous pénitent

D'autres curés le sollicitaient pour assurer les confessions ou prédications quand ils organisaient des missions ou jubilés dans leurs paroisses. Comme les habitants d'Ars, ceux des villages où il se rendait avaient compris

---

1. Antoine Mandy, P. O., p. 1368.
2. Monnin, p. 128.
3. M. Renard, *Ars et le Vénérable Vianney*, pp. 34-35.

que, s'il frappait dur au cours de ses homélies, il frappait juste. Et s'ils se sentaient visés par ses vitupérations, ils n'en appréciaient pas moins sa clairvoyance extraordinaire des consciences, la finesse de son jugement, sa faculté d'écoute, la pertinence de ses conseils, son rappel, en toute circonstance, de la justice de Dieu, mais aussi, de sa miséricorde. De sorte que son confessionnal était toujours pris d'assaut.

La première mission où il fut invité fut celle de Trévoux qui commença début 1823. Il se plaisait à évoquer en riant ce jour où la foule de pénitents, se révélant plus impétueuse que de coutume, avait propulsé le confessionnal où il était assis à plusieurs mètres : « On m'emportait avec mon confessionnal[1]. »

Ses pénitents ne se limitaient pas à quelques femmes pieuses et enfants. Les hommes, aussi, venaient « à confesse ». Et pas seulement les travailleurs des champs : « Les magistrats de la cité, le tribunal, les fonctionnaires, les hommes de loi s'adressèrent presque tous à lui. Le sous-préfet ne parlait de lui qu'avec admiration ». Bien qu'il fût hébergé par M. Morel, un ancien du séminaire de Verrière, M. Vianney était pressé par le curé, M. Pasquier, d'aller dîner quelquefois à la cure, afin d'y rencontrer les autres missionnaires invités. Un jour, pris de pitié à la vue de son vieux chapeau et de sa soutane rapiécée, ils décidèrent, à son insu, de se cotiser pour lui acheter un haut-de-chausses. Ils le lui offrirent le samedi, jour où il rentrait dans sa paroisse pour y célébrer la messe le lendemain. Chemin faisant, au lieu-dit : « Les Bruyères », il rencontra un pauvre à moitié nu et tout transi. « Vous avez froid, n'est-ce pas mon ami ? » lui dit[-il]. Puis, sans attendre sa réponse, il se cacha derrière un buisson et reparaît bientôt, son haut-de-chausses à la main. Dès son retour

1. Catherine Lassagne, *Petit Mémoire* n° 3.

à Trévoux, ses confrères lui demandèrent s'il appréciait leur cadeau. Il leur rétorqua, sur un ton mi-embarrassé mi-facétieux : « Ce que vous m'aviez donné, je l'ai prêté à fonds perdus à un pauvre[1] »... L'humour de la repartie calma leur exaspération.

À la fin de la mission, son ami de séminaire chez lequel il était hébergé, attendait, un soir, qu'il rentre se coucher. Depuis 21 heures, il était retourné plusieurs fois dans l'église où son confessionnal ne désemplissait pas. « À deux heures du matin, voyant que la foule abondait sans cesse, précise M. Morel, j'allai frapper à la porte de son confessionnal pour l'en retirer et lui faire prendre quelque repos[2]. »

Dans toutes les communes où il passait – notamment à Saint Trivier, Montmerle, Chaneins, Limas, Saint Bernard, pour ne citer que celles-là – c'était autant d'affluence, autant de confessions et contritions sincères suivies de réparations (restitutions, pardons, régularisation de mariages) et autant de bonnes résolutions prises pour l'avenir.

Pour tous auditoires

La place manque ici pour donner de plus amples précisions sur chacun des séjours de M. Vianney hors de sa paroisse. Je retiendrai cependant ces détails probants de l'intérêt général pour ses sermons aux divers niveaux de la société.

Les valets de ferme et ouvriers agricoles suppliaient leurs maîtres et employeurs de les autoriser à aller l'entendre « promettant de remplacer le temps qu'ils retrancheraient à leur travail par un travail supplémentaire[3] » ou par la perte de salaire correspondant.

---

1. Monnin, pp. 129-130.
2. A. de Bernétas. *Biographie de M. le Curé d'Ars*, p. 159, d'après le témoignage de cet ami, M. Morel.
3. Catherine Lassagne, P. A. *ne pereant*, p. 407.

L'anecdote suivante place M. Vianney devant un tout autre auditoire. Il avait été invité, par le curé de Limas, à venir prêcher pour les « Quarante Heures ». Le village étant très proche de Villefranche, il craignait de se mesurer à un public de citadins et de lettrés. Il ne cacha pas ses réticences à son confrère qui, pour influer sur sa décision, prétendit que les cérémonies ayant lieu un jour de semaine, l'affluence serait réduite à quelques villageois. À la date fixée, M. Vianney se mit en route, les jambes flageolantes à l'idée d'affronter des inconnus dont il ne connaissait pas les réactions. Il arriva toutefois à Limas pendant les vêpres. Il entra dans l'église. Et ce fut le choc. Car ce n'était pas un petit groupe d'autochtones qui l'attendaient ! En apprenant sa venue, « l'élite de la société de Villefranche était accourue » et avait envahi la nef. Quant au chœur, il était « rempli d'ecclésiastiques[1] » souligne M. Vianney, encore peu expérimenté dans l'art oratoire. Il fut pris de panique. Son cœur battait la chamade, ses idées se troublèrent, sa gorge se noua. Parviendrait-il à prononcer un mot ? La mauvaise « farce », selon sa propre expression, que lui avait faite son confrère !... Cependant, les vêpres s'achevèrent. Et son sermon fut annoncé. « Cela m'intimida pour commencer, précise-t-il. Cependant je me mis à prêcher sur l'amour de Dieu et il paraît que cela alla encore bien : tout le monde pleurait[2] ». Eh oui ! quand il prenait pour thème l'amour de Dieu, il savait de quoi il parlait. Depuis sa première enfance, sa mère l'avait insufflé dans son cœur. Son père l'avait vécu au quotidien. À Écully, M. Balley en avait fait son principe et sa fin, malgré sa rigueur moraliste bien de son époque. Doit-on s'étonner que la réputation de M. Vianney soit sortie grandie de cette homélie ? Il avait jeté son ancre à Ars pour immerger les cœurs dans un océan d'amour.

---

1. Frère Athanase – P. A. « *in genere* » page 204.
2. Monnin, page 132.

VI

L'amour est plus fort que le mal

La culture pour tous

Nous l'avons vu, M. Vianney était particulièrement sensible à toutes les misères et s'efforçait d'y remédier sous tous ses aspects. En authentique humaniste, il n'allait pas se désintéresser de cet autre problème qui avait retenu son attention dès son arrivée : l'enseignement de la jeunesse.

Un maître à demeure

Les garçons en âge d'être scolarisés étaient tous occupés à garder le troupeau familial, s'ils n'étaient pas loués comme bergers, du printemps à la Toussaint et, parfois, davantage. Pendant l'hiver, un instituteur de passage leur apprenait à lire et à écrire, « dans un réduit attenant au four banal[1] ». M. Vianney souhaitait que l'enseignant chargé des enfants soit du pays et puisse exercer sur une période plus élargie. Il fit tous ses efforts pour sensibiliser Antoine

1. *Un Homme Social,* B. Nodet, p. 20.

Mandy, le maire, à ce problème de l'instruction. Il lui proposa d'embaucher un garçon d'Ars, dont on connaissait les mœurs irréprochables : Philibert Gaillard, qui – ce qui ne gâtait pas les choses – « avait fait quelques études ». Le candidat fut retenu par la municipalité qui s'engagea à lui verser une somme annuelle « pour l'instruction primaire ». Philibert épousa une fille Lardet et fit construire une petite maison dans laquelle il réserva une pièce à l'usage de ses élèves. M. Vianney aurait bien souhaité offrir aux jeunes Arsois une véritable école avec ses maîtres et ses locaux... Les circonstances l'obligeaient à remettre ce projet à plus tard. Dans l'immédiat, il avait une priorité plus urgente : créer une école primaire pour les filles[1].

« La Providence »

Des maîtresses pour les filles

M. Vianney connaissait bien les enfants fréquentant le catéchisme et s'inquiétait sérieusement de l'illettrisme des filles. Bien qu'elles ne soient pas systématiquement refusées à l'école d'hiver, leurs parents avaient pris l'habitude « de [les] envoyer "en condition" dès l'âge de dix ans ou de les garder à la maison pour les travaux du ménage[2]. » M. Vianney était très préoccupé de la vie menée par ces filles, toujours au travail et tributaires des exigences de leurs maîtres, voire pour certaines, de leur moralité. Depuis longtemps, il souhaitait fonder à leur intention une école gratuite fonctionnant à l'année. Déjà, depuis 1820 jusqu'à 1823, il avait commencé à réserver une partie des dons reçus par ses bienfaiteurs à l'achat d'un local, sans dévoiler à quiconque son projet.

Dès qu'il fut en possession d'une somme assez substantielle, il s'employa à prévoir les modalités de

1. Détails et citations : *Un Homme Social,* p. 21.
2. *Ibid.*

fonctionnement de l'établissement. À l'époque, l'enseignement des filles – là où il existait – était confié à des congrégations religieuses. Or, selon lui, les sœurs étaient « trop dames[1] » pour s'occuper des jeunes paysannes. Au risque de passer pour un novateur, il décida de faire appel à des laïques, « bonnes et braves filles de campagne[2] ». Deux noms lui vinrent spontanément à l'esprit parmi celles dont il avait pu apprécier les qualités depuis son arrivée : Catherine Lassagne et Benoîte Lardet, qui allaient avoir, l'une et l'autre, dix-sept et vingt ans. Afin de compléter leur instruction et de les former à leur futur rôle, il les envoya, début 1823, chez les religieuses de Saint-Joseph de Fareins qui y avaient une école. Leurs familles respectives ayant des revenus très modestes, il s'engagea à prendre leurs frais de pension à sa charge[3].

Un toit pour leurs élèves

Pendant ce temps, il fit l'acquisition d'une maison située vers le chevet de l'église. Pour en régler le prix, il vida sa propre bourse et alla frapper à toutes les portes. Il parvint à payer le vendeur, mais il dut régler les frais de notaire à crédit. La maison se composait d'une pièce au rez-de-chaussée, de deux chambres à l'étage et d'un grenier. Elle avait le double avantage d'être située au centre du village et tout près de la cure et de l'église. M. Vianney avait un toit pour « ses filles ». Dépourvu de tout moyen pour les accueillir, il voulut manifester aux yeux de tous sa confiance totale en Dieu en dénommant sa fondation : « La Providence ».

À l'automne 1824, il demanda à Catherine et à Benoîte de rentrer à Ars. Un an de stage en situation incluant, en outre, un complément de formation personnelle, c'était

1. Abbé Renard, *M. le Curé d'Ars,* I, p. 37.
2. *Op. cit.*
3. J. Tête, P. A. continuatif, p. 77.

bien peu ! Mais M. Vianney était déterminé à ne plus différer la fondation d'une œuvre aussi salutaire à tant d'enfants dont personne ne se souciait d'améliorer les conditions de vie. C'est donc « vers la Saint-Martin » 1824 (11 novembre) qu'elles s'installèrent. Après quelques travaux de nettoyage, « elles apportèrent de chez leurs parents leur lit, leur linge et les autres objets de première nécessité[1]. »

Le jour de leur arrivée, elles n'avaient rien à manger. Elles eurent alors l'idée d'aller prendre leur repas chez leurs parents. Mais M. Vianney avait mis la fondation sous le vocable de « La Providence ». Elles décidèrent de s'y abandonner sans réserve. Et elles furent exaucées. « La mère de l'une... lui envoya son dîner qu'elle partagea avec sa compagne ; un peu plus tard, l'autre reçut le sien. Elles eurent tout ce qu'il fallait, et le lendemain on fit du pain ».

Une semaine plus tard, Jeanne-Marie Chanay de Jassans venait se joindre à elles. Elle avait 26 ans. Elles comprirent d'emblée que la Providence leur avait envoyé une aide exceptionnelle sur laquelle elles pouvaient compter sans restriction. Infatigable à la tâche, elle cumulait les fonctions de cuisinière, boulangère, jardinière, lavandière, couturière... Elle avait toutefois un caractère vif, susceptible et mélancolique qu'elles supportèrent parfois au prix de grands efforts de douceur et de patience. Catherine, Benoîte et Jeanne-Marie furent indistinctement dénommées « directrices » par M. Vianney.

Dès la première année, bon nombre de parents inscrivirent leurs filles à l'école. Comme celle-ci « était entièrement gratuite, souligne Catherine Lassagne, les paroisses voisines voulurent en profiter. Et on nous envoya des enfants de Mizérieux, de Savigneux, de Villeneuve, etc[2]. »

---

1. Détails et suivants : A. Monnin, p. 137.
2. Catherine Lassagne, *Mémoire sur la Providence,* p. 47.

L'accueil des élèves étrangères à la commune obligea M. Vianney à prendre des dispositions pour les loger. Il fit « mettre un plafond dans le grenier pour faire un dortoir... ». N'étant pas en mesure de prendre en charge leur entretien, il demanda aux parents de ces pensionnaires d'apporter « des lits, des draps et tout ce qu'il fallait » ainsi que « des provisions » pour leur nourriture[1].

Bientôt la réputation de l'école fut telle que les demandes d'admission ne purent être satisfaites. La pièce du bas où les élèves de tous niveaux étaient entassées devenait de plus en plus exiguë et le dortoir ne pouvait plus contenir de lits supplémentaires. On ne pourrait donc accepter à l'avenir ni externes ni pensionnaires.

Un asile élargi

Et cependant, M. Vianney pensait à toutes ces filles dont les familles vivaient dans une infinie pauvreté et ne pouvaient financer la pension. Il pensait à celles que les parents, ivrognes ou dénaturés, maltraitaient, faisaient mendier ou plaçaient, pour de l'argent, chez des maîtres aux mœurs répréhensibles. Il pensait à toutes ces filles malmenées par la vie et à celles qui avaient perdu leurs parents qu'il appelait indistinctement « orphelines » parce qu'elles n'avaient ni protection ni repères. Leur place était bien à « La Providence » où elles trouveraient un asile sûr, une vie épanouie dans une atmosphère familiale, un enseignement intellectuel et ménager ; et cette éducation chrétienne qui redonne, avec la dignité retrouvée, un réel sens à la vie. Mais il fallait, pour cela, réaliser des travaux d'agrandissement. Or, qui dit travaux dit argent. Il invita tous ses paroissiens à faire une neuvaine à la sainte Vierge afin de s'assurer que la volonté divine allait dans ce sens. Dès qu'il fut persuadé de la réponse favorable du Seigneur, il se mit en campagne pour

1. *Idem*, p. 51.

se procurer des fonds. Il avait récolté environ la moitié seulement des frais estimés nécessaires quand « un secours soudain lui arriva[1] ».

Et le voilà qui achète un terrain, fait lui-même les plans pour doubler le bâtiment existant vers le sud et en construire un second au nord de la cour intérieure. Il devient une fois de plus manœuvre, faisant le mortier, taillant et transportant les pierres, il aide les charpentiers et les couvreurs, encourage et stimule les uns et les autres, suscitant leur amitié et leur admiration. Bientôt s'élèvent les deux nouvelles ailes et « La Providence » va pouvoir mériter plus amplement son nom[2].

Il rencontra des personnes venues séjourner à Ars qui eurent à cœur de l'aider à doter l'établissement de ressources : une veuve de Chaneins apporta quelque temps son aide et ses économies aux « directrices ». Une demoiselle de Lyon s'engagea à assumer les dépenses du ménage et lui donna une somme qui lui permit d'acheter des bois et des champs. Deux sœurs firent l'acquisition de « quelques immeubles dont les profits seraient destinés à l'œuvre[3] ».

« La Providence » avait pris son essor. M. Vianney l'avait confiée aux mains des trois « directrices » sans pour autant cesser de leur apporter son soutien assidu sur les plans moral, spirituel et matériel. Avant de porter un intérêt particulier aux progrès de cette œuvre, revenons à l'époque de sa conception et aux années qui la suivirent.

1. Abbé Renard, *M. le Curé d'Ars* ,I, p. 39.
2. D'après Monnin, page 138.
3. Il s'agit respectivement de Mlle Berger, de Mme Guillermet et des demoiselles Ricotier. D'après Catherine Lassagne. P. M. n° 3 pp. 12-13.

Le bruiteur de l'ombre

Les trois coups

Au cours de cet hiver 1824-1825, M. Vianney entrait dans une période où il allait passer de bien mauvaises nuits. Lui-même nous relate les premières frayeurs dont il fut l'objet : « La première fois [...] c'était à 9 heures du soir, au moment où j'allais me mettre au lit. Trois grands coups retentirent à la porte de ma cour, comme si on avait voulu l'enfoncer avec une énorme massue. J'ouvris aussitôt ma fenêtre et je demandai : "Qui est là ?" mais je ne vis rien, et j'allai tranquillement me coucher en me recommandant à la sainte Vierge et à mon bon ange : je n'étais pas endormi que trois autres coups plus violents me firent ressauter. Je me levai et m'écriai une seconde fois : "Qui est là ?..." Personne ne répondit[1]. » « Croyant alors que c'étaient des malfaiteurs qui cherchaient à enfoncer la porte pour voler les riches ornements que M. le vicomte d'Ars venait de m'envoyer de Paris, je descendis jusque dans la cour pour les faire fuir en criant au secours, mais n'ayant entendu marcher personne [...] je fermai promptement ma porte, sans rien dire, et je m'enfermai dans ma chambre, ayant soin de tirer la clé en dedans[2] ».

La traque aux voleurs

Si des voleurs cherchaient à lui dérober ses ornements, il saurait bien les en dissuader ! Il prit contact avec quelques hommes courageux en pleine force de l'âge, afin de les prier de se relayer pour venir coucher à la cure et assurer sa protection et celle des trésors dont il avait la garde. La première nuit de veille revint à André Verchère, le charron, qui se rendit à son poste avec son

---

1. A. Monnin, pp. 168-169.
2.A. Renard, *Ars et le Vénérable Vianney,* p. 86.

fusil bien chargé et nous rapporte les faits dont il fut le témoin :

« Je causai et me chauffai avec M. le curé, jusqu'à dix heures. À ce moment, j'allai me coucher dans la chambre qui m'était destinée. Vers une heure du matin, j'entendis secouer avec violence la poignée et le loquet de la porte de la cour. En même temps, j'entendis comme des coups de massue contre la même porte et ils retentissaient dans le presbytère comme le bruit du tonnerre. Je sautai à bas de mon lit, saisis mon fusil et ouvris la croisée pour voir ce que c'était. Je n'ai rien vu. Le bruit continua moins fort dans une autre partie du presbytère. Pendant [...] l'espace de cinq minutes, toute la maison trembla. Mes jambes se mirent à trembler et je m'en suis ressenti pendant huit jours. Dès que le bruit commença, M. le curé éclaira une lampe et vint dans ma chambre. "Avez-vous entendu du bruit ? me dit-il. Oui, certainement, j'ai ouvert la croisée et je n'ai rien vu. Eh bien ! Verchère, il faut retourner vous coucher." Je le fis et n'entendis plus rien[1]. » Le malheureux charron en avait trop entendu pour accepter de prendre un second tour de faction !

Deux nouveaux vigiles lui succédèrent : Jean Cotton, le jardinier du château et Antoine Mandy, le fils du maire qui l'accompagnait parfois dans ses courses apostoliques. Ils couchèrent dans la chambre attenante à celle de M. Vianney qui les interpella plusieurs fois : « Jeunes gens, entendez-vous ? Et nous de répondre que nous n'entendions rien[2] », précise Antoine. Cependant, Jean Cotton déclare : « je perçus un bruit semblable à celui que produirait la lame d'un couteau frappant à coups rapides sur un pot à eau[3] ».

---

(15) A. Verchère – P. O. 1328-1329.
(16) A. Mandy (fils) – P. O. page 1357.
(17) J. Cotton – P. O. page 1382.

Les veilles continuèrent quelque temps et s'amplifièrent : « Les uns étaient dans l'intérieur de la cure, les autres au clocher, armés d'un fusil ».

Le fauteur de trouble démasqué

« Cela dura plusieurs nuits. Ils n'aperçurent personne[1]. » De tous ces veilleurs, aucun n'entendit de bruit suspect. Restait cependant le témoignage de Jean Cotton. Et, plus encore, celui d'Antoine Verchère qui fut assez terrorisé pour refuser de passer une seconde nuit de faction. M. Vianney qui commençait à se faire une idée sur l'origine de ce vacarme, lui avait d'ailleurs demandé :

« Que croyez-vous que c'est ? »

La réponse fut spontanée :

« Je crois que c'est le démon[2]. »

Opinion qu'il confirmera de longues années plus tard : « Je suis convaincu que ce bruit extraordinaire venait du démon, parce que toutes les portes étaient fermées, que le bruit a commencé à la porte, qu'il s'est ensuite produit à l'intérieur où on ne pouvait pénétrer, parce que les hommes n'auraient pas pu faire trembler la cure et parce que ce bruit a duré trop longtemps[3]. »

M. Vianney considéra le témoignage du jardinier comme une attestation de ses propres perceptions et celui du charron, en outre, comme une confirmation de l'idée qu'il se faisait de leur provenance. Sentiment qui allait se renforcer une certaine nuit d'hiver où il se trouvait seul au presbytère : alors qu'« il était tombé beaucoup de neige, trois énormes coups se firent entendre vers le milieu de la nuit. Je sautai précipitamment à bas de mon lit ; je pris la lampe et descendis jusque dans la cour, pensant trouver cette fois les malfaiteurs en fuite et me

1. Catherine Lassagne, *La Confidente,* p. 184.
2. A. Verchère. P. O. pp. 1328 et 1329.
3. *Op. cit.*

proposant d'appeler au secours. Mais, à mon grand étonnement, je ne vis rien, n'entendis rien et, qui plus est je ne découvris sur la neige aucune trace de pas... je ne doutai plus alors que ce ne fût le démon qui voulait m'effrayer. Je m'abandonnai à la volonté de Dieu, le priant d'être mon défenseur et mon gardien, et de s'approcher de moi avec ses anges quand mon ennemi viendrait de nouveau me tourmenter[1] ».

Pas malin, le « grappin » !

M. Vianney renvoya désormais tous ses veilleurs et affronta les étranges phénomènes qui allaient se poursuivre avec une entière sérénité. Il savait qu'il n'avait pas affaire à des voleurs, mais à celui qu'il allait appeler « le grappin ». Dès lors, ni le froissement des rideaux que l'on secoue, ni le grincement des planchers que l'on scie ou que l'on rabote, ni le fracas du bois que l'on fend ou des clous enfoncés dans le plancher à grands coups de marteau ne vont l'effrayer ; il ne craignait pas davantage le tintamarre d'une armée en marche, ni le piétinement d'un troupeau de moutons sur le plancher du grenier, ni le galop d'un cheval s'affalant sur le carreau de ses quatre fers, ni le frottement des meubles déplacés. Il écoutait avec une égale indifférence les voix humaines dans sa cour, semblables à celles des soldats autrichiens, le souffle d'un bœuf, des appels lugubres... Les menaces et insultes n'avaient pas plus grand effet sur lui quand « le grappin » lui criait d'une voix terrifiante : « Vianney, Vianney !... Mangeur de truffes ! *(c'est-à-dire de pommes de terre)*. Ah ! tu n'es pas mort encore !... Je t'aurai bien ! ». Je clorai là cette énumération que plusieurs témoins confirmeront plus tard en détails. Elle est suffisante pour que l'on ait un aperçu des tourments que

1. Monnin, p. 169.

le « Curé d'Ars » eut à subir[1]. Son confesseur auquel il s'en était ouvert lui avait demandé un jour « comment il repoussait ces attaques ». Il lui répondit : « Je me tourne vers Dieu ; je fais le signe de la croix ; j'adresse quelques paroles de mépris au démon[2]. » M. Vianney ne tarda pas à faire une constatation quant à la fréquence et l'ampleur de ces offensives : « j'ai remarqué que le bruit est plus fort et les assauts plus multipliés lorsque, le lendemain, il doit venir quelque grand pécheur ». Opinion qu'il émit à diverses reprises à son entourage : « Le grappin est bien bête : il m'annonce lui-même l'arrivée des grands pécheurs. Il est en colère. Tant mieux[3] ! »

Une intégrité à vérifier

Seuls les spécialistes en théologie et médecine peuvent juger ces phénomènes qui nous dépassent, auxquels notre raison ne trouve pas d'explication cohérente. En revanche, nous sommes en droit de nous interroger sur leur véracité et, pour ce qui nous concerne, sur la crédibilité des assertions de M. Vianney. D'où la nécessité d'apporter quelques éléments de réponse à ces deux interrogations : était-il crédible ? Avons-nous des témoins pour corroborer ses dires ?

Des hallucinations ?

Personne de ceux qui ont eu affaire à M. Vianney n'a mis en doute sa bonne foi. « Ceux qui l'on connu – souligne l'abbé Monnin qui était de ceux-là – savent que la

---

1. D'après A. Monnin, pp. 169 à 172. A. Renard, *Ars et le Vénérable*, p. 86.
2. Abbé Beau, P. O., p. 1191.
3. J.-B. Mandy, P. O., p. 590.

mort eût été pour lui préférable au mensonge[1]. » Sa sincérité ne pouvait donc être mise en doute. Reste à savoir s'il était exempt de troubles psychologiques pouvant entraîner des hallucinations. Pour ce qui est de sa bonne santé mentale, rien de tel que l'analyse d'un médecin qui le suivit pendant dix-sept ans, le docteur J.-B. Saunier qui devait affirmer ou infirmer que les bruits nocturnes pouvaient être qualifiés d'hallucinations. Voici quelques extraits de sa réponse : « Si ces explications peuvent être admises lorsqu'il s'agit de se rendre compte de faits entourés de circonstances pathologiques concomitantes qui en décèlent la nature et qui d'habitude ne font jamais défaut – hébétude, convulsions, signes de folie – il devient impossible de leur attribuer la même cause quand ils se trouvent unis, comme chez M. Vianney, à l'accomplissement régulier de toutes les fonctions de l'organisme, à cette sérénité d'idées, à cette délicatesse de perception, à cette sûreté de jugement et de vues, à cette plénitude de la possession de soi-même, au maintien de cette miraculeuse santé qui ne connaissait presque pas de défaillances au milieu de l'incessante série de travaux qui absorbèrent une telle existence[2] ». Cet autre homme de l'art, le docteur Aimé Michel, de Coligny, déclarait pour sa part : « Tout ce que j'ai vu et entendu dire de [lui] me prouve qu'il avait l'entière possession de lui-même, une grande sûreté de jugement, et rien ne peut m'induire à penser qu'il ait été victime d'illusions ou d'hallucinations[3]... »

Un masochiste ?

Le docteur Assailly, spécialiste en psychophysiologie a, quant à lui, consacré un ouvrage à l'étude de divers

1. A. Monnin, p. 173.
2. P. O. p. 1112.
3. P. O. p. 1283.

aspects de la personnalité de Jean-Marie Vianney : il y examine, entre autres, sont attrait pour la pénitence. Serait-il un masochiste aimant la souffrance pour elle-même ou pour satisfaire son amour propre ? Sa réponse est négative : « C'est parce qu'il comprend – en profondeur – le rôle et la valeur de la souffrance servante et non maîtresse de l'amour de Dieu et du prochain qu'il en vient à l'aimer... pour le meilleur ; mais il ne l'aime pas pour elle-même[1] ». M. Vianney veut, par amour, s'unir aux souffrances du Christ dont il est le représentant aux yeux de ses paroissiens. Paroissiens qu'il aime intensément, pour la conversion desquels il est prêt à tous les sacrifices. N'oublions pas, d'ailleurs, que l'usage de la pénitence, jeûne, discipline...) était alors courant. Replaçons également dans leur contexte historique les sermons rigoristes qu'il prononçait en chaire. Ils étaient dans cet esprit moralisateur post-révolutionnaire où les prédicateurs rappelaient avec vigueur les exigences de la vie chrétienne mise en difficultés dans un climat d'amoralisme ambiant.

D'ailleurs, les contacts qu'il avait établis avec tous et chacun, grands et petits, riches et pauvres, son aide ponctuelle à tous les besoins sociaux lui avaient valu l'estime générale à Ars et bien au-delà. Mais cette estime, il ne la recherchait pas pour lui-même, contrairement à un gourou. Tel le Précurseur, il voulait attirer vers le Dieu incarné ceux dont il avait la charge et les inviter à puiser leur force dans l'Eucharistie.

Non : M. Vianney n'était ni un affabulateur, ni un halluciné, ni un masochiste, ni un despote. Il obéissait simplement, à Ars comme ailleurs, à son vicaire général : « il y mettait de l'amour ».

---

1. *M. Vianney-Curé d'Ars. Médecin ou médiateur ?* Les Productions de Paris, 1959, pp. 52-53.

Des bruits confirmés

Éliminons d'emblée tout risque de mystification provenant de tiers : « Aucune supercherie ne peut être supposée. Si quelque mauvais plaisant ou des personnes y ayant intérêt étaient intervenus pour produire ces faits, on les aurait vite démasqués[1] ». Les veilleurs de nuit de l'intérieur de la cure, ceux du clocher et les voisins, en effet, n'auraient pas manqué de les surprendre et de les dénoncer.

En revanche, nous ne manquons pas de témoins qui, tels A. Verchère et J. Cotton, confirmèrent les dires de leur curé. Je citerai Gothon, venue rendre visite à son frère : une nuit qu'il était sorti pour aller prier dans l'église « [il] éclata près de mon lit un bruit très violent, comme si cinq ou six hommes eussent frappé à grands coups sur la table ou l'armoire... j'eus peur... je me levai, je vis que tout était parfaitement en ordre... » « Je me recouchai donc mais à peine eus-je été au lit que le même bruit se renouvela. Cette fois, j'eus plus peur encore[2]... »

Il arrivait aussi que « le grappin » se manifeste ailleurs qu'à la cure d'Ars. Revenons ici à cette mission donnée à Trivier où, on s'en souvient, M. Vianney avait été invité par le curé du lieu à venir prêcher et confesser. Plusieurs confrères participant à ces exercices étaient hébergés dans le presbytère. Une nuit, « on entendit beaucoup de bruit du côté de la chambre du curé d'Ars[3] ». Les prêtres invités pensèrent qu'il était à l'origine de ce tumulte. Le lendemain, il leur dit : « C'est le grappin qui est fâché du bien que nous faisons ici ».

Ils ne prirent pas ses propos au sérieux. Un soir, alors qu'ils étaient à table, ils revinrent sur le sujet sans ménagements :

---

1. Abbé Chaland, P. A. continuatif, p. 650.
2. P. O. p. 1026.
3. Frère Athanase, P. O., p. 807. D'après les confidences de M. Vianney et un prêtre témoin des faits.

« Vous ne mangez pas, vous ne dormez pas ; c'est la tête qui vous chante ». M. Vianney opposa un silence amusé à leurs railleries. La nuit vint. Chacun regagna sa chambre. Soudain, vers minuit, « on entendit comme un bruit d'une grosse voiture très chargée et ébranlant le pavé. La cure trembla, les vitres des fenêtres résonnèrent, tout le monde se leva, effrayé, et on courut à la chambre de M. Vianney. [Ses confrères] le trouvèrent couché dans son lit, qui était au milieu de la chambre. « C'est leur dit-il en souriant, le grappin qui [l'a] traîné jusque-là ! » Il les rassura, en leur disant : « N'ayez aucune crainte ! » [Ils] cessèrent de le plaisanter à ce sujet et de lui faire des reproches[1]. »

D'autres témoins percevront, au cours des années, des bruits insolites au presbytère d'Ars. Je retiendrai ici le séminariste d'Écully devenu prêtre, fils de Claudine Bibost, venu lui rendre une visite de quelques jours et qui entendit « le grappin » toutes les nuits : « Il avait, dit-il, une voix aigre et sauvage imitant le cri de bête fauve. Il s'attachait aux rideaux de M. le Curé et les agitait avec violence. Il l'appelait par son nom : j'ai saisi très distinctement ces paroles : Vianney ! Vianney ! que fais-tu là ? Va-t-en ! va-t-en ![2] » Cette déposition qui avait bien sa place ici, nous a entraînés en 1829. Retournons deux ans plus tôt pour vivre avec M. Vianney ses satisfactions et difficultés quotidiennes.

« Ars n'est plus Ars »

Une image d'Épinal ?

Vers 1827, les efforts de M. Vianney commençaient à porter leurs fruits. Les Confréries du Rosaire et du

1. *Ibid.*
2. Monnin, p. 180.

Saint-Sacrement comptaient un nombre de membres en croissance constante qui entretenaient dans la paroisse un climat de piété permanent. Ses sermons traitant de la morale réduisaient le nombre de clients aux cabarets restants et de participants aux bals. Il maintenait ces meilleures dispositions par ses contacts particuliers avec les parents qu'il mettait devant leurs responsabilités. Un jour, même, il alla au-devant du ménétrier qu'il rencontra à l'entrée du village, portant son violon dans son étui. Après lui avoir demandé combien lui rapportait sa prestation, il lui offrit le double pour qu'il reparte sans jouer. Ainsi, par ses critiques et ses initiatives, les bals disparurent du centre d'Ars.

Les garçons avaient un bon maître et des conditions décentes de scolarisation. Les filles, hébergées à la Providence, bénéficiaient d'un rudiment d'instruction et apprenaient à tenir leur futur rôle de maîtresses de maison. Elles ne suivaient pas les cours de catéchisme du matin dans l'église, car M. Vianney se déplaçait à domicile à leur intention. « À l'heure de l'angélus, après le dîner de la communauté quand l'unique pièce servant d'ouvroir, de salle d'étude et de réfectoire avait été balayée, [il] arrivait, s'asseyait sur le bord d'une table, tout son petit auditoire alentour[1]. » Alors il engageait des conversations familières avec elles et, tel un bon père de famille, demandait aux unes et aux autres des nouvelles de leur santé, des précisions sur leur travail scolaire, leurs difficultés et préoccupations. Puis il leur parlait « des premières vérités de la foi » et s'efforçait de leur inspirer « une vive horreur du mal... »

Le dimanche était généralement respecté et les blasphèmes sortis des habitudes des paysans. Les ouvriers étaient mieux traités et les femmes mieux considérées.

---

1. A. Monnin, pp. 149 et 150, pour cette citation et les suivantes.

Nous avons suivi M. Vianney dans ses déplacements vers les villages voisins pour prêcher et confesser. Il avait obtenu des résultats satisfaisants dont on commençait à parler et certains de ceux ayant bénéficié de ses instructions venaient jusqu'à Ars pour recevoir le sacrement de réconciliation et solliciter ses conseils.

« Dès 1827 ou 1828, il y avait quelques pèlerins au nombre de 15 ou 20 [par jour]. Ce chiffre alla en augmentant[1] »

« Au marché de Villefranche, affirme une religieuse, j'ai plusieurs fois entendu parler de lui comme d'un homme mortifié et menant une sainte vie[2]. »

Un jour, il était allé rendre visite à son ami M. Loras au petit séminaire de Méximieux. « Au moment où il « était entré dans la cour, un élève qui le connaissait s'était écrié : "C'est le saint Curé d'Ars !" Aussitôt les jeux avaient cessé et tous les yeux s'étaient fixés sur lui[3]. » Cette réputation de sainteté était colportée, en outre, par les pauvres qu'il traitait toujours avec humanité et générosité et qui se déplaçaient à des dizaines de kilomètres à la ronde.

Si l'on vantait ses mérites à des distances de plus en plus éloignées, lui-même se montrait assez satisfait de ses paroissiens. Et plus encore, après qu'il ait fait prêcher un jubilé à leur intention en 1827. Catherine Lassagne témoigne : « Il s'est fait une révolution dans les cœurs... La grâce était tellement forte que bien peu pouvaient résister... Presque tout le monde travaillait de toutes ses forces à sortir du pêché. Désormais, ceux qui vendaient leurs bêtes ne dissimulaient plus leurs défauts, ne vendaient plus de beurre rance ni des œufs couvés. Le tisserand n'employait plus de fil médiocre, la fileuse

---

1. Sœur Saint-Lazare, P. A. *ne pereant*, p. 745.
2. Jean Pertinand. P. O. p. 368.
3. Louis Mermod, P. A. *ne pereant*, p. 573.

ne mettait plus le chanvre dans un lieu humide pour le faire gonfler et les enfants ne rentraient plus des champs le tablier plein de fruits et légumes volés[1]. » Le respect humain s'est renversé : on avait honte de ne pas faire le bien et de ne pas pratiquer sa religion... Tous étaient dans de saintes dispositions. M. le Curé leur dit ces paroles dans une instruction : « Mes frères, Ars n'est plus Ars ! J'ai confessé et prêché dans des jubilés, dans des missions. Je n'ai rien trouvé comme ici[2]. »

On ne peut pas plaire à tout le monde

Ces considérations sur les Arsois et leur curé nous sont-elles rapportées par des personnes en mal d'édification ? Doit-on les pondérer par quelques réserves ?

Ceux que l'on interpelle

Pour ce qui est des paroissiens, l'un d'entre eux nous invite à une certaine modération : « Je me rappelle très bien, affirme Guillaume Villier, qu'à la suite du jubilé, quelques personnes étant demeurées sans en profiter, il les pressait vivement dans une instruction à l'église de s'approcher des sacrements et nous disait : "Si elles veulent venir, je me charge de faire pénitence pour elles[3]". Parmi les paroissiens, un certain nombre – assez réduit toutefois – n'appréciait pas l'influence moralisatrice de leur curé. Certains jeunes gens des familles les moins chrétiennes ne pouvait pas supporter que les bals soient interdits par le maire dans le centre du village – notamment, sur le « plâtre » (place des tilleuls) – et que leurs cavalières soient réduites à quelques servantes de fermes. « La Providence » hébergeait par ailleurs un nombre de plus en plus accru de filles sans famille et sans ressources

1. D'après le *Sermon sur la Restitution,* t. III, pp. 379 à 382.
2. Catherine Lassagne, *Petit Mémoire* n° 3. *La Confidente*, p. 97.
3. P. O., p. 639.

qui leur échappaient. Les sermons de M. Vianney exaspéraient les uns par leur teneur austère et ennuyaient quelques autres par leur longueur. Sa détermination à retarder l'âge de la première communion pour ceux qu'il jugeait imparfaitement préparés mécontentait les intéressés et leurs familles. Certains riches propriétaires n'approuvaient pas son soutien à leurs ouvriers. D'ailleurs, en chaire, il ne se privait pas de commenter ces ragots qu'aucun fidèle assidu ne croyait ; témoin, cet extrait de sermon : « Si un habitant a quelque difficulté avec son pasteur qui lui aura dit quelque chose pour le bien de son âme, de suite voilà la haine ; il en parlera mal, il aimera à en entendre dire du mal, il tournera en mal tout ce qu'on lui dira... vous serez à ses yeux pire qu'un démon[1]... »

Ceux qui s'interpellent

Malgré toutes ces critiques, la renommée de M. Vianney ne fut pas ébranlée. La majorité des habitants faisaient corps avec lui pour les rejeter. Même les paroissiens de villages plus ou moins éloignés venaient à Ars pour pouvoir se confesser à lui : ceux qui l'avaient écouté prêcher, mais aussi, ceux de localités où il ne s'était jamais rendu, notamment dans le Beaujolais. Il rencontrait les confrères de son canton, soit pour les missions et jubilés, soit pour les « conférences » mensuelles où ils passaient la journée ensemble. Quand la réunion avait lieu à Ars, Mlle des Garets les invitait au château à déjeuner. Au cours des repas, certains reprochaient parfois à M. Vianney sa vieille soutane rapiécée (par lui) et son mauvais chapeau. Il leur répondait : « C'est assez bon pour le curé d'Ars[2]. » Mais ce genre de railleries ne dépassait pas le cercle amical de ces prêtres qui reconnaissaient

1. *Sermons*, t. II, p. 275.
2. Catherine Lassagne, *Petit Mémoire* n° 3.

par ailleurs sa valeur et ses mérites pour avoir fait appel plus d'une fois à ses services.

Les critiques des prêtres du Beaujolais étaient plus acerbes car ils n'appréciaient pas qu'un nombre de plus en plus croissant de leurs fidèles aient recours à ses lumières pour éclairer leur conscience. Ils lui firent écrire une lettre d'intimidation par leur curé de secteur. M. Vianney ne s'en troubla pas et lui répondit qu'il le remerciait de ses conseils et se recommandait à ses prières[1]. Quelques-uns d'entre eux allèrent à Belley faire leurs doléances à leur évêque. Mgr Devie, dépêcha alors à Ars le curé de canton : M. Pasquier, de Trévoux. Lequel estimait assez son confrère pour faire de lui un rapport le plus honnête possible. Il se rendit sur place. Le jardin aux arbres sciés était à l'abandon et la vache de la mère Renard y broutait. Le presbytère était assez mal entretenu et son occupant n'avait pas fière allure avec sa soutane rapiécée et sans ceinture. Mais l'église et la sacristie étaient dans un état parfait de propreté et les registres étaient à jour. Sans nier à son évêque l'inélégance de M. Vianney et le piteux état de sa cure, M. Pasquier conclut ainsi son rapport : « mais c'est égal, c'est un saint[2] ». Toutes les critiques des uns et des autres n'avaient pas laissé M. Vianney insensible. Elles n'eurent cependant aucun impact sur Mgr Devie. À la mission de Trévoux qu'il présidait, le prélat avait tenu à prouver à tous, pendant les repas, la considération qu'il lui portait : « M. le Curé d'Ars était invité tous les jours à dîner à côté de Monseigneur[3]. »

---

1. D'après l'abbé Renard, *M. le Curé d'Ars*, I, p. 7.
2. Abbé Renard, *M. le Curé d'Ars*, t I, p. 7.
3. Catherine Lassagne, P.M. n° 2.

Des lumières dans la nuit

Aux portes du désespoir

Au cours des premières années où quelques fidèles « *extra-muros* » commencèrent à se diriger vers le confessionnal de M. Vianney, les critiques de quatre de ses confrères allaient perdurer quelque temps avant de s'apaiser.

« Mais les calomnies du petit noyau dur de ses détracteurs au sein de son village allaient être plus tenaces : « pendant quatre ou cinq ans, avouera-t-il lui-même, j'ai été bien calomnié, bien contredit. Oh ! j'avais des croix, j'en avais presque plus que je ne pouvais en porter[1]. » Ces difficultés à supporter ces attaques d'un groupuscule ayant un impact bien limité dans sa paroisse étaient-elles le fruit d'une nature particulièrement scrupuleuse ? Certainement pas, car le scrupule n'est pas dénué d'une certaine dose d'amour-propre. Or, il « était trop authentiquement humble pour pouvoir être classé parmi les scrupuleux, car la recherche – même douloureuse – de soi-même ne va pas, d'ordinaire, sans un certain orgueil que le saint n'avait pas[2] ». Cette angoisse qu'il éprouvait lui venait de la conscience aiguë qu'il avait de ses devoirs de pasteur envers toutes ses brebis, y compris celles qui restaient récalcitrantes à son ministère et hermétiques à la grâce. Son inaptitude à les ramener à la bergerie l'affligeait profondément, au point de le conduire aux portes du désespoir : « Il semblait, disait-il, que j'entendais en moi-même : « C'est à présent qu'il faudra tomber en enfer[3]. » Il ne méritait que la damnation. Pour toujours !

---

1. Baronne de Belvey. P. O. p. 206.
2. *M. Vianney*, docteur Alain Assailly, pp. 72-73.
3. Catherine Lassagne, P. O., p. 481.

Dans les flammes de l'amour

Mais il ne sombra jamais dans la désespérance. S'il devait être privé de la vie éternelle, disait-il, « ce serait un assez grand bonheur d'aimer Dieu dans celle-ci et de pouvoir faire quelque chose pour sa gloire[1] ». S'il devait être au nombre des réprouvés ? « Après la consécration, précisait-il, quand je tiens dans mes mains le très saint Corps de Notre Seigneur, et quand je suis dans mes heures de découragement [...] je me dis : "Ah ! si, du moins, je pouvais l'emmener avec moi. L'enfer serait doux près de lui. Il ne m'en coûterait pas d'y rester toute l'éternité à souffrir, si nous étions ensemble. Mais alors il n'y aurait plus d'enfer. Les flammes de l'amour éteindraient celles de la justice[2]". »

Tel François de Sales en pleine crise de désespoir à Paris, il conservait, même dans la perspective de la damnation, cette ultime espérance de pouvoir aimer ce Dieu présent dans l'Eucharistie. À son exemple, pour retrouver la paix de l'esprit et du cœur, « il se jetait devant le tabernacle comme un petit chien auprès de son maître[3] ». Puis il se confiait à Marie.

Des réactions en chaîne

Avant d'obtenir la disparition de cette forte crise d'angoisse, M. Vianney jugea bon de redoubler de pénitences pour ramener à la foi ses paroissiens qui s'en détournaient. Mais son entourage se ligua pour l'exhorter à adopter un régime alimentaire en conformité avec ses besoins. Un jour, Mlle des Garets osa le réprimander vertement : « Monsieur le Curé, ayez donc un peu plus soin de vous ; vous m'avez donné des distractions pendant

---

1. Frère Athanase, P. O., p. 814.
2. Abbé Monnin, t. II, p. 577.
3. Frère Athanase, P. O., p. 804.

que vous récitiez le chapelet. Je n'ai fait que dire : "Mon Dieu, donnez-lui les forces qui lui sont nécessaires[1]". » Son insistance fut telle qu'elle parvint à lui faire accepter de venir au château pour consulter un médecin, le docteur Timécourt qui lui prescrivit un meilleur régime. Voici un extrait de son ordonnance : « Indépendamment des moyens médicaux que je lui ai indiqués, il convient que M. le Curé prenne des potages au gras ou au lait, du poulet, du veau, de la bière, des fruits crus ou cuits avec du pain frais, des "rôties" de beurre frais et de miel, du lait au thé sucré, beaucoup de raisins bien mûrs[2]. » On s'en doutait, il ne suivit pas cette ordonnance à la lettre. Mais, sous prétexte de l'inviter à se soumettre aux ordres du médecin, Mlle des Garets et la veuve Renard parvinrent à lui faire accepter quelques suppléments à son ordinaire. Celle-ci d'ailleurs, dut trouver une solution pour l'empêcher de distribuer son linge de corps, ses chemises et ses culottes au fur et à mesure qu'elle apportait une nouvelle pile bien repassée dans ses commodes. Elle conserva chez elle son linge qu'elle lui apportait au fur et à mesure de ses besoins.

Les « directrices » de la Providence parvinrent à lui faire accepter une bonne tasse de chocolat au lait tous les matins et, au moins, une assiette de soupe le soir.

Des consolations sensibles

Il eut désormais à cœur de mieux traiter ses convives. Quand il recevait son frère, sa sœur et leurs enfants, il leur faisait meilleur accueil qu'à l'époque de son arrivée. Il en était de même quand il invitait un de ses confrères. S'ils arrivaient dans la matinée, « il dépêchait quelqu'un à Mlle d'Ars, et elle s'empressait de lui improviser un

1. Catherine Lassagne, P. M., n° 1.
2. Ordonnance du 28 juillet 1827.

dîner convenable. Si c'était trop près de midi pour qu'il eût le temps de recourir au château, Claudine Renard se chargeait de la cuisine qui était alors des plus simples, mais toujours bien différente de la sienne. Il faisait gracieusement les honneurs de sa table[1] », « découpait, versait à boire, encourageait à manger, mangeant lui-même de tout[2]. »

Ces modestes réunions, amicales ou familiales, n'étaient pas les seules consolations qui venaient éclairer la nuit intérieure de M. Vianney qui s'affligeait des résultats, trop imparfaits à son gré, de son ministère. Mais il avait une église que beaucoup enviaient, après tous les travaux réalisés et les cadeaux somptueux du vicomte. La majorité de ses paroissiens s'étaient amendés, le nom du Seigneur et son jour étaient respectés, les membres de ses Confréries assuraient un renouveau de piété et les offices liturgiques connaissaient un surcroît d'affluence. Les pénitents de la région commençaient à fréquenter régulièrement son confessionnal. Ses visites quotidiennes à « La Providence », au moment du catéchisme et après le repas du soir, en cercle familial avec les « petites », lui apportaient chaque jour un peu de baume au cœur.

Des grâces singulières

Une consolation, plus intime et plus spirituelle, allait lui être donnée, selon le récit de l'abbé Renard d'après le témoignage de sa mère. Claudine Renard raconte qu'« un jour, une personne, s'étant présentée à l'issue de la messe pour parler [à M. Vianney], aperçut une grande et belle dame qui parlait avec lui. Elle se retira de suite

1. Monnin, page 159.
2. *Le Bienheureux Curé d'Ars*, J. Vianney, p. 48.

pour ne pas les interrompre dans leur conversation. Elle attendit un bon moment à la porte et toujours la dame ne sortit pas. Ayant perdu patience, elle frappa à la porte. M. le Curé vint ouvrir et lui dit d'entrer. Le saint prêtre était seul[1]. » Après s'être excusée de l'avoir involontairement dérangé elle lui fit part de son étonnement de la disparition de la dame inconnue :

« Vous l'avez donc vue ? lui dit-il [...] n'en parlez à personne... C'est la Sainte Vierge. Que vous êtes heureuse d'avoir pu la voir ! Aimez-la bien[2]. » Elle se conforma à l'interdiction de n'en parler à quiconque, mais elle ne put s'empêcher de relater le fait à son fils. Sans préciser, par discrétion et modestie, qu'elle était cette heureuse personne.

Par la même source, nous avons connaissance d'un cas similaire où M. Vianney est seul impliqué. Après une nuit où le « grappin » l'avait « excessivement maltraité », il priait, [mettant] en Jésus et Marie toute sa confiance. Tout à coup, une lumière éclatante illumine sa modeste cellule : « C'est Jésus-Christ, c'est la Sainte Vierge » qui « lui adressent des paroles de consolation et d'encouragement. » « Le lendemain, [la mère Renard], allant faire son lit, marchait sur les deux carreaux [sur lesquels s'étaient posés les pieds du Seigneur et de sa Mère]. M. Vianney la pria de quitter ses sabots par respect pour l'endroit où ils avaient "mis leurs pieds sacrés". Elle "se prosterna et baisa respectueusement les deux carreaux". Il partit à l'église en lui disant : "ne répétez à personne ce que je viens de vous dire[3]". » Elle garde le silence, sauf auprès de son fils dont nous tenons le récit. Cette confidente privilégiée, cette amie qui prenait soin de lui comme une mère allait partir, le 7 juin 1829, savourer

1. Abbé Renard, *M. le Curé d'Ars,* I, p. 27.
2. *Id.,* p. 27.
3. D'après A. Renard, *M. le Curé d'Ars,* I, pp. 57-58.

la béatitude éternelle. M. Vianney en fut très affligé. Elle allait être remplacée, pour les tâches domestiques, par Mlle Lacan, une ancienne religieuse venue vivre chez elle avec Mlle Pignault. La « sœur Lacan » allait lui rendre de menus services sans jamais lui inspirer les sentiments filiaux qu'il éprouvait pour la veuve Renard.

Revenons aux visions. Qu'en penser ? Il ne m'appartient pas de donner une interprétation de ces faits. Mieux vaut s'en tenir au commentaire de l'intéressé à l'un de ses confrères concernant ces genres de phénomènes : « Au saint autel, précise M. Vianney, j'avais les consolations les plus singulières. Je voyais le bon Dieu, je ne vous dirai pas que ce fut d'une manière sensible, mais [il] me faisait bien des grâces[1]. » Gardons la même réserve pour ce qui est des « apparitions » de Marie et de Jésus. Quelle que fût leur nature, elles sont preuves de la présence rapprochée, auprès de M. Vianney, du Dieu vivant et de sa Mère, pour l'aider à surmonter les épreuves et contrariétés en tous genres avec un courage sans cesse renouvelé.

Pour M. Vianney : « Aide-toi... »

Retournons à « La Providence » dont le développement lui causait un surcroît de soucis. Les dons de Mlle Berger[2] lui avaient permis d'acquérir des terres mais ses occupations croissantes ne lui laissaient pas le loisir de gérer leur exploitation. Il alla en proposer la vente au comte de Cibeins qui accepta d'y « mettre un prix disproportionné avec leurs produits... dans l'intention de s'associer à un acte de bienfaisance[3] ». Le comte s'engageait à lui verser en échange une « rente annuelle et perpétuelle » pour la Providence. Une bonne affaire, à

---

1. A. Tailhades, P. O., n p. 1516.
2. Elle était décédée en 1827.
3. Extrait de l'acte passé chez Me Raffin, Trévoux, 27 juillet 1828.

l'évidence, pour le fondateur de l'Œuvre qui allait en modifier les critères d'admission. Toutes les filles d'Ars continueraient d'y être reçues mais celles des villages voisins qui, jusqu'alors, payaient leur pension, ne seraient plus acceptées. À leur place, puisqu'il y avait des ressources, il « ne voulut plus recevoir... que des enfants pauvres[1] ». « On recueillit pour commencer, précise Catherine Lassagne, deux ou trois petites malheureuses ; mais le nombre en augmenta peu à peu, tellement que la maison quelquefois se trouva trop étroite pour toutes les contenir[2]. » On les acceptait dès l'âge de huit ans jusqu'à leur première communion. « Si quelques pauvres filles de quinze, dix-huit et même vingt ans se présentaient, M. le Curé les accueillait très volontiers[3]. » « Rien n'égalait la tendre compassion que notre saint Curé portait à ces pauvres abandonnées[4]. »

Ce mélange de filles du village en âge scolaire et « d'orphelines » aux âges très échelonnés, parfois grossières et sans éducation, générait, assez souvent des frictions entre elles et de sérieux problèmes aux « directrices » (promiscuité, hygiène, autorité). Et, pour M. Vianney, bien souvent des difficultés pécuniaires. Il allait alors frapper aux portes des châteaux d'Ars, Cibeins et de bien d'autres ; il tendait la main aux demoiselles Ricotier, à la baronne de Belvey et jusqu'à Lyon, aux familles Laporte et Jaricot, ou aux pénitents de passage. Parfois, quand les « directrices » se plaignaient de leur impossibilité à nourrir les orphelines (au nombre de soixante) « il cassait la tête à ses bons saints[5] ». Il arrivait souvent que des sommes inespérées lui permettent d'acheter un sac

1. Catherine Lassagne, P. O., p. 1468.
2. Catherine Lassagne – P. O., pp. 494-495.
3. *Op. cit.*
4. J. Marie Chanay – P. O., p. 678.
5. Comtesse des Garets – P. O., p. 916.

de blé ou de pommes de terre pour faire face aux moments critiques.

Le Ciel t'aidera

Un jour non précisé de 1829, il ne restait plus qu'un petit tas de blé dans le grenier de la cure[1] après le passage du meunier venu chercher la provision mensuelle qu'il devait transformer en farine pour les besoins de « La Providence ». Quelques jours après, Jeanne-Marie Chanay, exerçant, entre autres, le rôle de boulangère à « La Providence », était venue lui rappeler l'urgence d'acheter du grain avant la fin du mois. Quelle ne fut pas sa surprise, en montant au grenier, de voir à côté du petit tas de blé un second très volumineux et « de coloration différente ». M. Vianney voulut constater le fait de ses yeux. Ils y montèrent ensemble : jamais le grenier n'avait été aussi chargé[2].

Catherine Lassagne fait état d'un second fait similaire sans s'impliquer personnellement. « Dans l'autre grenier, à côté, monsieur le curé a aussi remarqué que la provision avait augmenté et que le blé avait monté. Je l'ai vu, mais je n'avais pas bien fait attention à ce qu'il y avait auparavant[3]. »

Ces « multiplications de blé » nous ont conduits aux années 1830 où « La Providence va être privée d'une de

1. Le blé de « La Providence » était stocké au grenier du presbytère.
2. Il y a plusieurs versions du fait. L'abbé Raymond (P. O., p. 385) suit celle de Jeanne-Marie Chanay.
L'honnêteté de la biographe exige ici que soit mentionnée une réserve sur le caractère miraculeux de ce fait. Le père Mandy qui avait la clé du grenier, avait pour mission de gérer les provisions de blé et de surveiller le meunier à chacune de ses interventions (car il trichait sur la quantité de blé emporté pour moudre). Peut-on penser à la suite d'Antoine Mandy que son père ait « en cachette monté du blé dans le grenier » ? (D. J. Morel, P. A, *in genere,* p. 462).
3. Notice inédit. Évêché de Belley.

ses directrices » : Benoîte Lardet. Elle mourut entre les bras de sa sœur qui s'effondra de douleur « en apprenant du médecin même que sa maladie était mortelle ». Loin de sombrer dans l'angoisse ou le désespoir, Benoîte trouva la force de la consoler : « Tu es bien bonne de pleurer !... quelle joie ! je vais aller voir le bon Dieu ![1] » Elle fut enterrée le 25 octobre 1830. Une mort aussi édifiante témoigne des sentiments élevés qui animaient ces filles dont le seul objectif était de vivre en authentiques servantes du Seigneur. Une jeune fille de Mizérieux, Marie Filliat, vint prendre sa place de « directrice » à la demande de M. Vianney devenu son confesseur. Pour M. Vianney : aide-toi, le Ciel t'aidera...

Et te comblera

Quelque temps après son arrivée, Marie fut témoin d'un signe évident de la compassion de Dieu pour ses créatures, qui nous est relaté par Jeanne-Marie Chanay : « À l'époque d'une très grande sécheresse[2], nous n'avions plus qu'un peu de farine... Nous étions dans un grand embarras à cause de nos enfants... Nous pensâmes que si M. le curé le demandait au bon Dieu, il obtiendrait que notre reste de farine suffise pour faire une fournée. Nous allâmes le trouver et après lui avoir expliqué la situation, nous lui demandâmes ce qu'il fallait faire. Il nous répondit qu'il fallait pétrir. Je me mis à l'œuvre, non sans une certaine appréhension, n'ayant [...] qu'une quantité tout à fait insuffisante [de farine] pour faire une fournée. Je mis d'abord très peu d'eau et de farine dans le pétrin, mais je m'aperçus bientôt que ma pâte demeurait trop épaisse ; j'ajoutai de l'eau d'abord puis de la farine ensuite, si bien qu'à la fin le pétrin était

1. Ce fait s'est probablement passé en 1834 où, selon les registres de la mairie d'Ars, sévit « une grande sécheresse ».
2. Jeanne-Marie Chanay, P. O., p. 716.

rempli... J'eus de quoi faire une grande fournée de pain[1] ». Catherine Lassagne relate le fait à l'identique en donnant quelques précisions supplémentaires : « On a fait dix gros pains, pesant chacun de vingt à vingt-deux livres, et l'on a rempli le four comme à l'ordinaire, au grand étonnement de toutes.[2] » Quand les « directrices » racontèrent la nouvelle à M. Vianney, il s'écria : « Le bon Dieu est bien bon ! Il a soin de ses pauvres[3]. »

Ce fait, attesté par un nombre suffisant de témoins pour être crédible, peut être en effet considéré comme un signe de la compassion de Dieu pour ceux qui, tel M. Vianney, placent en lui toute leur confiance sans pour autant négliger de faire tout ce qui est en leur pouvoir pour parer aux nécessités quotidiennes. C'est dans un souci de clarté dans la relation des faits que cet épisode du « pétrin miraculeux[4] » a été relaté avant son heure, afin de mieux le camper dans le cadre de ces considérations sur « La Providence ». Œuvre si chère à M. Vianney, que nous allons remettre encore aux mains de ses « directrices » pour quelques années, avec son assistance matérielle et spirituelle. Les « orphelines » vont s'y épanouir, dans une atmosphère familiale où « les aînées donnaient exemple, conseil et enseignement. L'instruction était peu étendue, mais il régnait là une foi, une piété, une docilité admirables. C'était [...] une véritable émanation de la sainteté de son fondateur[5] ». Elles y restaient jusqu'à dix-neuf ou vingt ans. Puis M. Vianney cherchait à bien les « placer ». Il aidait dans leur discernement celles qui souhaitaient se marier ou entrer dans un couvent et leur fournissait un trousseau et une petite dot.

1. Catherine Lassagne, P. M. n° 3, p. 97.
2. Marie Filliat, P. A., *ne pereant,* p. 1093.
3. Ce pétrin est encore visible à « La Providence ».
4. Paul Brac de la Perrière, *Souvenirs de deux pèlerinages,* p. 6.
5. D'après les dépositions de Guillaume Villier et de la baronne de Belvey., P. O., pp. 652 et 438.

Il était ensuite, pour celles qui restaient dans le monde, un conseiller, un père. Les directrices prêtaient toujours une oreille attentive à leurs confidences et se montraient toujours disposées à les réconforter dans leurs peines.

Un antidote au mal : l'amour

Pour étouffer les bruits : le silence

Les divers aspects du ministère de M. Vianney connaissaient donc un succès croissant générateur de réelles consolations, aussi bien intérieures qu'extérieures. Mais ceux qui prônent les valeurs morales et qui en sont de vivants exemples entraînent un revirement des mœurs d'autant plus effectif que durable. Et, comme on l'a déjà vu, ils suscitent l'exaspération de tous ceux que leur influence gêne. Revenons ici en 1830 où les mécontentements, latents depuis quelques années, allaient éclater à la faveur du climat révolutionnaire anticlérical encouragé par le pillage de l'archevêché de Paris et les attaques contre le clergé qui s'ensuivirent.

Pour ce qui est d'Ars, certains jeunes gens influencés par « quelques mauvais sujets étrangers à la paroisse [...] qui ne trouvaient plus de complices à leurs désordres s'en prirent à M. Vianney et tentèrent de l'éclabousser de leur propre fange. Ils osèrent attribuer sa pâleur et sa maigreur [...] à une vie de secrète débauche. Ils se mirent à chanter des chansons grivoises à son nom, à coller des affiches calomniatrices sur la porte de son presbytère, à lui écrire des lettres anonymes[1] », et même à lui attribuer la paternité de l'enfant d'une mère célibataire, Catherine Chaffangeon, venue accoucher chez ses

1. Il s'agit de Catherine Chaffangeon, la fille de l'adorateur assidu du Saint-Sacrement. Le véritable père se dévoilera plus tard.

parents qui habitaient près de l'église[1]. Sept de ses paroissiens, « profitant du premier moment de trouble jeté dans les esprits par la Révolution [...] se rendirent à son presbytère et le sommèrent avec rage de quitter la paroisse; qu'on se lassait de sa trop grande sévérité[2] ». « Il nous a répété plusieurs fois combien il avait été peiné de [leur] audace[3]. » M. Vianney opposa le silence à tous ces bruits. Un jour qu'un de ses confrères lui faisait part de sa profonde peine à être l'objet de critiques imméritées, il lui répondit : « Faites comme moi : j'ai tout laissé dire, et de cette façon on a fini par se taire[4]. »

L'anonyme démasqué

D'autres attaques le touchèrent d'autant plus qu'elles venaient des rangs de ses confrères. Non pas ceux des villages voisins d'Ars qui le connaissaient assez pour l'estimer (conférences mensuelles, missions, jubilés et autres rencontres) mais ceux des paroisses plus éloignées, furieux que leurs fidèles deviennent de plus en plus nombreux à venir recueillir auprès de lui le sacrement du pardon et les conseils dont ils avaient besoin. Certains ne décoléraient pas tel ce lâche anonyme qui lui écrivit au nom de plusieurs confrères : « On dit que vous êtes un saint, et cependant toutes les personnes qui vont vous trouver ne reviennent pas converties. Vous feriez bien de modérer votre zèle mal entendu; sinon nous nous verrions forcés, quoique à regret, d'en avertir Monseigneur[5]. » M. Vianney reconnut à son écriture l'auteur de la lettre et lui répondit par retour :

---

1. Abbé Raymond, *Vie*, A., pp. 42-43, archives évêché de Belley.
2. A. Raymond, P. A., *in genere*, p. 432.
3. Cité par Trochu, p. 322.
4. *Id.*
5. Monnin, p. 189, d'après les confidences reçues de M. Vianney.

« Je vous remercie bien sincèrement des avis charitables que vous voulez bien me donner. J'avoue mon ignorance et mon incapacité [...] Si vous le trouvez bon, vous pouvez écrire à Monseigneur, qui, je l'espère, aura la bonté de me reprendre [...] Priez Dieu, s'il vous plaît, Monsieur le Curé, pour que je fasse moins de mal et plus de bien.[1] » Une telle force d'âme alla droit au cœur de l'accusateur qui écrivit une seconde lettre à M. Vianney pour le prier de recevoir ses excuses. Sans oublier de la signer.

Les censeurs désarmés

Un autre prêtre nouvellement ordonné venait d'être nommé à Ambérieux. Exaspéré du mouvement vers Ars d'un groupe important de ses paroissiens, il écrivit à M. Vianney : « M. le Curé, quand on a si peu de théologie que vous on ne devrait pas entrer dans un confessionnal[2] ». La réponse fut magnanime : « Mon très cher et très vénéré confrère, que j'ai de raisons de vous aimer ! Vous êtes le seul qui m'avez bien connu. Puisque vous êtes si bon et si charitable que de daigner vous intéresser à ma pauvre âme, aidez-moi donc à obtenir la grâce que je demande depuis si longtemps, afin qu'étant remplacé dans un poste dont je ne suis pas digne à cause de mon ignorance, je puisse me retirer dans un petit coin pour y pleurer ma pauvre vie. Que de pénitences à faire ! que d'expiations à offrir, que de larmes à répandre[3] ! »

La réaction du destinataire d'une lettre aussi sublime fut immédiate. Il courut à Ars dès sa réception pour « se jeter aux genoux de l'offensé. Celui-ci, qui avait déjà tout oublié, lui tendit les bras avec un divin sourire et le

1. *Ibid.*
2. Catherine Lassagne, *Petit Mémoire* n° 3, p. 84.
3. Monnin, p. 190. Abbé Toccanier, P. A., *in genere*, p. 157.

reçut sur son cœur[1] ». Le fautif voua par la suite une admiration sans bornes à celui qui lui avait appris à donner le pardon.

Un jour, les critiques s'étaient même glissées au sein des prêtres de la « Conférence ». L'un d'eux, par amitié, voulut l'informer secrètement qu'une lettre de dénonciation qui circulait entre eux allait être adressée à Mgr Devie, à Belley. Il la lui remit pour qu'il en prenne connaissance. M. Vianney la lut, la signa lui-même et dit : « Cette fois, ces messieurs sont bien sûrs de réussir, puisqu'ils ont ma signature[2] » ; et il envoya « la pièce à conviction » à son évêque par la voie hiérarchique. Trait d'humour à pointe d'amour : telles étaient les flèches de M. Vianney.

L'accusé innocenté

L'évêque mandata à Ars son vicaire général, le chanoine Ruivet, pour interroger M. Vianney sur ce sujet devenu pomme de discorde : la confession des étrangers à la paroisse qui avait pour double effet d'exciter la jalousie de leurs pasteurs et de susciter leur inquiétude, laquelle n'était pas sans fondement. Car, parmi ces pénitents, pour la plupart très sensés, il y en avait quelques-uns – surtout des femmes – « victimes plus ou moins volontaires d'une fausse conscience et d'un christianisme [mal compris] qui promènent leur incurable malaise de pèlerinage en pèlerinage, et de confesseur en confesseur, partout où les pousse le vent de l'instabilité ». Rentrées

1. Monnin, pp. 185-186.
2. J. Cognat, Mgr Devie, t. II, p. 280 qui déclare : « [Mgr Devie] n'aimait pas qu'on inclinât vers les opinions sévères, soit pour la pratique, soit pour l'enseignement, et il avait tendance à penser que le rigorisme théologique du dernier siècle avait contribué à éloigner un grand nombre d'esprits de la pratique de la religion » (*id.*, t. II, p. 221).

dans leurs paroisses respectives, elles racontaient à qui voulait les entendre leurs conversations avec M. Vianney au confessionnal, sortant ses paroles du contexte et déformant leur sens. Pire encore, elles se faisaient un plaisir de les opposer aux avis et conseils de leurs curés.

Aux inquiétudes des accusateurs exposées par le vicaire général, M. Vianney rétorqua qu'il ne faisait aucune publicité pour attirer les pénitents et qu'il n'avait pas d'autre ambition que de libérer leur conscience. Il lui souligna le caractère pesant de ce ministère qui venait alourdir celui, déjà bien prenant, de sa paroisse qu'il se disait prêt à quitter si son évêque le lui demandait. Le vicaire général repartit avec une impression très favorable et fit à Mgr Devie un rapport élogieux. Celui-ci, soucieux de se faire une idée bien précise de ses aptitudes à régler les cas de conscience difficiles, demanda à M. Vianney de lui soumettre les plus délicats qu'il rencontrerait, assortis de la solution qu'il pensait devoir y apporter. Sur 200 cas envoyés, Monseigneur, « après un examen détaillé, conclut que ses décisions étaient toujours exactes et sa pratique, irréprochable ». Vu l'aversion du prélat aux tendances jansénistes, on peut en déduire que le « Curé d'Ars », avec une pratique plus aiguë de la confession, avait perdu de sa dureté des premiers temps et acquis une compassion de plus en plus effective. Il avait vécu une approche quotidienne des misères des hommes et mieux pris conscience de leur fragilité et des faiblesses inhérentes à leur nature. Il avait compris que le pécheur qui se confesse a besoin, pour que son repentir soit sincère et qu'il retrouve la paix de l'âme, de voir transparaître la joie du pardon de Dieu sur le visage de son ministre. Car l'Amour est plus fort que le mal.

VII

Tous les chemins mènent à Ars

Les balbutiements d'un pèlerinage

Un pôle d'attraction

La vie exemplaire de M. Vianney et l'affection paternelle qu'il portait à ses paroissiens avaient conforté le fruit de ses enseignements. La plupart d'entre eux vivaient dans une plus étroite conformité avec le message évangélique. L'église rénovée avec ses chapelles (encore au nombre de deux), ses autels richement ornés, son dais, ses bannières faisait la fierté des Arsois et exerçait un attrait indéniable sur les habitants des villages voisins. Ceux-ci étaient de plus en plus nombreux à apprécier la solennité des offices relevés par la beauté grave de la liturgie, le faste resplendissant des ornements, vases sacrés et autres objets du culte, le recueillement général, la participation de tous aux chants et aux prières, les sermons qui allaient au fond des cœurs des auditeurs et leur arrachaient des larmes.

Par ailleurs, si les incursions nocturnes du « grappin » dans son presbytère excitaient la curiosité de certains, elles suscitaient, chez la plupart, une vive admiration pour la sérénité avec laquelle il lui faisait face. À un ami prêtre lui demandant s'il ne l'effrayait pas, il répondit : « On s'habitue à tout, mon ami. Le grappin et moi, nous sommes quasi camarades[1]. » L'église d'Ars était donc devenue un pôle d'attraction dont le curé était le centre. Déjà, depuis les missions prêchées dans les villages voisins et le jubilé de 1826, les étrangers avaient commencé de venir à Ars à une fréquence de plus en plus rapprochée. À eux s'étaient joints les habitants de Dardilly, Écully et des Noës où avait vécu successivement M. Vianney. Dès 1830, il en accourut de Lyon, du Beaujolais, de Bresse et, progressivement, d'autres provinces plus éloignées. De plus en plus loin, en effet, ils venaient solliciter ses conseils et ses lumières pour éclairer leur conscience, mais aussi pour obtenir, par son intercession, une grâce personnelle ou familiale, un réconfort, une guérison, une délivrance. Certains y faisaient une retraite spirituelle sous sa direction ; quelques-uns même, s'y fixèrent, telles les demoiselles Ricotier, déjà propriétaires d'immeubles. C'est donc le curé qui était, à Ars, le pôle d'attraction.

Une attraction à détourner

Après 1830, où il avait tant souffert des critiques à son encontre, il n'appréciait pas davantage l'admiration croissante que lui vouaient ceux qu'on commençait à dénommer les « pèlerins ». Car, depuis la « multiplication » du blé et de la farine à « La Providence », on attribuait à son intercession l'exaucement des prières. Dans un premier temps, « il recommanda le silence que les gens observèrent par crainte de le peiner[2] ». Il lui

---

1. Abbé Toccanier, P. A., *ne pereant,* p. 292.
2. Jean Pertinand, P. O., p. 375.

vint alors l'idée de détourner de lui la gratitude des bénéficiaires de ces faveurs : il les orienterait vers sainte Philomène[1] dont lui avait parlé, lors de son vicariat à Écully, Pauline Jaricot qui lui avait offert par la suite un fragment d'une relique de la jeune martyre.

Afin de mieux concrétiser cette dévotion, il demanda à Mgr Devie l'autorisation – qu'il obtint – de créer dans son église une chapelle à son vocable. L'abbé Raymond, originaire de Fareins, dont il avait favorisé l'entrée au séminaire et pris en charge une partie des frais de pension, venait d'être nommé curé de Savigneux. M. Vianney le pria « d'aller à Lyon commander à un sculpteur la statue représentant sainte Philomène et acheter tous les autres ornements de la chapelle[2] ». Dès lors, il envoyait tous ceux qui souhaitaient obtenir une grâce prier devant son autel pour solliciter son intercession ; il les y renvoyait, s'ils étaient exaucés, pour lui confier leurs remerciements au seigneur : elle était devenue, à ses yeux, « sa chère petite sainte, son consul, son prête-nom, sa chargée

1. Le 14 février 1961, la Congrégation des Rites rayait sainte Philomène du calendrier liturgique. Raisons invoquées : inexactitudes sur sa vie (connue exclusivement par des révélations privées), époque à confirmer, par la science, de son décès (qui, pour certains, remonteraient au IVe siècle et non au premier) et autres ambiguïtés sur son prénom. Cependant d'innombrables grâces ont été reçues – et le sont encore – par son intercession. Quelle doit être notre attitude et quelle est actuellement la position de l'Église ? Le Père Nault, recteur du sanctuaire d'Ars, nous la précise : « Les pèlerins d'Ars, comme les chrétiens du monde entier, peuvent librement témoigner de manière privée leur dévotion envers sainte Philomène et prier Dieu par son intercession. » À la demande du Sanctuaire d'Ars, la Congrégation pour le Culte divin a pris en charge le dossier de Sainte Philomène en liaison avec la Congrégation pour la Cause des saints. Nous attendons les conclusions de la Commission *ad hoc*. Telle est la position du Père Nault. Telle doit être la nôtre. Référence : *Sainte Philomène – la petite sainte du Curé d'Ars*. Sanctuaire d'Ars. À lire pour en savoir plus.

2. Abbé Raymond, *Vie*, archives, Évêché de Belley, p. 97.

d'affaires près de Dieu[1] ». Les pèlerins obéirent à ses exhortations et contribuèrent à colporter dans leurs paroisses respectives le culte à sainte Philomène. M. Vianney était persuadé d'avoir réussi à atteindre l'objectif qu'il s'était fixé : détourner de lui leurs espoirs et leur vénération.

Le regard du cœur

C'était sans compter sur son charisme exceptionnel pour conférer le sacrement de réconciliation : « c'est autour du confesseur que le mouvement s'est fait d'abord[2] ». Saisis au plus profond d'eux-mêmes à la vue de son regard perçant et limpide « qui semblait voir les choses de l'autre monde[3] », ses pénitents se sentaient d'emblée gagnés par une confiance sans bornes. Sa douceur, sa patience, les pleurs qu'il versait en les écoutant avouer leurs pêchés, les incitaient à une contrition authentique de tous ces manquements d'amour envers ce Dieu incarné qui avait donné sa vie pour eux. Ses conseils, toujours dispensés sur un ton paternel – il les appelait : « mon enfant », « ma petite » – étaient autant de traits de lumière pour les aider à mieux se reconnaître et autant de remèdes pour les inviter à combattre leurs défauts et à se détourner du mal. Ses pénitences étaient adaptées davantage aux intentions des coupables qu'à leurs fautes et proportionnées aux uns et aux autres : légères s'il s'agissait de simples faiblesses ; bien plus sévères s'il entrevoyait une complaisance dans leurs agissements, une contrition imparfaite ou un manque de conviction dans leurs résolutions d'amendement. Il lui arrivait alors de refuser l'absolution immédiate et d'exiger un ou plusieurs entretiens successifs avant de l'accorder.

---

1. Mgr Trochu, *Le Curé d'Ars*, p. 313.
2. Abbé Toccanier, P. A., *ne pereant*, p. 292.
3. Marthe des Garets, P. A., « sur la renommée de sainteté », p. 311.

Parfois, il la donnait à condition d'une rupture définitive avec une personne, de l'abandon d'un métier, de l'arrêt de certains jeux ou pratiques, d'un changement de domicile. À certains, il interdisait la communion pour une période plus ou moins longue. Sur ce dernier point, notamment, il restera encore marqué par l'éducation de M. Balley pendant les premières années d'affluence des pèlerins. Malgré cela, sa haine du pêché n'affaiblissait en rien sa miséricorde pour le pêcheur repenti qui repartait rasséréné et mieux disposé à faire grandir sa foi.

Une foi bien vivante

Remettons à plus tard la considération de quelques aspects de cette aptitude à scruter les consciences. Il convient préalablement de s'interroger sur ses fondements ; lesquels, bien évidemment, avaient une origine divine. Mais M. Vianney contribuait à les faire croître par une intense humilité, une constante docilité à l'Esprit-Saint, le recours à la prière, la célébration de sa messe quotidienne, la force de l'Eucharistie : nourriture et source de contemplation, une indéfectible confiance en Dieu et en Marie.

Vide de lui-même et séchant d'ennui

M. Vianney était empreint de cette volonté d'être considéré comme le dernier de ses confrères : « Quand je suis avec les autres prêtres, disait-il, je suis comme Bordin (un innocent du village). Il y a toujours dans les familles un enfant qui a moins d'esprit que ses frères et sœurs ; et bien ! chez nous, j'étais cet enfant-là[1]. Un jour, voyant

---

1. Abbé Raymond, *Vie (manuscrit)*, p. 262.

un portrait de lui peu réussi, il lança en riant : "C'est bien moi. Voyez comme j'ai l'air bête[1]." »

Cette opinion négative qu'il avait de lui-même était accrue par les critiques persistantes de certains prêtres voyant d'un mauvais œil la considération que lui portaient leurs paroissiens. Les atteintes à l'intégrité de sa vie par un noyau d'Arsois avaient laissé des cicatrices au fond de son cœur[2]. Par ailleurs, le nombre croissant de pénitents étrangers à la paroisse épuisait ses forces physiques et surtout morales : « Je sèche d'ennui », dit-il un jour à l'abbé Renard venu lui rendre visite ; « mon oreille n'entend que des choses pénibles qui fatiguent mon imagination. Quand j'étais jeune, j'ignorais le mal, je n'ai appris à le connaître que depuis que je suis prêtre. Je n'ai pas le temps de prier le bon Dieu comme je le voudrais. Je crains de me damner, je ne puis plus y tenir. » Et d'avouer à son confident : « J'ai pris la résolution de partir secrètement ». La réponse de l'abbé Renard fut sans équivoque : « M. le curé, cette tentation est délicate. Voulez-vous perdre en un seul jour tout le fruit de vos bonnes œuvres ?

— Non, mon cher ami, j'en serais bien fâché.

— Eh bien !... restez à votre poste, vous cueillerez de belles fleurs pour votre couronne qui sera grande dans le ciel[3]. »

Et servant « Dieu pour Dieu »

L'abbé Renard qui relate cet entretien ajoute : « il me serra la main avec affection et il courut à l'église comme un vaillant soldat qui retourne au combat ».

---

1. Catherine Lassagne, P. A. *in genere*, p. 119.
2. Selon une tradition locale, le père de l'enfant de la mère célibataire, un charretier, dévoilera, quelques années plus tard, la vérité à son curé venu à son chevet lui donner l'Extrême-onction.
3. Abbé Renard, *Ars et le Vénérable Vianney*, p. 91.

Malgré ces conseils réconfortants du jeune prêtre ami, M. Vianney, lors de la visite pastorale de son évêque dans sa paroisse, (29 mai 1832) lui avait fait part de son désir de quitter sa cure, dont il s'estimait indigne, pour aller se réfugier à la Trappe ou dans une Chartreuse. Monseigneur Devie ne prit pas de mesure immédiate. Mais, craignant qu'il ne mette à exécution son projet de fuite, il lui proposa, en 1834, la cure de Fareins : une paroisse plus importante qu'Ars (1 200 habitants). C'eût été pour lui une promotion, une preuve aux yeux de tous, de la considération de son évêque et un changement qui pouvait lui être salutaire, notamment concernant sa santé compromise par le climat trop humide du village. Par ailleurs, Mgr Devie le pensait apte à résoudre les problèmes que suscitait à Fareins, une secte – « Les Fareinistes » – aux tendances jansénistes très marquées qui, entre autres n'hésitaient pas, pour faire pénitence « à se faire fouetter jusqu'au sang[1] ».

En 1822, ce village comptait encore 600 jansénistes, malgré les actions conjuguées des autorités civiles et religieuses à leur encontre. Si, en 1832, ils avaient perdu de leur influence, ils constituaient néanmoins une sérieuse préoccupation pour leur évêque. M. Vianney se sentait disposé à accepter cette proposition de changement, comme en témoigne Catherine Lassagne : « Il vint à "La Providence" et nous parla de faire aussi une maison dans cette nouvelle paroisse et de laisser celle d'Ars[2]. »

1. Il s'agissait des adeptes de deux curés successifs de Fareins : Claude et François Bonjour. Sous l'instigation de ce dernier, une femme – Étiennette Thomasson – avait été clouée sur une croix, contre le mur de la chapelle de la Sainte Vierge en présence de plusieurs témoins. Elle fut déclouée grâce à l'intervention de l'autorité ecclésiastique et des pouvoirs publics : les principaux coupables furent exilés d'après une série de onze articles du R. P. Paul Dudon publiés dans la « *Revue Gorini* » de 1908 à 1914.
2. Extrait d'un tract intitulé « À nos frères séparés ».

Dans la nuit, il pense aux difficultés qu'entraînerait la fondation d'une seconde Providence et son impossibilité à veiller sur la première qui serait vouée à péricliter sans son soutien. De même, il redoutait d'affronter les Fareinistes « j'ai eu peur de la secte. Les païens se convertissent plus vite que les jansénistes[1] ». Le lendemain, M. Vianney retourna à « La Providence » et dit aux « directrices » : « Malheureux que je suis, je consentais à aller dans une grande paroisse moi qui ai peine à me tenir contre le désespoir dans une petite ! Pauvre orgueilleux ! » Il fit part à Mgr Devie de sa détermination de rester à Ars et l'évêque nomma un autre prêtre à Fareins. M. Vianney en fait, ne recherchait pas les consolations qui exposent à « servir Dieu pour soi-même. En leur absence, disait-il, on sert Dieu pour Dieu[2] ». Comme il allait continuer de le faire.

L'éloge de la « folie »

Cette opinion négative qu'avait de lui-même M. Vianney n'était pas partagée par ceux qui le connaissaient ; telle, la marquise de Belvey qui disait : « Il parlait correctement le français [...] Il y avait dans son intelligence beaucoup de distinction et de clarté[3]. » Et Catherine Lassagne : « Je lui ai ouï raconter des choses que je n'ai jamais entendues ailleurs, que je n'ai lues dans aucun livre[4]. »

Des membres du clergé émirent des opinions semblables, comme ce missionnaire de Saint-Claude : « un prêtre instruit de mes amis s'étant présenté à [lui] pour lui soumettre un cas de théologie des plus embarrassants m'attesta qu'il ne revenait pas de la facilité avec laquelle [il] lui avait donné une solution d'une exactitude

1. Catherine Lassagne, *La Confidente,* p. 114.
2. Catherine Lassagne, P. A., *in genere,* p. 121.
3. P. A. *ne pereant,* page 174.
4. P. M. n° 3, p. 104.

étonnante[1]. » Mgr Devie lui-même avait une opinion très positive de son curé. Le 15 septembre 1832, pendant la retraite ecclésiastique annuelle au grand séminaire de Brou à Bourg, M. Vianney lui avait demandé l'autorisation de confesser dans la paroisse de Chaneins où il devait participer à une mission. Mgr Devie lui accorda ces pouvoirs – y compris l'absolution de cas « réservés » – qu'il étendit à toute l'étendue du diocèse. Il ne craignit pas un jour de rétorquer à ceux qui prétendaient M. Vianney atteint de folie : « Je vous souhaite un peu de cette folie dont vous vous moquez : elle ne nuira pas à votre sagesse. Le Curé d'Ars est un saint que nous devons admirer et prendre pour modèle[2]. » Au cours de la retraite de 1834 le prélat mit une fin définitive à ces critiques en l'inscrivant sur la liste officielle des confesseurs : « Tant de prêtres s'adressaient à lui qu'il ne trouva pas un instant de loisir, soit pour ses prières et réflexions personnelles, soit pour suivre les instructions du prédicateur[3]. » À la retraite de 1835, l'évêque lui dit : « Vous n'avez pas besoin de retraite. Là-bas [à Ars] les pêcheurs ont besoin de vous[4]. » Après de telles prises de position, « ceux qui avaient douté de sa science finirent par changer de sentiment et eurent grande confiance en ses lumières[5] ». Pourquoi cette considération de Mgr Devie qui allait s'étendre à l'ensemble des prêtres ? Catherine Lassagne répond à cette interrogation : « M. le Curé était si petit, si anéanti à ses propres yeux que le Saint-Esprit se plaisait à combler ce vide de lui-même par une abondance de lumières admirables[6]. » Lui-même avait dit un jour : « Ceux qui sont conduits par le Saint-Esprit ont

1. P. O. p. 1495. Père Cyrille Faine.
2. A. Monnin, pp. 190-191.
3. Mgr Mermod, P. O., p. 1033.
4. Mgr Trochu, *Vie*, p. 330.
5. A. Cognat, *Mgr Devie*, t. II, p 281.
6. Catherine Lassagne, P. M., n° 3, p. 81.

des idées justes. Voilà pourquoi il y a tant d'ignorants qui en savent plus long que les savants[1]. »

Un professeur de philosophie eut un jour cette réponse à un ami prétendant ne trouver « que de la sainteté » *(sic)* en M. Vianney : « En lui, il y a de grandes lumières ; il en jaillit de ses entretiens sur toute sorte de sujets. Oh ! que l'on voit bien, que l'on voit beau, quand on voit par le Saint-Esprit ! À quelle hauteur de sens et de raison la foi nous élève[2] ! » L'humble Curé d'Ars avait su se vider de lui-même pour se faire remplir de l'Esprit-Saint !

Prière affective et regard intérieur

Cet Esprit qui le remplissait suscitait en lui des dispositions particulières pour une prière vécue dans toutes les actions de sa journée. Tel le Père Chaffangeon devant le tabernacle, il priait « sans se servir d'aucun livre ». Sa prière était une oraison de simplicité, plus affective que spéculative, où il ne s'embarrassait pas dans les méandres du raisonnement. Il disait à Dieu son amour. Quand, au cours des années, il n'aura plus le temps de méditer sur les divers Mystères, il choisira, chaque matin, un sujet particulier « auquel il [rapportera] toutes ses actions du jour[3] ». À un confrère lui demandant de le conseiller pour son oraison, il répondra : « dès le commencement de la journée, je tâche de m'unir fortement à Notre-Seigneur et j'agis ensuite avec la pensée de cette union », d'où celui-ci concluait « que la vie de M. Vianney était une oraison continuelle[4] ». Comment se faisait cette union ? Il vivait tous ses instants avec Jésus aux diverses étapes de sa vie et de son Calvaire. Même en fendant

1. Mgr Trochu, *Esprit du Curé d'Ars,* p. 77.
2. Abbé Monnin, *op. cit.,* p. 1102
3. P. O., p. 547.
4. P. A. *in genere,* p. 362.

une foule de pèlerins pour rentrer à sa cure, « il semblait être seul tellement il était absorbé par de pieuses pensées[1] ». D'où sa sérénité au milieu des épreuves : « Dans l'âme unie à Dieu, c'est toujours le printemps[2] ». Il avait établi, dans le tréfonds de son cœur, ce « regard intérieur » du Chartreux que sa charge de curé de paroisse doublée de celle de responsable (malgré lui) de pèlerinage ne l'autorisait pas à devenir.

Dans le baume de l'amour

Mais son union à Dieu prenait toute son intensité pendant la célébration de la messe. Il allait revêtir ses ornements à la sacristie. En sortant, il se mettait « à genoux sur les dalles du chœur, il restait immobile, les mains jointes, les yeux fixés sur le tabernacle. Rien n'était alors capable de le distraire[3] ». La messe ne durait pas plus d'une demi-heure. Mais, « après la consécration, élevant les yeux et les mains, il demeurait jusqu'à cinq minutes dans une sorte d'extase. Nous nous disions, mes camarades et moi, qu'il voyait le bon Dieu[4] ». Avant la communion, « il s'arrêtait encore un instant, semblait converser avec Notre-Seigneur, puis il consommait les Saintes Espèces[5] ». « Qu'il était beau, lorsqu'il célébrait ! s'exclame un témoin. Je croyais voir un autre saint François de Sales ». Et son confesseur : « Je [l']ai vu dire la messe ; chaque fois il m'a paru un ange au saint autel[6]. » Il était sobre dans ses gestes ; « mais ses yeux priaient

1. *Esprit du Curé d'Ars,* Mgr Trochu, p. 43.
2. Frère Athanase. P. O., p. 814. C'est dans cette attitude que le sculpteur Émilien Cabuchet le représentera en réalisant sa statue située dans la « chapelle du cœur ».
3. Denis Chaland, futur prêtre et curé de Marlieux. P. A. continuatif, p. 654.
4. Jean-Baptiste Mandy, P. O., p. 587.
5. Frère Athanase, P. O., p. 814.
6. *Idem*, p. 870.

ou contemplaient, tantôt levés, tantôt baissés ; ses mains suppliaient, jointes ou étendues. C'était une prédication muette, d'une éloquence souveraine[1] ». Tous les assistants à sa messe voyaient en lui le prêtre qui s'identifie à Jésus-Christ, cet « autre Christ » qui vient réactualiser son Sacrifice aux hommes et leur donner son Corps et son Sang, gages de leur vie éternelle dans sa gloire. Si quelqu'un, pressé de lui parler, se risquait à l'aborder pendant qu'il faisait son action de grâces devant l'autel, il ne s'apercevait pas de sa présence. « Quand on a communié, expliquait-il, l'âme se roule dans le baume de l'amour comme l'abeille dans la fleur[2] ».

Dans le cœur de Marie

On se souvient de la vénération de M. Vianney pour Marie depuis son enfance. Jamais, il n'avait cessé de lui rendre hommage, chaque jour, en récitant son « *Ave maria* » de l'heure. Il récitait l'Angélus matin et midi et, le soir, avec ses paroissiens unis aux pèlerins. Il lui avait déjà consacré une chapelle, mais il voulait remplacer la statue en plâtre par une en bois doré, dont la beauté somptueuse éclipserait toutes les autres. Il lui fallait, pour réaliser ce désir, faire appel à un ami fortuné. Alors il pensa au riche drapier de Lyon, Claude Laporte, qui lui avait témoigné sa générosité à diverses occasions. « Vous me ferez un plaisir si grand, lui précise-t-il, que je ne pourrai jamais vous l'exprimer[3] ». M. Laporte ne se fit pas prier pour lui adresser l'argent nécessaire et la statue fut achetée.

M. Vianney saisit l'opportunité de son érection pour exhorter ses paroissiens et les gens de passage à revi-

---

1. F. Athanase, P. A. *in genere*, p. 213.
2. Belle pensée rapportée par un auditeur à ses catéchismes, citée par Mgr Trochu : *Vie*, p. 383.
3. Lettre du 30 octobre 1834, Évêché de Belley (à Bourg).

vifier leur piété mariale. Au cours d'une cérémonie solennelle, le 1er mai 1836, il consacra tous les habitants d'Ars à « Marie conçue sans pêché[1] ». Pour témoigner l'amour de tous les Arsois pour la Vierge, il fit suspendre à la statue un cœur de vermeil dans lequel il inscrivit le nom de chacun d'eux.

Parer à la logistique

Nécessité fait loi

Le « pèlerinage » à Ars s'était déjà bien installé : « ce fut surtout depuis 1830 jusqu'en 1835, précise l'abbé Renard, qu'il commença à croître et à se développer[2]. » Peut-être l'épidémie de choléra qui sévit en 1832 accéléra-t-elle sa croissance ? En 1834, le comte Prosper des Garets vint s'établir au château après le décès de sa cousine, Mlle d'Ars, en décembre précédent. La disparition du vicomte, le 19 août 1890, en avait fait son légataire universel. Il nous donne ce témoignage : « À mon arrivée à Ars, on pouvait compter environ trente mille pèlerins[3] » (par an). Cette affluence d'hommes, de femmes et enfants commença à poser de graves problèmes de transport, d'hébergement et de réglementation des foules.

Désenclaver Ars

Par ses instigations pressantes auprès des autorités – notamment le comte Prosper des Garets qui allait devenir maire en 1838 – M. Vianney leur fit prendre conscience

---

1. La formule utilisée peut nous étonner. Mais le dogme de « l'Immaculée Conception » n'allait être proclamé en ces termes qu'en 1854 (8 décembre).
2. *M. le Curé d'Ars*, p. 61.
3. D'après B. Nodet *Un Homme Social. M. Vianney Curé d'Ars*, p. 35.

de la dégradation des voies d'accès à Ars et de la nécessité de construire une route. Grâce à l'intervention du comte, la décision fut prise de transformer en route départementale le chemin reliant Ars à la route de Beauregard. M. Vianney encouragea la création d'un service de voitures publiques. Dès sa fondation, il obtint de ses dirigeants que François Pertinand qui s'était exilé à Mâcon pour trouver du travail dans une confiserie, soit embauché comme « maître de diligence[1] ». L'accès au village devint plus facile. Il fut encore favorisé par l'amélioration de la navigation fluviale sur la Saône et son accroissement, la mise en état des chemins vicinaux et la création du chemin de fer. Au cours des années, le nombre annuel des pèlerins s'éleva « jusqu'à quatre-vingt mille, en ne parlant que de ceux qui prenaient les voitures publiques[2] ». À ceux-là, s'ajoutaient ceux qui venaient à pied, en voiture, [à cheval], par les routes comme par les voies navigables[3]. « Ce qui allait porter le nombre des pèlerins à l'apogée du pèlerinage (vers 1855) de cent à cent vingt mille. »

Accueillir l'étranger

Une urgence à régler simultanément aux problèmes de communication, c'était l'hébergement. Les Arsois s'y employèrent spontanément. Dans un premier temps, ils mirent à la disposition des hôtes de passage leurs pièces disponibles. Certains leur proposaient de les nourrir moyennant une somme modeste. Les plus pauvres apportaient des paniers de provisions pour la durée de leur séjour et dormaient à la belle étoile. Puis vint un temps où les capacités d'absorption des pèlerins, entassés « jusqu'à huit ou dix dans une chambre de quelques mètres

---

1. *Idem*, p. 31.
2. Monnin, p. 225.
3. P. O., p. 991.

carrés[1] », devinrent insuffisantes. Là encore, M. Vianney ne se déroba pas à ses responsabilités. S'il vantait les mérites de ceux qui ouvraient aux étrangers leur maison et leur table à des prix très avantageux, en revanche, il fustigeait ceux qui acceptaient leur argent pour les loger dans des conditions d'hygiène, de confort et de promiscuité aussi inacceptables. Il encouragea les propriétaires de granges et remises inutilisées à les aménager décemment. Le comte des Garets donna l'exemple en faisant transformer l'une des dépendances de son domaine en chambres. Il embaucha trois femmes pour l'entretien de ce petit hôtel improvisé, dont Catherine Chaffangeon, la « mère célibataire repentie ». Le nom de celle-ci, de triste mémoire pour M. Vianney, avait été suggéré par lui à M. des Garets. Nouvelle preuve de sa manière de punir les offenses[2] !

Plusieurs propriétaires locaux de terrains proches de la place aux noyers firent construire des maisons à louer : une quinzaine entre 1830 et 1845. Un fermier du château fonda « une véritable auberge sur un petit terrain qu'il possédait juste derrière le presbytère[3] ». Il y plaça une gérante : « l'hôtellerie Notre-Dame-des-Grâces » était née. Un autre enfant du pays, André Pertinand, ouvrit un restaurant dans la maison de ses parents[4]. L'agrandissement d'Ars permit de faire face à l'afflux des pèlerins. Il devint en outre une source d'activités et de revenus pour la commune et ses habitants, mais aussi pour les étrangers qui s'y fixèrent : « outre quelques rentières, un menuisier, cinq ou six logeuses et douze marchands d'objets de piété[5] ».

---

1. D'après Monnin, p. 225.
2. D'après A. Nodet, *op. cit.*, p. 30.
3. D'après Monnin, p. 225.
4. D'après Nodet, p. 31.
5. Nodet. D'après les registres du Recensement.

Cette poussée démographique allait générer, tout au long des années, de multiples problèmes qui susciteront l'inquiétude de M. Vianney. On doit néanmoins reconnaître ses effets positifs incontestables sur le double point de la spiritualité et de la promotion sociale au village.

À l'épreuve de la patience

Le nombre de pèlerins, comme on l'a vu, allait s'élever de 100 000 à 120 000 vers 1855. Même s'il n'atteignit ce score qu'à cette période de l'apogée du pèlerinage, l'organisation du flux de la moyenne quotidienne (d'une cinquantaine par jour jusqu'à, plus tard, trois ou quatre cents) fut, d'emblée, une priorité pour M. Vianney. Ces brefs témoignages en attestent : « Des étrangers se tenaient debout, en grand nombre, dans l'ancien cimetière et jusque dans les rues voisines, attendant leur tour[1] ». Quand ils parvenaient à entrer dans le sanctuaire, une nouvelle attente commençait.

M. Vianney avait pitié de ces pauvres gens. Par ailleurs, il ne supportait pas le désordre. À plus forte raison dans la Maison de Dieu. Bien vite, il mit en place un service de gardiens et gardiennes (les uns pour les hommes, les autres, pour les femmes) qui réglementaient les deux files de pénitents attendant leur tour sur des bancs mis à leur disposition ou debout, s'il n'y avait plus de place. Plus le pèlerinage prenait de l'ampleur, plus les foules étaient grandes et plus l'attente était longue. Bien que M. Vianney ait confessé de dix à douze heures par jour, en hiver et de seize à dix-huit heures à la belle saison, la moyenne d'attente s'étalait, selon l'affluence, de un à cinq ou six jours. Pour se délasser, les pèlerins sortaient quelques heures. Alors ils devaient s'entendre avec les gardiens ou payer « des pauvres afin de garder leur

1. D'après Monnin, p. 225.

place[1] ». On pouvait se distraire, faire un peu d'exercice, prendre un repas ou acheter, dans les boutiques, des cierges pour les faire brûler devant l'autel de Marie ou de « Sainte » Philomène. On se procurait, à l'intention des parents et amis, des médailles, des images, des chapelets. On ne repartait jamais sans un lot de petits portraits de M. Vianney, faits à son insu ou de mémoire (il refusait de poser) qui, loin d'être des œuvres d'art, étaient parfois bien peu ressemblants. Un jour qu'il avait vu une série de ces tableautins dans une boutique, il pria le commerçant de les faire disparaître. Amadoué par ses supplications, il lui demanda : « Combien vendez-vous ce portrait ? – Deux sous, M. le Curé – Ah ! C'est bien assez cher pour ce misérable carnaval... Eh bien, faites donc[2] ! »

Cette anecdote nous a arrachés à notre file d'attente où nous allons laisser nos pénitents, sans oublier de compatir aux efforts de patience dont ils vont devoir faire preuve.

La « journée continue » du Curé d'Ars

Nous voilà amenés à nous intéresser à l'emploi du temps de M. Vianney, qui allait s'avérer de plus en plus chargé. Dès son lever (vers 4 heures, plus tôt selon les besoins), il entrait dans l'église, sa lanterne à la main et revêtu de son surplis et de son étole. Il allait s'agenouiller au pied de l'autel. « Il offrait au Seigneur toutes les peines et fatigues de la journée et le suppliait d'avoir pitié des pêcheurs[3]. ». Il entrait alors au confessionnal où il restait jusqu'à l'heure de la messe (6 heures en été, 7 heures en hiver).

---

1. Guillaume Villier, P. O., p. 636.
2. *Le Croisé*, 20 août 1859, 1re année, n° 3.
3. Abbé Raymond. P. O., p. 291.

Ensuite, il retournait à la sacristie où son sacristain avait placé tous les objets de piété que les pèlerins lui avaient confiés pour les lui faire bénir. Il y avait toujours un certain nombre de personnes qui s'engouffraient à sa suite pour lui demander un mot d'apaisement ou de consolation. Mais déjà, les hommes l'attendaient dans la nef, près du confessionnal de la sacristie. Au bout de quelque temps, il allait prendre son petit-déjeuner à « La Providence ». Dès son retour, il terminait la confession des hommes. Vers 9 heures, il se mettait à la disposition des prêtres. Autour de 10 heures, il prenait son bréviaire – sa « fidèle compagne » – dont il lisait les offices du matin avec un émerveillement toujours renouvelé.

Il retournait à son confessionnal jusqu'à 11 heures. Il sortait alors de la sacristie pour se rendre à la « stalle des catéchismes », sorte de chaîne réduite adossée au bas du mur lambrissé, munie d'un siège surmonté d'une planche ; laquelle exerçait le double usage d'accoudoir et de tablette où M. Vianney posait son catéchisme qui lui servait de base pour ses instructions[1]. Tous les témoignages concordent pour affirmer son charisme à pénétrer les cœurs. Tel cet évêque de Meaux – pour ne citer que lui – qui, venu passer une semaine au château, assistait chaque jour au « catéchisme de 11 heures » et qui « s'en retirait émerveillé[2] ».

Après l'Angélus qu'il récitait agenouillé devant l'autel, il se rendait soit à la cure soit à « La Providence » pour prendre son repas de midi. Il devait alors se frayer un passage dans la double haie d'honneur que lui faisaient, unis dans une même admiration affective, ceux qui étaient venus parfois de bien loin pour lui confier la guérison de l'enfant, de l'infirme appuyé sur ses béquilles,

1. Que certains admirateurs empruntaient parfois à son insu sans penser à le lui rendre.
2. Frère Athanase, P. A. *in genere*, p. 205.

du grabataire allongé sur sa civière. Il les bénissait en souriant. Il adressait une rapide parole de réconfort à tous les malheureux : pauvres, épouses trahies, hommes sans travail, veufs ou veuves éplorés, personnes ruinées... Il caressait la tête des enfants avec une tendresse particulière. Après avoir pu se faufiler jusqu'à la cure, il en refermait le verrou pour éviter d'être importuné en mangeant son repas tout en lisant son courrier.

Puis il sortait pour faire ses visites aux malades : non seulement ceux de la paroisse, mais aussi, les étrangers amenés par leur famille, se trouvant dans l'impossibilité de se déplacer. Il lui fallait encore affronter la cohorte des pèlerins qui l'escortaient à travers les rues du village et les chemins pour recevoir une médaille ou pour glaner une parole de compassion, un conseil, un encouragement. Et aussi, parfois, pour lui emprunter son bréviaire le temps de lui dérober une image, couper, avec une paire de ciseaux, un morceau du bas de sa soutane ou de son surplis, une mèche de ses cheveux que l'on conservait précieusement comme des reliques. À son retour, il se plaisait à aller à « La Providence » saluer les « directrices » et s'entretenir librement avec ses petites en buvant une tasse de café.

De retour à l'église, il récitait successivement vêpres et complies. Il reprenait ses confessions des femmes jusqu'à 17 heures, suivies de celles des hommes jusque vers 19 h 30 ou 20 heures. Pour clôturer la journée, il présidait la prière du soir. Il rentrait enfin au presbytère où il accordait quelques entretiens particuliers. Après une journée aussi chargée (de plus en plus au cours des années), il s'enfermait dans sa chambre. Alors il se mettait au lit sans éteindre sa chandelle : « quand je ne dors pas déclare-t-il, j'ai du plaisir à regarder mes tableaux »[1]. Il aimait en effet, après avoir lu quelques pages de *La*

1. D'après Catherine Lassagne. P. M. n° 2, page

Vie des Saints, contempler les portraits encadrés de ses préférés qui tapissaient les murs de la pièce avant de tomber dans le sommeil. Un sommeil bien court et bien agité par une fièvre latente et une toux « qui l'obligeait à se relever plusieurs fois dans une même heure[1] ». Sans oublier les harcèlements du « grappin » dont le vacarme parvenait parfois jusqu'aux maisons des voisins (notamment celle des sœurs Ricotier).

Les « intuitions » du Curé d'Ars

À l'évidence, l'occupation majeure de M. Vianney restait la confession des pèlerins. S'il se trouvait, pour ainsi dire, rivé à son confessionnal, ce n'était pas sans raisons. Car tous ceux qui venaient de si loin, au prix de tant de fatigue et de tant de frais, qu'allaient-ils donc chercher auprès de lui ? Poser une telle question nous invite à rechercher l'origine de ses aptitudes à susciter dans la conscience de ses pénitents, comme on l'a vu précédemment, une contrition sincère et à leur donner les moyens de se détacher du péché.

La spécificité de M. Vianney, c'était ce don d'intuition dont il convient ici de souligner les divers aspects : déceler les pénitents prioritaires ; dévoiler leurs fautes oubliées ou cachées ; deviner leur avenir par un discernement spontané de leur vocation, percer « le monde invisible » et parfois voir à distance.

Priorité aux urgences

Quand il confessait, M. Vianney « ne montrait de préférence pour personne ; il faisait cependant exception pour ses paroissiens, pour les malades, les infirmes[2] »,

1. Comtesse des Garets, P. O., p. 895.
2. P. O., p. 292.

précise la comtesse des Garets. Il n'y a pas lieu de nous étonner de ces propos. Nous pouvons, en revanche, nous interroger sur leur suite : elle cite en outre « d'autres pénitents qui ne pouvaient attendre[1] ». Comment repérait-il ces personnes pressées qu'il n'avait jamais vues et dont personne ne lui avait parlé ? Un futur vicaire de la paroisse nous répond : « j'ai entendu dire d'un très grand nombre d'anciens pèlerins d'Ars, que M. le Curé les avait discernés dans la foule puis appelés, sans pouvoir les connaître autrement, il avait [découvert] par une lumière intérieure, ceux qui avaient besoin de lui parler sur-le-champ[2] » ou « ceux qui viennent en cachette et qui ne veulent pas être connus et qui ont hâte de repartir[3] ».

Telle cette mère de seize enfants qui se trouvait au milieu de la nef. Sortant soudainement de son confessionnal, M. Vianney fixe son regard sur elle et, la désignant du doigt, lui dit : « Vous, Madame, vous êtes pressée. Venez vite[4]. »

Autre cas non moins saisissant qui nous est relaté par un des gardiens : « Un jour, [il] confessait à la sacristie. Soudain, il paraît sur le seuil et, s'adressant à moi : "Mon ami, faites-moi venir une dame qui est tout au fond de l'église." Et il m'indiqua comment je la connaîtrai. Or je ne trouvai pas cette personne à la place marquée. Je revins le dire à M. Vianney. "Courez vite, me répondit-il, elle se trouve devant telle maison..." Je cours et je rejoins en effet cette dame qui s'éloignait, désolée de ne pouvoir plus longtemps attendre[5]. »

1. P. O., p. 292.
2. P. A. « continuatif » p. 789.
3. F. Athanase, P. O., p. 1013.
4. Annales d'Ars, juillet 1905, p. 91.
5. P. O., p. 759.

L'anecdote retenue ci-après est probante de l'étendue de cette vision intuitive aux personnes qui n'étaient pas particulièrement disposées à se confesser.

Un groupe d'amis de Lyon étaient venus à Ars pour se confesser. Un vieil homme qui avait perdu la foi les avait suivis, à leur demande, « pour leur faire plaisir ». Dès leur arrivée à destination, ils entrèrent dans l'église. À cet instant, M. Vianney sortait de la sacristie et passait dans le chœur. Il s'agenouille, se relève, se retourne : du regard il cherche quelqu'un dans la direction du bénitier, puis il esquisse un geste d'appel. « C'est vous qu'il demande, dit-on à l'incroyant, abasourdi. Il alla tout embarrassé... et nous de rire intérieurement, car nous comprenions que l'oiseau était pris. M. le Curé, lui serrant la main : "Il y a longtemps que vous ne vous êtes pas confessé ?"

— Mon brave Curé, il y a quelque chose comme trente ans, je crois.

— Trente ans, mon ami ? Réfléchissez bien... Il y a trente-trois ans ; vous étiez à tel endroit...

— Vous avez raison, Monsieur le Curé.

— Alors nous nous confessons maintenant, n'est-ce pas ?

Notre vieux compagnon nous avoua qu'à cette invitation il s'était trouvé si interdit, qu'il n'avait pas osé refuser ; mais il ajouta : "Je sentis aussitôt un bien-être indéfinissable." La confession dura vingt minutes et elle le transforma[1]. »

Pas de fausse amnésie

Un habitant de la Drôme avait entendu parler de guérisons opérées par l'intercession de M. Vianney. Son épouse étant gravement malade, il se rendit à Ars pour le rencontrer et la recommander à ses prières. Quand il arriva dans l'église, « la foule était plus dense que jamais ». Or,

---

1. Lettre d'une Ursuline de Cracovie à Mgr Convert, 1er juin 1902.

il voulait rencontrer au plus tôt celui en qui il plaçait ses derniers espoirs. Il demanda à un pénitent la marche à suivre pour obtenir un entretien, celui-ci répondit :

« Oh ! vous ne pourrez probablement pas le voir ailleurs que dans le confessionnal. » Ce mot fit frémir notre homme. Lui ! au confessionnal ? Lui qui n'avait pas libéré sa conscience depuis si longtemps ! Cependant, si c'était le seul moyen de l'aborder, il s'y résignerait. Et il alla s'asseoir au dernier rang des pénitents. Son tour vint enfin. Il entra, s'agenouilla, marmotta un semblant d'accusation, puis : "Monsieur le Curé, commença-t-il, je vous dirai que ma femme..."

— Vous reviendrez demain, mon ami », lui répliqua M. Vianney en lui coupant la parole. Et il le reconduisit à la porte de la sacristie.

Le lendemain, même comédie, même entrée et même sortie que la veille. Le faux pénitent se présenta une troisième fois. M. Vianney l'écouta déballer machinalement ses fautes, puis l'interpella :

« Hé, mon ami, est-ce ainsi qu'on se moque du bon Dieu ? Vous ne dites pas ceci... et cela... Vous avez fait de la prison pour tel motif... Dans tel chemin, vous avez reçu des coups de bâton... »

L'homme fut abasourdi par cette révélation qui lui alla droit au cœur comme une flèche. Et il lui avoua « qu'il avait été jadis impliqué, non sans raison, dans une affaire d'assassinat ; que dans le chemin désigné, certaines gens s'étaient fait justice sur ses épaules. » L'amnésique avait retrouvé la mémoire et le repentir le gagnait. Alors, il fit une vraie confession, reçut le pardon et repartit, l'âme soulagée. Voilà comment, en cherchant un guérisseur du corps, il avait trouvé un médecin de l'âme[1].

---

1. Mgr Trochu, *Les Intuitions du Curé d'Ars,* Première série. Vitte 1952, pp. 147 à 149. D'après le Frère Athanase, selon le récit de P. Oriol. Collecté par M. Ball, futur successeur (le 3e) de M. Vianney. Ce témoignage ne donne aucune précision sur l'état de santé de sa femme.

Flash sur l'avenir

De nombreuses fois M. Vianney, interrogé sur l'avenir de personnes qu'il rencontrait, avait annoncé une entrée en religion à telle jeune fille se croyant destinée au mariage ou, inversement, avait assuré qu'un garçon prêt à entrer dans un couvent s'établirait dans la vie. Prédictions qui, immanquablement, se réalisaient plus tard. Esprit de discernement particulièrement acéré ? Ou vision surnaturelle d'un homme particulièrement éclairé ? En tout cas, il n'eut jamais d'autre objectif, en usant de ce charisme, que d'aider ceux qui lui faisaient confiance à suivre la voie où Dieu les appelait. Cette double prophétie en est un aperçu :

Un jour, on lui amena deux fillettes du même âge de Montmerle et l'on voulut savoir ce qu'elles deviendraient plus tard :

— Celle-ci, répondit-il en regardant la première. Oh ! quelle belle vie consacrée à servir Notre-Seigneur dans la personne de ses membres souffrants ! Se tournant ensuite vers l'autre et jetant sur elle un regard de commisération, il se mit à pleurer, à sangloter : « Pauvre petite ! gémit-il ! Triste vie, triste mort ! »

Les prédictions se réalisèrent : la première deviendra religieuse hospitalière de Sainte-Marthe et mourra en prédestinée. La seconde, restée pieuse pendant sa jeunesse, finira « dans la débauche[1] ».

Vues sur l'autre monde

Une dame pieuse venait de perdre son mari d'un accident de cheval. Il s'était éloigné de toute pratique religieuse depuis bien longtemps et sa mort, si soudaine et

1. *Les Intuitions,* pp. 175 et 176. D'après le récit de celle de Montmerle.

sans secours d'un prêtre, la rendait inconsolable. Le désespoir total dans lequel elle tomba alors inquiéta sa famille qui lui conseilla d'aller faire un séjour chez des parents, dans le Midi, avec ses deux enfants. Or, par un hasard peut-être bien calculé par les siens, son itinéraire passait par Ars où ils lui avaient suggéré de faire une halte pour rencontrer M. Vianney. Ce qu'elle fit.

Dès qu'elle parvint à l'approcher, elle lui fit part de son inquiétude qui la rongeait concernant l'âme de son mari. Il lui répondit :

« Mais Madame, avez-vous oublié les bouquets de fleurs que vous offriez à la Sainte Vierge ? Cette révélation la sidéra. Comment avait-il pu savoir, en ne l'ayant jamais vue, qu'elle prenait soin, pendant tout le mois de mai – celui réservé à Marie ! – de placer, devant une de ses images, un bouquet de fleurs fraîches sans cesse renouvelées, que lui avait parfois offertes son mari à cette intention ? »

Ces paroles avaient fait jaillir dans son cœur une étincelle de joie qui y ralluma l'espérance[1].

Détecteur de danger à distance

Une fermière bressanne faisait sa retraite annuelle à Ars. Étant parvenue à se confesser au bout de deux jours, elle comptait y rester jusqu'au lendemain. Avant de la quitter, M. Vianney lui demanda :

« Combien de temps pensez-vous demeurer ici ?

— Jusqu'à demain, mon Père.

— Non, non, partez aujourd'hui même. Il y a un serpent dans votre maison. »

Cette conversation eut pour effet de compromettre la sérénité que lui avait amené le sacrement de réconciliation. Mais elle avait une confiance absolue en lui. Si les

---

1. D'après une déposition de Mlle Alix de Belvey, P. A. « inchoatif » pp. 36 à 38. Relation dans *Les Intuitions*, pp. 36 à 38.

siens couraient un danger, elle se devait de les rejoindre au plus tôt. Elle se mit immédiatement en route.

Elle arriva à la ferme, fit sortir ses enfants, inspecta, l'une après l'autre, toutes les pièces avec d'infinies précautions. Ne trouvant rien d'anormal, elle interrogea son mari sur les événements survenus pendant son absence. Il n'avait rien noté de spécial, si ce n'est qu'il avait sorti la paillasse de leur lit pour la faire aérer au soleil. Son sang ne fit qu'un tour : « Le serpent ! » cria-t-elle ! en désignant à son mari le lit vers lequel elle se précipita. Elle en frappa l'un des montants. Aussitôt, un reptile se hissa hors de la paillasse et s'élança sur le sol. Par bonheur il rampa vers la cour où les domestiques le tuèrent[1].

L'apprenti-spirite démasqué

M. Vianney avait aussi une perspicacité particulière à démasquer les influences spirites, comme l'atteste ce récit :

« Le comte Jules de M. qui avait une propriété près de Villefranche, venait y résider de temps à autre. Il en profitait alors pour aller à Ars rendre quelques visites à M. Vianney. Il habitait Paris où l'occultisme était très répandu, notamment dans les milieux mondains de la haute société, y compris chez les catholiques. Invité à une soirée chez une parente, il se laissa influencer à participer à une séance de tables tournantes. Il vit, comme les autres, la table se soulever et frapper le parquet pour répondre aux questions posées par l'un et l'autre des assistants.

Le surlendemain, il regagnait Villefranche. Selon son habitude, il se rendit à Ars. Au moment où il allait entrer dans l'église, le « saint Curé » en sortait. Il s'élança vers lui, arborant un large sourire et lui tendant la main. M. Vianney ne répondit pas à son salut et, l'immobilisant d'un geste autoritaire, lui lança sur un ton sévère :

---

1. *Annales d'Ars*, octobre 1901.

« Jules, arrêtez-vous ! Avant-hier, vous avez eu commerce avec le diable. Venez vous confesser. » Ce qu'il fit, non sans promettre de cesser définitivement tous ces genres de pratiques.

De retour à Paris, il fut invité un jour chez des amis. On décida de faire tourner une table. Malgré diverses sollicitations de part et d'autre, il s'opposa fermement à y participer.

La séance commença et il resta sur son fauteuil. Dans le silence de son cœur, il priait le Seigneur de faire échouer l'expérience. La table résista, malgré les instances réitérées du médium qui ne cacha pas son étonnement : « Je n'y comprends rien. Il doit y avoir ici une force supérieure qui paralyse notre action[1]. » Point n'est besoin ici de commentaire.

L'Esprit de Dieu

Ces considérations ont mis en lumière la prodigieuse clairvoyance sous tous ses aspects dont jouissait M. Vianney. Elles nous ont prouvé que celle-ci trouvait sa seule origine au sein de l'Esprit de Dieu, et que son bénéficiaire en faisait usage, non pas pour jouer au devin et satisfaire la curiosité de ses pénitents, ni pour se complaire lui-même dans des sentiments de vanité personnelle. Il mettait les dons de Dieu au service des hommes et des femmes à la recherche de ses desseins.

Vers quel exil ?

Manque d'argent crée bien des tourments

Cet aperçu, lié à l'évolution du pèlerinage, a nécessité la mise au second plan de certains événements

1. Ce récit est tiré du témoignage écrit de M. de Fréminolle de Bourg, petit-neveu de M. de M, le 16 mai 1922 au presbytère d'Ars.

depuis les années 1830. Bien qu'il ait consacré aux pèlerins une grande partie de son temps, M. Vianney n'abandonna pas pour autant ses activités paroissiales habituelles. Il ne se désintéressait pas davantage de « La Providence » dont les frais de fonctionnement pesaient très lourd sur ses épaules et sur sa bourse. Il disposait à cet effet d'une rente que devait lui verser le comte Prosper des Garets, en vertu d'une disposition testamentaire de son cousin François. Or, il lui arrivait parfois d'être obligé de le rappeler à l'ordre, pour acheter un sac de blé ou de « truffes » pour ses « petites ». Voici un extrait de ce genre de billets qu'il lui adressait : « Si vous aviez la bonté de nous remettre toutes nos petites pensions, vous nous feriez bien plaisir, afin de payer mes dettes : c'est mille francs. » Suppliques parfois réitérées plusieurs jours de suite, avec force raisons invoquées (besoin urgent, emprunt dans la caisse de l'argent des messes) envoyées par un porteur chargé de ramener les sommes dues.

Dans les années 1837-1838, il fit édifier les deux dernières chapelles de l'église – celle des Saints-Anges et celle de « l'Ecce Homo » – avec, chacune, son autel et ses décorations. En outre, afin de favoriser la piété des pénitents obligés d'attendre des heures et des journées entières dans le sanctuaire, il fit placer un assez grand nombre de statues et de tableaux. Les uns et les autres allaient pouvoir prier devant leur image, au gré de leurs préférences, pour demander au Seigneur de leur octroyer, par leur intercession, les grâces nécessaires pour eux-mêmes et ceux dont ils portaient les intentions.

L'instituteur Gaillard étant décédé, M. Vianney fit construire une école en 1838 qu'il confia à Jean Pertinand. Même si certains pèlerins aisés faisaient preuve d'une grande générosité pour ses « œuvres », M. Vianney se trouvait parfois à court. Particulièrement en hiver où ils se faisaient plus rares et que les réserves venaient à manquer. En décembre 1839, un vol d'argent et de linge à « La Providence » aggrava encore la situation financière. M. Vianney fit alors appel à son ami de Lyon, M. Laporte, qui remit une somme importante à la porteuse de sa lettre.

Le « cadavre » ranimé

Après cette énumération des épreuves d'argent de M. Vianney, je reviendrai ici un peu en arrière pour un bref arrêt sur ces années 1833 à 1835. Son emploi du temps surchargé, ses fatigues accumulées, ses immobilités prolongées au confessionnal dans un froid glacial en hiver et une chaleur suffocante en été, ses nuits de repos trop brèves (une moyenne de 4 heures) compromirent sérieusement sa santé. Son « cadavre », atteint de douleurs multiples, avait besoin de remontants. M. Vianney alla consulter le docteur Timécourt à plusieurs reprises. Nous manquons de précisions sur son diagnostic et ses ordonnances ; mais nous avons trois lettres du malade témoignant sa reconnaissance[1], dont voici quelques extraits :

« Mes douleurs ont presqu'entièrement disparu... » « Je vous dirai que mes douleurs ont bien diminué aussitôt que le vésicatoire a eu pris... » « Je viens vous remercier de vos soins et vous offrir quelque chose... je demanderai au bon Dieu qu'il vous conserve longtemps sur la terre pour le bonheur de ceux qui ont recours à vous. »

Pour rester dans le domaine de la santé, il faut citer vers cette époque (1836 ou 1837) les inquiétudes que lui causèrent Catherine Lassagne :

« J'ai été atteinte, écrit-elle, d'une fièvre muqueuse accompagnée de délire et d'un transport au cerveau, de manière que le médecin [M. Timécourt], après une visite qu'il me fit, dit tout haut : "Le cerveau est pris, elle est

1. Lettres au docteur Timécourt du 29 octobre 1833 ; du 27 mars 1834 ; du 23 février 1835. Copies authentiques à l'archevêché de Belley.

perdue…" Je me rappelle que, malgré que j'avais un délire complet, M. le curé vint me voir… Lorsque la force m'a manqué, je suis tombée en agonie… je n'y voyais rien, je me sentais le corps glacé, le cœur serré, la respiration difficile. Il me semble que je désirais la délivrance d'une si pénible angoisse… Alors il se passa quelque chose d'extraordinaire qui me donna l'idée de ma guérison et, dans mon délire, avant que mes yeux eussent vu la lumière du jour, j'ai dit : "Je suis guérie[1]." »

Elle était guérie, en effet, malgré le fatal diagnostic du médecin. Effet du « Sacrement des Malades » conféré par M. Vianney ? Ou ses prières ?

« La Providence » n'est pas à vendre

Mgr Devie vint faire sa visite pastorale à Ars en octobre 1837. Il savait que M. Vianney croulait sous le travail et les responsabilités et connaissait son désir, plusieurs fois exprimé, de se retirer dans une Chartreuse. Il avait conscience, par ailleurs, que l'existence de « La Providence » ne résisterait pas à son départ. Il lui proposa alors un arrangement qui tiendrait compte de toutes ces données : M. Vianney irait réaliser son désir de solitude à Pont-d'Ain. Il résiderait au château, où le prélat avait établi une maison de retraite pour prêtres âgés et malades. Il pourrait accueillir occasionnellement quelques pèlerins venus prier le Seigneur et sa mère sur un charmant plateau loin du bruit et du monde.

Par ailleurs, Mgr Devie avait créé une Société de Missionnaires diocésains hébergés provisoirement à Bourg en Bresse, au séminaire de Brou. Il souhaitait leur attribuer une maison indépendante. Alors lui était venue l'idée de les installer à « La Providence » afin qu'ils puissent prendre en charge le pèlerinage et rayonner dans les paroisses voisines.

1. Catherine Lassagne, *La Confidente,* pp 135-137.

Peut-être le Curé d'Ars aurait-il accepté cette offre pour aller mener en paix cette vie contemplative vers laquelle il se sentait attiré. Mais pas au prix de la disparition de « La Providence » ! Il signifia son refus à son évêque qui en prit acte. Les Missionnaires furent accueillis dans une aile du château de Pont d'Ain.

Un peu de chaleur du Midi

Vers la fin mai 1839, Monsieur Vianney allait éprouver quelques consolations en recevant à la cure un hôte inattendu : l'abbé Tailhades, prêtre du diocèse de Montpellier. Il avait obtenu de son évêque l'autorisation de quitter sa paroisse et d'entrer dans un couvent, après une période de réflexion et de retraite à Ars[1].

M. Vianney apprécia la présence de cet homme aussi pieux que chaleureux qui lui rendait quelques services et lui tenait compagnie, le soir, en conversant avec lui sur divers sujets et en écoutant le récit de ses souffrances physiques, morales et spirituelles et de ses préoccupations multiples. L'abbé Tailhades considérait, quant à lui, comme un privilège de pouvoir vivre quelques mois avec ce curé qu'il considérait comme un saint[2] et de bénéficier de ses lumières concernant la foi, la doctrine et la vie intérieure. Il admirait chaque jour son inaltérable confiance en Dieu qui le faisait triompher de toutes les embûches.

Le jeune prêtre était par ailleurs un excellent théologien qui lui exposa ses raisons d'adopter une plus grande

---

1. Il y resta jusque vers la mi-août et y revint un mois, trois mois plus tard. D'après Abbé Tailhades, P. O., p. 1505.

2. C'est l'abbé Tailhades qui engagea Catherine Lassagne et ses compagnes à tenir note des faits remarquables qu'elles voyaient avec toutes les circonstances de lieu, de temps et de personnes nécessaires. L'abbé Tailhades, dont nous tenons ces copies, précise : « J'ajoutai que leur témoignage pourrait être un jour de grande valeur. » Il avait compris, en effet, qu'il avait rencontré un saint.

clémence en confession. Il s'appuya, pour étayer ses dires, sur les instructions romaines invitant les confesseurs à une certaine souplesse et sur une circulaire de Mgr Devie y faisant écho : « Les confesseurs trop sévères font autant de mal que [ceux] coupables de relâchement et se préparent un jugement redoutable en se servant d'une mesure qui, selon l'Évangile, servira de règle pour le compte qu'ils auront à rendre » (6 septembre 1826, pages 9 et 10). M. Vianney semble convaincu de la pertinence de ses arguments. C'est à cette même époque que « le rude confesseur découvrit la « Théologie Morale » de Saint Alphonse de Liguori publiée par le cardinal Gousset[1] » que lui avait procuré l'abbé Raymond. Quoiqu'il en soit, après le départ de l'abbé Tailhades, M. Vianney avait atténué sérieusement son reste de rigueur envers les pécheurs et mieux compris les raisons de leurs faiblesses.

La fuite

Nous avons vu précédemment Ars s'agrandir pour faire face aux impératifs d'absorption des pèlerins. M. Vianney était heureux de pouvoir ainsi élargir son champ d'apostolat. Son confessionnal était en effet ouvert à tant de gens meurtris par la vie ou désespérés de leur incapacité à se détacher d'un état de péché latent, à ceux qui cherchaient en vain leur route, même à ceux qui venaient là par curiosité, voire par défi. À leur sortie, ils avaient déposé leur fardeau et se sentaient plus légers. Ils avaient retrouvé la sérénité du cœur et, parfois, la santé du corps. Cependant, M. Vianney déplorait le changement de mentalité de ses paroissiens qu'il avait eu tant de peine à ramener à une vie chrétienne plus effective. L'avidité de l'argent avait envahi bon nombre d'entre eux. Les étrangers de passage ou installés au village n'affi-

1. *Le Curé d'Ars*, Mgr Fourrey, Édit. du Chalet, Lyon, 1958, p. 59 d'après Catherine Lassagne, P. A., p. 129.

chaient pas tous des mœurs exemplaires. Étant le fondateur malgré lui du pèlerinage, il se sentait responsable de tous ces changements. Il avait honte, par ailleurs, de la vénération qu'il inspirait, malgré ses efforts constants à la détourner vers sainte Philomène. De plus, combien de temps allait-il pouvoir mener de front son double rôle de curé et de responsable de pèlerinage, sans compter les soucis occasionnés par « La Providence » ? Combien de temps allait-il tenir, sans aucun vicaire pour le seconder[1] et avec une santé aussi déplorable ?

Pour toutes ces raisons, M. Vianney était persuadé qu'il n'y avait qu'une solution pour lui : la fuite. C'était son devoir impérieux. Et urgent. Il ne s'y déroba pas : « Il sortit à minuit », comme le précise son jeune confrère, confident et ami, l'abbé Renard, « avec l'intention de partir secrètement. Quand il fut arrivé vers une croix située à l'ouest d'Ars (la croix des Combes) il s'arrêta pour prier devant le signe de notre Rédemption. Il lui sembla alors entendre une voix qui lui dit : "Arracher une âme au démon, en la délivrant du péché, est une œuvre plus agréable à Dieu que tous les exercices particuliers de la piété, auxquels on se livre dans la retraite ; les pénitences que l'on fait sont moins conformes à sa volonté que le travail qui procure le salut du prochain[2]". » Il n'en fallut pas plus pour qu'il rebrousse chemin.

À quelque temps de là, le docteur Saunier avait pris en charge la santé de M. Vianney. Sa petite-fille nous relate le fait suivant qu'elle tient de lui : « Un jour, au crépuscule, grand-père revenait de voir un malade quand il aperçut, loin dans un pré, une tache blanche et noire. Bon papa arrête son cheval, descend et va rejoindre ce

1. En cette époque post-révolutionnaire, la rechristianisation était bien effective, mais le nombre de jeunes prêtres était bien inférieur à celui des décès des anciens.

2. Abbé Renard, *Les Couronnes du Vénérable Curé d'Ars*, p. 71.

qu'il croyait être un pauvre mouton perdu. Surprise ! C'était le bon Curé assis sur une pierre, triste, découragé. Avec quelle tendresse, mais aussi quelle fermeté, grand-père prit son bon ami, l'obligea à monter dans sa voiture et le ramena à l'église[1] ».

Vers cette époque, M. Vianney avait envoyé à l'abbé Raymond, à Savigneux, un billet où il avait écrit : « Mon bon ami, si je ne vous vois pas avant de partir...[2] ». S'agissait-il d'un nouveau projet de fuite non réalisé ? M. Raymond l'en avait-il dissuadé ? Temporairement ou définitivement ?

Ou la mort ?

Était-ce une fuite – involontaire celle-là – de la vie qui allait arracher définitivement son curé à Ars ? Entre 1840 et 1841, à l'époque où l'abbé Tailhades était présent, il s'était plaint à lui de son état de santé : « Me parlant un jour de ses fatigues de la nuit et du jour, il me dit : "Mon cher ami, je ne pourrai pas les soutenir, en travaillant comme je le fais et en prenant si peu de nourriture, sans une grâce particulière. Ce ne serait rien, mais si vous saviez comme je souffre ! On ne peut pas le concevoir. Des coliques affreuses me prennent très souvent, et à présent presque tous les jours, mais si douloureuses que je ne puis les supporter. Mon corps enfle et je tomberais évanoui si je ne sortais pas promptement et n'avais recours à quelques adoucissements". Parlant du froid au confessionnal en hiver : "Un jour, mes pieds gelèrent. La peau de mes talons tomba et rentra dans mes bas quand je les quittai". "Lorsque je sors du confessionnal, il faut que de mes mains je cherche mes jambes pour savoir si j'en ai. Je sors quelquefois de l'église en

1. Notes de Mme Joguet-Marolles, Archives paroissiales d'Ars.
2. Copie authentique d'une lettre non datée, Archives, évêché de Belley.

m'appuyant contre les chaises et contre les murailles. J'ai peine à me tenir. Je ne sais pas quelquefois où je suis ; de grandes douleurs me prennent la tête et me font bien souffrir. Je ne sais vraiment pas comment je puis y résister[1]." »

Son état lui avait déjà inspiré tant de craintes en fin 1841 (le 2 décembre) qu'il avait cru devoir rédiger son testament[2]. Il y avait pris des dispositions pour que la somme qu'il possédait alors (19 000 francs), confiée au comte de Cibeins, soit répartie entre six paroisses du diocèse pour une fondation de messes, mais aussi, pour l'organisation de missions « tous les dix ans » tant il jugeait efficaces, par expérience, ces fêtes de la foi dans les campagnes. Il n'avait pas oublié les trois « directrices » dont il admirait le dévouement désintéressé : « Je donne à Jeanne-Marie Chanay, à Catherine Lassagne, à Marie Filliat, tout ce qui me restera après ma mort, je veux dire linge, meubles et toute autre chose qui se trouvera dans ma maison ou ailleurs. » L'abbé Bibost recevra les « livres qui sont dans ma grande bibliothèque pour les services rendus par sa mère[3] ». En 1842, il avait cinquante-six ans. Sa santé s'altéra encore. Le docteur Saunier fut appelé à son chevet au mois de septembre. Il diagnostiqua une pleuro-pneumonie qu'il parvint à juguler. Mais en mai 1843, le malade eut une rechute. Le 3 mai, il dut achever son instruction du soir pour aller se mettre au lit[4]. Le 6, Mme des Garets écrivait : « Notre saint curé est malade, malade à nous faire penser que sa couronne est prête et que les cieux vont s'ouvrir pour lui. Prosper ne le quitte pas. Il a eu assez d'empire sur lui pour le

1. Abbé Tailhades, P. O., pp. 1510 à 1516.
2. Il y fait allusion à des testaments antérieurs dont il ne reste aucune trace.
3. Le testament de 1841 est conservé aux Archives de l'évêché de Belley.
4. Abbé Monnin, p. 198.

persuader de laisser échanger la paille [...] sur laquelle il était couché, contre un matelas[1] ».

Dans le village, c'était la consternation : dans l'église, poursuit la comtesse, « des cierges brûlent à tous les autels, les chapelets sont à toutes les mains. On fut obligé de mettre des gardes à la porte de la cure pour retenir une foule indiscrètement empressée qui demandait à le voir encore, à recevoir une dernière bénédiction. C'est vraiment un sentiment bien profond et bien indéfinissable – conclut Mme des Garets – que celui qui remplit nos âmes. Je comprends maintenant la tristesse des apôtres, lorsque le Seigneur leur annonça qu'il allait les quitter[2]. »

Le 11 mai, les quatre médecins qui avaient été appelés en renfort jugèrent l'agonie imminente. Ils conseillèrent aux sept prêtres présents dans la chambre du malade de lui conférer l'« Extrême Onction ». Il la reçut « avec une expression de foi qui impressionna l'assistance[3] ». Puis il tomba dans un état comateux, après avoir demandé qu'on aille chercher l'abbé Renard pour lui dire un dernier adieu. L'instituteur, Jean Pertinand, qui lui faisait office d'infirmier rédigea à l'intention de son oncle un message qu'il lui fit porter par un émissaire : « Ars est dans la désolation ; notre curé est dangereusement malade ; il désire vous voir, partez de suite ! Il est bien à craindre qu'à votre arrivée, vous ne le trouviez mort ; on vient de lui administrer le Saint Viatique[4] ». À deux heures du matin, l'abbé Renard, réveillé en sursaut, enfila sa soutane et partit « en carriole » pour Ars.

Il nous livre ses impressions : « J'eus le bonheur de [l']embrasser. Je le trouvai dans un tel état de faiblesse

1. *Ibid.*, page 199.
2. *Ibid.*
3. Comte des Garets, P. O., p. 950.
4. Abbé Renard, *Ars et le Vénérable Vianney*, p. 116.

que sa fin me parut imminente ». Il ouvrit cependant les yeux. « Monsieur le Curé, lui dis-je avec chagrin, vous voulez donc nous quitter ? – Mon cher ami – répondit-[il] avec une voix mourante, je vous laisserai mon corps, et mon âme ira là-haut ? Je n'eus pas le courage de lui répondre[1]. »

Le docteur Saunier, resté au chevet du moribond, dit alors : « Il n'a plus que trente ou quarante minutes à vivre[2]. » M. Vianney l'entendit et pensa alors : « Mon Dieu, il me faudra donc paraître devant vous les mains vides ! Ah ! si je puis être encore utile au salut de quelques âmes[3] ! »

L'abbé Renard nous fait part de ses état d'âme en quittant le mourant : « Au sortir du presbytère, je promenai mes regards sur le village. Un morne silence régnait partout. On eût dit qu'il y avait un mort dans chaque maison de la paroisse[4]. »

M. Vianney, quant à lui, s'était entièrement remis dans les mains du Seigneur : allait-il l'appeler dans sa Maison ? Allait-il le laisser travailler quelque temps dans sa Vigne ? Quelle que soit sa Volonté, il l'avait déjà faite sienne.

1. *Ibid.*, p. 117.
2. Marguerite Humbert, P. O., p. 1325
3. *Op. cit.*
4. Abbé Renard, *op. cit.*, p. 117.

VIII

L'Esprit-Saint pour guide

Où est donc ta vigne Seigneur ?

Un ouvrier apprécié de son maître

Revenons à M. Vianney au moment où, ayant reçu le viatique, il avait clairement perçu, malgré son état comateux, les paroles du diagnostic fatal du docteur Saunier. C'est alors que, honteux de paraître, selon lui, « les mains vides » devant le Seigneur, il s'était résolu à solliciter sa guérison pour s'adonner plus intensément à son service apostolique. Ayant quelques instants repris conscience et recouvré l'usage de la parole, il demanda à son entourage de faire brûler un grand cierge devant l'image de sainte Philomène et de célébrer cent messes sur son autel. Le lendemain matin, il était brûlant de fièvre et dans un tel état d'épuisement et d'oppression que Jean Pertinand, son fidèle gardien, crut son dernier moment arrivé. Cependant, l'abbé Dubouis, le curé de Fareins qui avait passé une partie de la nuit à le veiller avec lui, constatant qu'il lui restait un souffle de vie, alla célébrer la première des cent messes à son intention. Au moment où il la terminait, la fièvre cessa subitement. M. Vianney, sortant de sa torpeur, dit à Jean Pertinand dont la joie se mêlait à la stupéfaction : « Mon ami, il vient de s'opérer en moi un grand changement. Je suis guéri[1]. »

Puis vint la convalescence pendant laquelle M. Vianney, s'appuyant sur le bras de Jean Pertinand, se contenta de faire quelques visites dans l'église pour témoigner sa reconnaissance au Seigneur, à sa Mère et à sainte Philomène. Le 20 mai, il voulut se remettre à dire la messe. À cette époque, rappelons-le, l'Église imposait le jeûne avant la communion depuis le repas de la veille au soir[2]. Jean Pertinand précise les raisons de cette heure aussi matinale : « Il était si épuisé qu'il n'aurait pu attendre jusqu'au matin pour prendre quelque nourriture[3] ».

Au bout de quelques jours, M. Vianney recommença à célébrer sa messe à l'heure habituelle. Il reprenait en effet lentement ses forces grâce à l'intervention énergique du docteur Saunier et à celle de Mgr Devie qui lui enjoignit de s'y soumettre. Outre quelques reconstituants, le médecin lui prescrivit deux repas assez copieux par jour avec, au moins à midi, un morceau de viande et, pour ce qui est de la boisson, « du vieux bordeaux, un quart de verre chaque fois[4] ». Le convalescent obtempéra, par esprit d'obéissance, non sans quelques réticences à peine dissimulées quand à l'opportunité de

---

1. Monnin, p. 202. Concernant cette guérison, le docteur Assailly, cité ci-avant, émet une réserve : « Il nous est bien difficile, à nous médecins, de ne pas constater que la défervescence se fit le neuvième jours, comme cela se voyait constamment dans la pneumonie avant l'usage des antibiotiques » (*op. cit.*, p. 33). Il nous est tout aussi facile, en toute bonne foi, de constater que cette guérison fut subite et qu'elle eut lieu sitôt après la fin de la messe.
2. La durée du jeûne fut ramenée à trois heures par Pie XII (en 1957) et, plus récemment, à une heure par Paul VI (21 novembre 1964). Références *Théo*, éd. Droguet Ardant, Fayard, Paris, éd. 1989, p. 962.
3. Monnin, p. 203.
4. Abbé Raymond, P. O., p. 325.

suivre un tel régime : « Je suis devenu gourmand[1] », disait il à son entourage, en arborant un air mi-résigné mi-malicieux.

Fuites de rumeurs

Peu à peu, M. Vianney reprit ses activités paroissiales et celles relatives au pèlerinage. Mais il ne tarda pas à être tourmenté par de nouvelles angoisses. Était-il à la hauteur de sa tâche de pasteur ? Ne négligeait-il pas ses brebis au profit des gens de passage qui, en fait, n'étaient pas dépourvus de curés dans leurs paroisses respectives ? Rendait-il au Seigneur tous ses devoirs de piété ? S'il lui avait donné un supplément de vie, n'était-ce pas pour se préparer à mourir dans une retraite secrète ?

Par ailleurs, il pensait à ses paroissiens attachés à lui depuis si longtemps et si dociles à ses enseignements ; à ses « petites » sans ressources s'il partait ; aux pèlerins qui affichaient des revirements aussi spectaculaires dans le confessionnal. Un véritable dilemme, pour le pauvre Curé d'Ars qui, peut-être poussé par le « grappin », se croyait éprouvé au-delà de ses forces.

Alors lui vint une idée qui aurait le double effet de rassurer son évêque et ses paroissiens et de lui laisser un délai de réflexion avant de prendre une décision : il irait passer environ deux semaines chez François l'Aîné, à Dardilly. Officiellement, il s'agissait d'un séjour de repos. Au fond de lui, il pensait à l'éventualité d'un repli dans un ermitage, ou à un rôle de chapelain se limitant à la célébration de la messe (à la chapelle des Minimes à Montmerle). L'abbé Renard assurerait l'intérim et, éventuellement, sa succession.

Afin d'éviter qu'on ne fît obstacle à son départ, il n'en parla à personne. Cependant, le soir précédant sa fuite – 11 septembre 1843 – il alla rendre visite aux

1. Abbé Toccanier, P. O., p. 162.

« directrices » de « La providence » pour les prévenir « qu'il partirait la nuit ou de grand matin[1] ». Malgré leur désarroi, elles gardèrent le silence. Cependant, avant qu'il ne sorte, une personne (dont l'identité ne nous est pas révélée) « qui venait à "La Providence" pour quelque affaire aperçut M. le curé, n'osa pas entrer tout de suite, resta un moment à la porte et entendit le complot du départ, s'en retourne et va avertir M. le maire et M. Melin, son beau-frère[2] » (en visite pour quelques jours) pour les prier de l'accompagner.

Rumeurs de fuite

Or, quand M. Vianney sortit du presbytère, un peu après une heure du matin, Jacques Melin dormait à poings fermés. Il traversa discrètement son jardin et se faufila à travers les arbres de sa haie. Malgré tous ses efforts pour se dissimuler, sa présence ne passa pas inaperçue : « Une troupe de pèlerins [passant] la nuit à la porte de l'église » – peut être prévenus par notre inconnu indiscret malgré lui – « coururent en toute hâte à sa suite[3] », et tentèrent vainement de l'arrêter. Il fait la sourde oreille et accélère son allure. Après avoir franchi le pont du Fontblin, il s'enfonce dans l'obscurité.

Jean Pertinand est informé de sa fuite. Il court à sa poursuite, dans la direction signalée. Il finit par le retrouver, égaré dans un champ. Il l'interpelle : « Monsieur le Curé, pourquoi nous quitter ainsi. Allons, ne perdons pas de temps, lui rétorque-t-il. J'ai écrit à Monseigneur pour lui demander la permission de me retirer ; j'attendrai sa réponse à Dardilly[4]. »

---

1. Catherine Lassagne, *La Confidente*, pp. 58, 59.
2. *Op. cit.*
3. Catherine Lassagne, *La Confidente*, p. 59.
4. Jean Pertinand P. O., p. 376.

Jean Pertinand le ramena sur le bon chemin qu'il avait du mal à retrouver dans la nuit. Arrivé à un nouveau carrefour aménagé depuis qu'il n'avait plus le temps de faire de longues promenades dans la campagne, il fut saisi d'un soupçon à l'encontre de son compagnon de route : ne tenterait-il pas de le ramener à Ars par un chemin détourné ? « Mon Jean, murmura-t-il avec une certaine vivacité, vous me trahissez[1] ? »

Son compagnon de route rassura son cher curé sur ses intentions. Après bien des fatigues et des difficultés, notamment un long détour sur les berges de la Saône pour éviter de réveiller le gardien du pont qui dormait, ils franchirent le seuil de la maison natale. « M. Vianney avait les pieds meurtris et déchirés ; il se trouva mal et fut obligé de se mettre au lit[2]. » Son guide fut hébergé pour la nuit. Le lendemain matin, il le congédia en lui disant : « Vous reviendrez me prendre vendredi de la semaine prochaine. Ce samedi, nous monterons à Fourvière. Et puis nous verrons ![3] » Que signifiait donc, pour M. Vianney, cette fin de phrase aussi laconique ? Jean Pertinand l'ignorait. Pour l'heure, il n'avait pas d'autre recours que d'obéir à ses ordres.

Déjouer la fatalité

« Un seul être vous manque... »

M. Raymond avait éprouvé une réelle tristesse au départ de M. Vianney. Mais il n'était pas dépourvu d'une certaine vanité qui le réjouissait et lui faisait même désirer de lui suppléer. Il disait la messe, voyait les malades et parait aux urgences. Mais il était peu aimable,

---

1. *Ibid.*
2. Détail relevé par Mgr Trochu, p. 418.
3. *Ibid.*

impatient et distant, ce qui ne plaisait guère aux paroissiens ni aux pèlerins dont le nombre décroissait de jour en jour. Peut-on prêcher l'Évangile à des hommes et des femmes, peut-on les appeler : « Mes Frères » quand on est dépourvu de tout sentiment affectueux à leur égard et qu'on ne se comporte pas envers eux en bons serviteurs de Dieu ? Peut-on attirer les foules venues de si loin quand on n'est pas doté de ce charisme irrésistible qui séduit tous les cœurs avant d'exercer un ascendant indéniable sur les âmes ? Constatant que, malgré ses efforts, tous les pèlerins avaient déserté Ars dès que la nouvelle du départ de M. Vianney se fut confirmée, M. Raymond avait compris qu'il n'était pas de taille à le remplacer et que l'affluence des foules était liée à sa personne. Les directrices de « La Providence » se désolaient. Leurs ressources conditionnées aux dons quotidiens des pèlerins, s'amenuisaient et les enfants, privées de leur second père, les quittaient. Les boutiques des commerçants étaient vides, l'église était presque déserte.

Madame des Garets résume en quelques mots la perte essentielle subie par le départ de son curé : « Je ne puis vous dire, écrit-elle à une amie, la tristesse qui opprime le cœur à la vue d'un changement aussi complet ! C'est un vrai passage de la vie à la mort. Nous avions un chapitre de "La Vie des Saints" mis en action devant nous chaque jour : maintenant la page est tournée[1]. » Était-elle tournée définitivement ?

Jets de plumes et coups de semonce

Avant de quitter Ars, M. Vianney avait eu soin de remettre, à un ami sûr, un billet à porter à M. des Garets après son départ : « J'ai pensé aller passer quelques jours chez mon frère, afin que ce grand concours de peuple

1. Lettre du 14 septembre 1843, Monnin (éd. 1925) pp. 416-417.

diminue un peu[1] ». Dès qu'il eut confirmation par Jean Pertinand, rentré à Ars le 13 septembre, du lieu de sa retraite, le comte partit pour Dardilly sans délai, au triple titre d'ami, de paroissien et de maire. Se doutant de sa visite imminente, M. Vianney s'esquiva discrètement, sans préciser le lieu de son refuge pour éviter aux siens d'avoir recours à un mensonge en lui disant qu'ils l'ignoraient. Il ne redoutait pas moins de se laisser attendrir par les arguments du comte. Ce dernier ne parut pas très étonné de son absence ; il laissa à son intention une lettre forte en émotion : « Ne décidez rien encore. Vous avez besoin de repos, je le sais mieux que personne. Restez chez votre frère tout le temps qui vous sera nécessaire ; mais n'oubliez pas votre pauvre paroisse d'Ars. Pensez à toutes ces saintes âmes que vous conduisez dans le chemin du ciel, à toutes celles qui s'en étaient éloignées et que vous ramènerez. Pensez à votre "Providence" dont vous êtes l'âme et le soutien, et qui ne peut exister sans vous[2]. »

Catherine Lassagne prit aussi sa plume pour écrire à M. Vianney. Sans tenter de le persuader de rentrer à Ars, elle se contenta de l'informer que les orphelines, réduites au nombre de quinze, se désolaient d'avoir perdu leur second père. Et elle le priait de prendre soin de sa santé.

Monseigneur Devie ne se déroba pas à ses responsabilités. À l'abbé Raymond venu le trouver, il donna pour consigne de se rendre à Dardilly pour lui faire de sa part trois propositions de sanctuaires où il n'exercerait que les fonctions de chapelain. Il devrait aussi « l'accompagner partout où il voudrait aller et [...] faire tous [ses] efforts pour le ramener à Ars ». Dans une lettre qu'il le priait d'aller remettre au comte des Garets dont il lui dévoila le contenu, il précisait : « Je ne lui permettrai

1. Lettre du 13 septembre 1843. Copie authentique. Archives de l'évêché de Belley.
2. Lettre du 14 septembre. A. Monnin (éd. 1925), p. 417.

jamais de quitter le diocèse de Belley. Je croirais perdre un trésor[1]. »

Dénouer la situation

François n'est plus maître chez lui

À Dardilly, M. Vianney, quant à lui, était venu chercher le repos et la tranquillité. Les premiers jours de son arrivée, il prit plaisir à s'entretenir avec son frère et sa famille. Il avait tant de souvenirs à évoquer avec François l'Aîné ! Et tant de choses à raconter à tous et à apprendre d'eux ! Il appréciait la chaleur de l'ambiance familiale et savourait, le soir, non sans quelque émotion, la soupe trempée au lard et aux légumes qui fleurait bon le temps de son enfance. Il prit le loisir d'aller rendre visite à ses anciens amis. Il était heureux !

Mais cette vie sereine fut de courte durée. En peu de jours, en effet, tous les membres de sa parenté et bon nombre de paroissiens des villages alentour commencèrent à venir frapper à la porte de la ferme pour le rencontrer. Il transforma la pièce où il dormait en salle d'audiences. Après en avoir obtenu l'autorisation de l'archevêque de Lyon, il se mit à les confesser. Dans la journée, toute la famille était aux champs. Seule, sa nièce restait à la maison. Elle recevait les visiteurs et les faisait patienter pour attendre leur tour. « Son oncle lui recommandait d'être bien accueillante pour les pèlerins et de n'en laisser partir aucun sans lui offrir quelque rafraîchissement[2]. »

Trois ou quatre jours après son arrivée, ce mouvement devint incessant, même aux heures où la famille

1. Cité par A. Monnin, page 207.
2. Monnin, éd. 1925, page 421, d'après le témoignage oral de la nièce.

était réunie. François « l'Aîné » ne put cacher son agacement : « S'il reste ici, lança-t-il un jour, je serai obligé de crier au secours. Je ne suis plus le maître chez moi ! »

Et il n'était pas au bout de ses peines. Au matin du dimanche 17 septembre, François Pertinand, l'hôtelier d'Ars, accompagné de vingt-trois jeunes paroissiens du village, vint frapper à la porte des Vianney qui refusèrent de leur ouvrir. M. Vianney les entendit et se mit à la fenêtre. Il les fit entrer et monter dans sa chambre. Après avoir récité un chapelet avec eux, il les invita à le suivre dans l'église paroissiale où il célébra sa messe.

Ce même jour, sa présence à Dardilly étant connue jusqu'à Lyon, « on vint en bandes nombreuses de cette ville... Un omnibus d'Ars apporta aussi son contingent. Ce jour-là, l'encombrement fut tel qu'on ne pouvait suffire aux devoirs de l'hospitalité et qu'on ne dîna qu'après les vêpres ». On peut présumer de l'exaspération de François Vianney et de sa famille qui n'avaient plus un seul moment de paix et d'intimité. M. Vianney n'était pas inconscient du trouble qu'il leur causait. Allait-il réagir ?

Un messager dans la nuit

On comprend aisément que les habitants du village n'aient eu désormais qu'un seul désir : s'opposer unanimement au départ de leur concitoyen devenu prêtre. Et quel prêtre ! Or, à Dardilly, un autre étranger était arrivé discrètement le soir de ce samedi 16 septembre. Vers les 20 heures, il avait frappé à la porte de l'abbé Peyrade, pasteur de la paroisse. C'était l'abbé Raymond, curé de Savigneux, qui avait reçu pour mission de son évêque, de ramener à Ars son curé (à moins qu'il n'acceptât l'une ou l'autre des chapellenies mentionnées sur la lettre au comte des Garets). Le curé de Dardilly faisait bloc avec ses paroissiens pour empêcher le départ de M. Vianney.

Aussi, quand l'abbé Raymond le pria de l'accompagner chez son frère, « il allégua que l'heure était trop avancée, que ce serait bien importuner les gens ». La servante, ayant entendu leur conversation, interpella l'abbé Peyrade : « Laissez aller M. le curé de Savigneux ; M. Vianney l'a demandé toute la journée et il est impatient de le voir[1]. » Et elle se proposa de le conduire elle-même auprès de lui.

L'abbé Raymond trouva son confrère au lit. Vu l'heure tardive, il se contenta de lui lire la lettre de Monseigneur. M. Vianney le congédia aussitôt pour l'inviter à se reposer : « Nous nous reverrons demain, pour voir ce que nous avons à faire[2]. » La nuit porte conseil !

Un espoir pour les Arsois

Que se passa-t-il le lendemain ? Le dimanche matin, comme on le sait, M. Vianney avait célébré une messe basse à laquelle avaient assisté ses jeunes paroissiens. L'abbé Raymond qui avait été hébergé au presbytère, avait chanté la grand-messe. À la sortie, il se rendit avec l'abbé Peyrade chez les Vianney. La grande pièce du bas était envahie de gens d'Ars et d'ailleurs. François Vianney ne cachait pas son exaspération. M. Raymond comprit alors la dualité des sentiments de ce frère aîné qui, ravi de la présence de son cadet, se trouvait incommodé – on le serait à moins ! – de la gêne qu'il lui occasionnait. En fin psychologue, il devinait par ailleurs, ses tourments de conscience à l'idée de le laisser partir contre le gré de tous ses concitoyens. Il lui fit alors cette plaidoirie improvisée pour l'inviter à opter pour la solution qui, selon lui, était celle de la raison :

« Vous montrez que vous êtes un bon frère et que vous appréciez le bonheur d'avoir un frère saint ; mais les gens d'Ars montrent aussi par leurs démarches qu'ils

1. Abbé Raymond, P. O., p. 1433.
2. *Ibid.*

sont de bons paroissiens et qu'ils sentent d'avance le malheur qu'ils auraient de perdre leur saint curé[1]. » Alors, M. Raymond donna libre cours à ses sentiments personnels qui témoignaient de l'abandon de ses prétentions pour sa promotion à la cure d'Ars. Il était définitivement convaincu de la vanité qui l'avait poussé à y prétendre : « Ah ! si j'eusse quitté ma paroisse comme lui, on ne s'inquiéterait pas ; on me laisserait tranquille et courir en paix[2]. » Cette réflexion teintée d'amertume était un constat de reconnaissance des difficultés de communication du prêtre avec ses fidèles. Elle eut pour effet de déclencher un rire général de l'assistance et de décrisper François Vianney. M. Raymond profita de cette diversion pour monter à la chambre de M. Vianney alors en conversation avec deux personnes d'Ars et le prier de descendre. Celui-ci le suivit, dit un mot aimable à tous ceux qui étaient présents. Ils se retirèrent aussitôt, les Arsois emportant un léger espoir de retrouver un jour leur cher pasteur.

D'un conciliabule à l'autre

Dans l'après-midi, M. Vianney alla présider les vêpres et le Salut du Saint-Sacrement. Après quoi les trois prêtres se retrouvèrent dans la sacristie. M. Peyrade crut le moment venu de prendre M. Vianney en aparté pour lui faire savoir la résolution de ses paroissiens de le conserver et leur méfiance à l'encontre de M. Raymond : « Bien des gens de Dardilly, lui dit-il, le regardent d'un mauvais œil ». La répartie, teintée d'humour comme son interlocuteur savait en faire, fut incisive : « Ne vous inquiétez pas de M. Raymond : c'est un bon cheval de trompette ; il ne craint pas le bruit[3] ! »

---

1. *Ibid.*
2. Abbé Raymond, *Vie,* Archives, évêché de Belley, p. 119 (Bourg).
3. Abbé Raymond, *id.*, p. 121.

Les trois confrères devaient manger ensemble au presbytère, afin de dénouer cette situation épineuse. Avant cette rencontre, M. Vianney trouva l'opportunité de s'entretenir avec l'abbé Raymond à l'insu de l'abbé Peyrade. Persuadé qu'il n'avait pas d'autre recours que de rentrer dans son diocèse, il convint avec lui d'un plan stratégique pour mettre au point les modalités de leur départ. M. Raymond partirait le soir même, seul, afin de ne pas éveiller les soupçons de son hôte. Il serait censé porter à Mgr Devie la réponse du « Curé d'Ars » qui ne pouvait être, pour M. Peyrade, qu'une demande d'*exeat*. M. Vianney, quant à lui, quitterait le village le lendemain de très bonne heure, pour échapper à la vigilance de ses compatriotes. Ils se retrouveraient dans la matinée du lundi, chez un confrère ami, à la cure d'Albigny. De là, ils se rendraient ensemble à Marlieux d'où dépendait Notre-Dame-de-Beaumont (l'une des trois chapellenies proposées à M. Vianney par Mgr Devie). Ils y prendraient un peu de repos pour réparer leurs forces physiques et s'accorderaient un dernier délai de réflexion et un temps de prière, dans le sanctuaire de Marie, pour connaître la volonté de Dieu : M. Vianney devait-il rester à Beaumont ou rentrer à Ars ?

M. Vianney était donc rentré chez son frère avec l'intention de le quitter, afin d'obéir à son évêque et de mettre fin aux embarras incessants que lui causait sa présence. Il était dans ces dispositions quand un groupe de paroissiens de Dardilly vint dans la cour de la ferme et demanda à François de faire descendre son frère qui était déjà remonté dans sa chambre. L'un deux se fit leur porte-parole auprès de M. Vianney au moment où il apparut sur le seuil de la porte : « Prenez votre retraite ici ; nous nous chargerons d'obtenir pour vous les autorisations nécessaires[1] ».

1. Ils faisaient ici allusion aux démarches nécessaires pour obtenir des évêques respectifs l'*exeat* du diocèse de Belley et l'*ineat* de celui de Lyon. Le second étant lié au premier, M. Vianney savait que cette proposition ne pouvait aboutir.

Touché par une exhortation aussi prenante, il répondit : « mes amis, si vous pouvez y réussir, je ne demande pas mieux[1] ! ». Ces paroles sortaient, à n'en pas douter, du fond de son cœur. Mais sa décision était irrévocable. La délégation se retira sur ces espérances. Cependant M. Vianney dévoila ses intentions à son frère qui ressentit des sentiments de tristesse à se séparer de lui, mais aussi, de soulagement, vu l'envahissement permanent de sa maison qui ne ferait que s'accroître.

Vers Marie, « demeure du Saint-Esprit »

Le lundi 18 septembre, les deux frères se levèrent avant l'aube. François fit monter Jean-Marie sur son cheval qu'il tenait par la bride. Ils prirent la route d'Albigny. Un peu avant l'entrée du village, le cavalier descendit de sa monture, remercia son guide et l'embrassa affectueusement. Puis il se dirigea vers le presbytère, salua le curé et alla célébrer sa messe dans la petite église. Il retrouva l'abbé Raymond avec lequel il poursuivit (à pied ou dans une mauvaise voiture selon les versions) son chemin vers Notre-Dame-de-Baumont[2]. Avant d'y arriver, ils firent une halte à Marlieux où le curé les hébergea pour la nuit. Au petit matin, ils allèrent, à pied, célébrer leur messe dans la petite chapelle de Beaumont où les conduisit leur confrère. M. Vianney dit la sienne le premier. Quand l'abbé Raymond eut terminé, il avait achevé son action de grâces. Comme il l'avait demandé à Marie, il avait perçu, au fond de son cœur, la réponse de l'Esprit-Saint à la question qu'il ne pouvait trancher. Dès que son jeune confrère sortit de la sacristie où il était aller déposer ses ornements sacerdotaux, il lui dit,

---

1. Abbé Raymond, P. O., p. 1434.
2. Selon certains, l'abbé Raymond l'aurait devancé pour aller chercher, à Neuville, une voiture qu'il n'avait pas trouvée.

sur un ton bien assuré : « Le bon Dieu ne me veut pas ici. Retournons à Ars[1]. »

Un retour carillonné

Ils rentrèrent à Marlieux à pied. Pendant que M. Vianney remerciait le curé pour avoir été leur hôte et leur guide, l'abbé Raymond alla chercher une voiture. Ils allèrent ainsi jusqu'à Savigneux, sa paroisse. M. Vianney ayant eu du mal à supporter les cahots du chemin qui accroissaient ses douleurs multiples, ils décidèrent de faire le reste de la route à pied : M. Raymond proposa à son confrère de se reposer quelques heures à la cure et d'aller visiter le Saint-Sacrement dans son église. Il en profita pour prier sa servante de se rendre en toute hâte à Ars pour prévenir le maire du retour de son curé dans l'heure qui suivait et le sacristain, pour qu'il fasse sonner les deux cloches à toute volée. Au son de leur joyeux carillon, tous ceux qui, étant aux champs, n'avaient pas appris la nouvelle de bouche à oreille, accoururent sur la place. Quelques instants plus tard, on entendit des cris : « Monsieur le Curé est là ! Monsieur le Curé est de retour ! » Catherine Lassagne n'était pas des moins heureuses. On l'imagine aisément, avec les deux autres « directrices », entourées de leurs « petites » prêtes à pousser des cris de joie pour acclamer cet homme qui les chérissait de tout son cœur et qu'elles aimaient tendrement. Il était là, en effet, devant elles, appuyé sur son bâton. Soutenu par M. Raymond, il monta sur la place où on l'attendait. Fidèle aux conseils de l'abbé Tailhades, Catherine regardait, les yeux grands ouverts, le spectacle qui se déroulait devant elle pour en laisser le souvenir à la postérité : « Tout le monde courait, écrit-elle, les ouvriers quittaient leur travail, les batteurs de

1. Abbé Raymond, P. O., p. 1435.

blé quittaient leur battoir pour venir le voir. Dans un moment, la place fut remplie de ses paroissiens qui ne savaient plus exprimer leur joie que par des larmes d'attendrissement. Ils ne disaient point de paroles, ils se jetaient tous à genoux devant leur pasteur pour recevoir sa bénédiction[1]. » « Il souriait, il avait l'air heureux. Il disait : "C'était donc tout perdu ! Eh bien, tout est retrouvé[2]". » Mme des Garets qui relate aussi ce retour, donne un détail d'une grande force émotive : « Prosper est accouru, "le Saint" l'a pris dans ses bras, avec le transport d'un père qui retrouve son fils... Il y a vraiment, poursuit-elle, de l'attendrissement dans ses yeux et dans sa voix. Il y a, m'a-t-il dit, des consolations dans mon cœur[3]. »

Un fardeau lourd à porter

Catherine Lassagne nous dépeint avec réalisme la reprise des fonctions de M. Vianney : « Voilà notre Curé rendu à ses paroissiens. Il eut quelques jours de repos parce que la foule des pèlerins s'était dissipée à cause de son absence. Il reprit ses fonctions ordinaires et, lorsqu'on le sut, les pèlerins arrivèrent de tous côtés. Il recommença sa vie laborieuse[4]. » Et il redevint prisonnier de son confessionnal. Bientôt, son rythme de vie effréné lui causa de nouvelles douleurs inquiétantes. Le docteur Saunier fut appelé en novembre 1843. « Il lui prodigua de nouveaux soins et découvrit une hernie affreuse, négligée depuis plusieurs années [...] Les remèdes nécessaires sont administrés [...] l'appareil indispensable est appliqué et le malade est bientôt sur pied[5]. »

---

1. *La Confidente*, p. 183.
2. lettre de Mme des Garets, a. Monnin, éd. 1925, p. 426, t. I.
3. A. Monnin, éd. 1925, t. I, p. 426.
4. *La Confidente*, p. 62.
5. Abbé Raymond, *Vie*, p. 106.

Et il reprit sa double tâche, parfois bien difficile à concilier, de pasteur et de guide spirituel. Il lui arrivait de dire, les jours de plus grande affluence : « Il faudrait que le bon Dieu m'accorde la faculté qu'il a donnée à plusieurs saints d'être en plusieurs lieux à la fois[1]. » Quand, sous le double effet de la fatigue et des douleurs, il sentait le découragement le gagner, il disait : « Si j'avais déjà un pied dans le ciel et qu'on vînt me dire de revenir sur la terre pour travailler à la conversion d'un pécheur, volontiers je reviendrais. Et s'il fallait pour cela rester jusqu'à la fin du monde, me lever à minuit et souffrir comme je souffre, j'y consentirais de tout mon cœur[2]. »

Il lui arrivait cependant de se sentir écrasé de responsabilités et de souhaiter se retirer dans une pièce mise à sa disposition à « La Providence ». Dans cet objectif qu'il ne situait pas encore dans le temps, il sollicita de Mgr Devie l'autorisation de faire édifier une chapelle jouxtant l'établissement où il pourrait célébrer la messe pour le personnel et les enfants et fonder une « adoration perpétuelle » : L'évêque donna son accord. À l'instigation de M. des Garets, la commune lui offrit un terrain et les travaux commencèrent vers le début 1844[3].

Pendant la durée de sa construction, le passage quotidien de personnes dans l'église nécessita l'agrandissement du vieux chœur roman. M. Vianney en fit édifier un plus vaste et plus allongé. Il fit construire une seconde sacristie et un vestibule à l'intention des pèlerins qu'il ne supportait pas de voir passer la nuit dehors pour ne pas perdre leur temps de confession. Sur tous les points, un fardeau bien lourd à porter pour M. Vianney !

---

1. Frère Athanase, P. O., p. 883.
2. *ibid.*
3. Cette chapelle existe toujours. L'adoration y est proposée le samedi de 13 h 30 à 15 h 30.

Un fardeau difficile à partager

Pour M. Vianney, un auxiliaire efficace

Malgré son extraordinaire capacité de résistance et sa volonté inflexible, M. Vianney sentait qu'il ne pourrait pas résister longtemps à une telle profusion d'activités. Mgr Devie, lui aussi, en avait pleinement conscience. Il profita d'une visite à Ars pour lui en parler. Il se dit alors tout disposé à lui adjoindre un collaborateur qui pourrait le décharger du ministère paroissial et lui laisserait la responsabilité du pèlerinage en lui apportant des aides ponctuelles.

M. Vianney pensa que l'abbé Raymond serait le candidat tout désigné pour accomplir cette fonction auprès de lui. Celui-ci accepta un arrangement qui définissait les fonctions de chacun. Une convention fut signée entre eux le 17 septembre 1845 et approuvée par leur évêque le 27. L'abbé Raymond s'installa à la cure dès le 25. C'était sans compter sur l'inquiétude de ses paroissiens qui redoutaient son caractère difficile et autoritaire et son apparence hautaine et froide qui les rebutait. Sous la pression populaire, il fut obligé de proclamer « M. Vianney [encore] curé de la paroisse et de ne [s'annoncer] lui-même que comme officier subalterne[1] ».

Cette mise au point n'allait pas empêcher la situation de devenir ambiguë. Deux paroissiennes qui l'ont bien connu l'ont ainsi défini : « un prêtre excellent, selon la comtesse des Garets, animé des meilleures intentions[2] ». Et Catherine Lassagne : « un excellent ecclésiastique bien dans son devoir[3] ». M. Vianney, quant à

1. Abbé Raymond, *Vie*, p. 132.
2. P. O., p. 909.
3. Catherine Lassagne, *La Confidente*, p. 197.

lui, en disait : « je trouve qu'il prêche donc bien[1]. » Par ailleurs, l'abbé Raymond s'efforçait, à l'instigation de son évêque, d'exercer un œil attentif sur les finances gérées par M. Vianney. Car, selon l'évêque, la fabrique, et par voie de conséquence, les caisses diocésaines, en bien piteux état, devraient bénéficier, pour une grande part, des sommes substantielles brassées quotidiennement par M. Vianney. Force nous est de reconnaître que les craintes de l'évêque n'étaient pas sans fondement, comme l'attestent deux témoins :

– le comte des Garets s'inquiétait « que M. Vianney ne donnait pas toujours assez de discernement ou, plutôt, qu'on abusait de sa grande bonté. Bien des fois, moi-même, je lui avais fait l'observation qu'il donnait à des personnes qui n'en avaient pas besoin[2] ».

– l'abbé Raymond avait pu faire le même genre de constatation au cours de ses nombreux séjours à Ars : « il était si peu maître de son argent qu'il le donnait tout aux pauvres[3]. »

M. Raymond exerçait donc son rôle de prêtre auxiliaire avec un zèle que sa solide constitution physique rendait infatigable. Il avait en outre déchargé M. Vianney du catéchisme aux enfants et des prédications dominicales et lui rendait tous les services qu'il pouvait. Un coadjuteur efficace…

… qui lui dit ses « vérités »

En revanche, précise la comtesse des Garets « il était d'un caractère difficile et manquait en beaucoup de choses de tact et de prudence. À peine, fut-il auprès de M. le Curé que, sous prétexte d'un plus grand bien, il le contraria de mille manières. M. Vianney ne fut presque

1. *Id.*, p. 198.
2. P. O., p. 972.
3. *M. le Curé d'Ars*, t. I, p. 46.

plus le maître dans sa cure, dans son église[1]. » L'abbé Raymond, en effet, revendiquait à son compte exclusif la fonction curiale, comme l'attestent les actes signés par lui en sa qualité de « Curé d'Ars » sur les registres paroissiaux.

La baronne de Belvey note pour sa part : « Il est incroyable tout ce que le bon Curé a souffert de la part d'un homme qu'il aimait, qu'il défendait au besoin contre l'animadversion de ses paroissiens[2]. »

Quelle était la réaction de M. Vianney ? Catherine Lassagne répond à cette interrogation : « Il a pris le parti de lui être soumis, de le prévenir, de le consulter en bien des rencontres, en un mot, de faire sa volonté autant que possible et de le soutenir[3]. »

Il le soutenait, en effet, quand des témoins de ses sautes d'humeur et autres mesquineries lui faisaient part de leur réprobation ou lui proposaient d'en référer à son évêque : « il m'a défendu et a défendu à bien d'autres personnes, note la baronne de Belvey, de parler de sa conduite à l'évêque de Belley et toutes les fois que le prélat manifestait l'intention de changer cet ecclésiastique, M. Vianney s'y opposait ».

Le Frère Athanase que nous allons bientôt rencontrer, déclare : « Ayant entendu un jour une scène pénible, j'en exprimai ma douleur à M. le Curé. "Vous l'avez donc entendu ? me dit-il. Tant pis ! Il n'y a pas de mal quand personne ne s'en aperçoit. J'y suis bien habitué." Puis il se mit à excuser son confrère[4]. ».

Malgré l'indulgence de M. Vianney qui voyait, dans le support de ce confrère, de bonnes raisons pour lutter contre ce qui lui restait de sa nature impulsive et impatiente, de

1. P. O., p. 909.
2. P. O., p. 238.
3. Catherine Lassagne, *La Confidente*, p. 197.
4. P. O., p. 880.

multiples plaintes arrivèrent à l'évêché. De sorte que Mgr Devie mandata à Ars un des voisins et amis de M. Vianney, M. Dubouis, le curé de Fareins, pour lui proposer la mutation de l'abbé Raymond. M. Vianney lui répondit : « Je suis content de M. Raymond, il me dit mes vérités[1] ».

« Si tu savais les dons de Dieu »

Quoiqu'il en soit des difficultés de sa collaboration avec son coadjuteur, M. Vianney se voyait déchargé, depuis son arrivée, d'une partie de ses activités paroissiales (excepté la visite aux malades dont il refusait de se défaire). Il se trouvait ainsi davantage disponible pour les pèlerins, de plus en plus nombreux depuis qu'ils avaient entendu parler de ses intuitions inouïes et, plus récemment, des faveurs prodigieuses obtenues par son intercession. On ne saurait réaliser une biographie sérieuse de M. Vianney sans donner un aperçu de sa puissance d'intercession soulignée par de nombreux témoins dignes de foi.

« Lève-toi et marche »

Un jeune garçon de six ans venait de perdre sa mère. Ses jambes « étaient nouées » et il ne pouvait marcher. Son père était un gendarme dont la solde ne permettait pas de payer une nourrice pour s'occuper de lui. Il se voyait donc obligé d'abandonner son service pour en prendre soin. Ayant entendu parler des miracles obtenus par l'intermédiaire de M. Vianney, il obtint trois jours de permission et se rendit à Ars avec son enfant. Il prit une voiture publique jusqu'à Lyon et, de là, le service régulier pour Ars. Il réussit à rencontrer M. Vianney qui ne

1. Abbé Dubouis, P. A. *ne pereant*, p. 901.

cacha pas son émotion à l'écoute de son histoire. Avant de le congédier, il lui dit, d'un ton rassurant en esquissant un sourire mystérieux : « Mon cher ami, votre fils guérira ». Cette phrase n'était pas achevée, selon l'abbé Monnin qui relate ce fait « qu'un léger craquement se fit entendre ; la jambe infirme se redressa et l'enfant se mit à marcher[1] ».

Cherche Dieu et tu le trouveras

Parmi les miracles il y en avait un permanent, c'était les effets du charisme de M. Vianney à atteindre les consciences, à les éclairer, les émouvoir, les transformer. Le fait suivant en est un exemple parmi tant d'autres. Ce Lyonnais célèbre, M. Maissiat, était un professeur de dessin doublé d'un géologue réputé. Pour ne pas nuire à sa réputation de scientifique, il mettait un point d'honneur à rejeter tout sens religieux incompatible, selon lui, avec ses raisonnements de « philosophe ».

Né catholique, il avait apostasié peu de temps après sa première communion. Mais il conservait, parmi ses amis, M. Gaillard, un homme à la foi solide qui, un jour, insista de tout le poids de son affection pour l'entraîner avec lui dans une voiture se rendant à Ars. Le lendemain de leur arrivée, l'incrédule assista, par courtoisie, à la messe de M. Vianney. En se rendant de la sacristie à l'autel, celui-ci le fixa intensément et avec une telle insistance qu'il en fut profondément impressionné. Il n'avait plus la moindre envie de se moquer de ce « faiseur de miracles ! ». À la fin de sa messe, le célébrant alla droit à lui, lui posa une main sur l'épaule et l'invita à le suivre à la sacristie. À la vue du confessionnal, le géologue eut un haut-le-corps, manifestant ainsi son refus de s'agenouiller comme l'y engageait M. Vianney. Mais ce dernier ne le quittait pas des yeux, promenant sur son

1. *Le Curé d'Ars*, pp. 245-246.

visage ce regard à la fois doux et compatissant, mais aussi, ferme et impérieux. Il se sentit alors poussé malgré lui, à lui raconter sa vie. Ne percevant aucun regret sincère dans son récit, M. Vianney le renvoya en lui disant : « Mon ami, revenez me parler demain. En attendant, allez devant l'autel de sainte Philomène. Vous lui direz de demander votre conversion à Notre-Seigneur. Notons bien au passage la précaution habituelle de M. Vianney à détourner toute obtention de grâce vers "son consul après du bon Dieu". »

Le pénitent malgré lui ne résista pas à cette invitation. Aussitôt, il se sent seul avec Dieu. Les larmes l'envahissent. Incapable de maîtriser son émotion, il se fraye un chemin dans la foule pour sortir de l'église. « Oh ! avouera-t-il plus tard, qu'il y a de bonheur en de pareilles larmes ! » Le lendemain il vint, de son propre gré, prendre sa place parmi les rangs des pénitents. Son tour vint enfin. Dès qu'il se trouva dans la sacristie, il avoua au confesseur : « Mon Père, je ne crois à rien... Aidez-moi ! » Il passa neuf jours à Ars, au rythme d'un entretien quotidien avec M. Vianney. À son départ, c'était un homme transformé par la grâce et rayonnant de foi. De retour à Lyon, indifférent aux moqueries de ses confrères, il « se montra l'un des plus fervents et des plus zélés catholiques de la ville[1] ».

« N'ayez pas peur ! »

Un autre aspect des pouvoirs étonnants de M. Vianney consistait à délivrer les personnes sous l'emprise du démon[2]. Le cas que je citerai ici en référence, peut être

---

1. D'après le témoin de la conversion : M. Gaillard, P. O., pp. 1427 à 1429 et l'abbé Raymond, *Vie*, p. 158.
2. Tout prêtre est doté du pouvoir d'exorciste, mais il ne peut en user (à moins qu'il exerce cette fonction officiellement) que si l'évêque l'y autorise à chacune des demandes. M. Vianney avait reçu de Mgr Devie le droit d'en user en toute circonstance qu'il jugerait utile.

considéré comme sérieux car, après l'étude qu'il en avait faite, l'archevêque d'Avignon avait envoyé la personne concernée auprès de M. Vianney.

Il s'agissait d'une jeune institutrice, considérée comme possédée, emmenée à Ars par un vicaire de Saint-Pierre d'Avignon et la Supérieure des Franciscaines d'Orange. Le lendemain de son arrivée, ils la firent entrer dans la sacristie au moment où M. Vianney s'apprêtait à dire sa messe. À sa vue, la malheureuse s'écria : « Il y a trop de monde ici ! » en se précipitant vers la porte pour s'enfuir. M. Vianney lui rétorqua : « Il y a trop de monde ? eh bien ! on va sortir ». Et il fit signe à tous les assistants de se retirer. Cependant elle retournait vers la porte. M. Vianney l'interpella : « Tu veux donc absolument sortir ?

— Oui !

— Et pourquoi ?

— Parce que je suis avec un homme que je n'aime pas.

— Tu ne m'aimes donc pas ? lui lança-t-il d'un ton plus ironique que formalisé.

— Non, lui répliqua-t-elle en poussant un cri strident qui n'avait rien d'humain.

Il lui donna alors une bénédiction, récita un bref exorcisme et la conduisit lui-même vers la porte. Elle apparut à ceux qui l'avaient accompagnée recueillie et sereine, pleurant de joie et de reconnaissance. Se tournant vers son libérateur, elle lui dit : "J'ai peur qu'*il* ne revienne".

— Non, mon enfant, pas de sitôt. »

Sa réponse rassurante allait être confirmée par la suite : la jeune institutrice fut en mesure de reprendre ses fonctions que son état lui avait fait interrompre et fut entièrement et définitivement délivrée[1]. On notera au passage, pour ce genre d'intervention, la discrétion et la sobriété de M. Vianney qui n'avait d'égale que sa ferme

1. Archives du presbytère d'Ars – année 1904.

conviction d'être l'instrument du Roi des Cieux pour lutter contre le prince des Ténèbres.

Vivez de l'espérance

Le fond

On ne saurait parler des grâces transmises par M. Vianney sans mettre l'accent sur ses « Catéchismes de onze heures » qu'il avait dû, comme on le sait, transférer de « La Providence » à son église en raison de la trop grande affluence qu'ils attiraient. Les pèlerins n'étaient pas moins nombreux à venir l'écouter à l'instruction donnée au cours de la prière du soir. Quels étaient ses thèmes habituels ? La fidélité aux engagements du baptême, l'union à Dieu et à son Fils dans toutes les circonstance de la vie, particulièrement par l'assistance à la messe, la communion fréquente, les visites au Saint-Sacrement, la méditation de la Passion. Quand on s'est éloigné de Dieu par le péché, on doit s'élancer vers lui par une confession sincère qui ramènera la sérénité du cœur et débouchera sur une réelle conversion.

Si, vers le milieu des années 1800, il lui arrive encore parfois de mettre en garde contre les risques de damnation, il privilégie le thème de la miséricorde divine, comme en témoigne cet extrait de sermon : « Préparez-vous bien, accusez tous vos péchés, ne craignez rien, ne cachez rien. Auriez-vous commis autant de péchés mortels qu'il y a de feuilles sur tous les arbres et dans toutes les forêts, et autant qu'il y a de brins d'herbe dans toutes les prairies et autant qu'il y a de grains de sable et autant qu'il y a de gouttes d'eau dans toutes les mers [...] si vous avez, au moment de la confession, le repentir et le ferme propos, au moment que vous recevrez l'absolution, tous vos péchés vous sont pardonnés et vous êtes comme si vous n'aviez point commis de péché ; le bon Dieu les a oubliés car [il] sait bien que vous allez retomber après[1]. » Après avoir donné des conseils pour vivre selon le message évangélique, il aborde assez souvent le thème de la mort à laquelle nous devons nous préparer pour être accueillis dans la Maison du Père. Pour l'Éternité.

La forme

Si le fond des instructions de M. Vianney avait un impact certain sur les foules, la forme n'était pas étrangère à cet attrait. L'abbé A. Monnin, qui a été de ses auditeurs, nous fait part de ses réflexions pertinentes dont ces extraits sont significatifs :

« Ce n'était pas une parole que faisait entendre le prédicateur, c'était plus qu'une parole, c'était une âme, une âme sainte, toute trempée de foi et d'amour, qui s'épanchait devant vous, dont vous subissiez le contact immédiat, dont vous sentiez le rayonnement sur votre âme. » L'auditeur « n'était plus sur la terre, il était transporté dans ces pures régions d'où descendent les dogmes et les mystères [...]. À mesure [qu'il] parlait, de nouveaux horizons s'ouvraient à la pensée[2] ». « Lorsqu'un homme venu du monde et en rapportant les idées, les sentiments, les impressions qu'on y respire, s'asseyait pour entendre cette doctrine, elle l'étourdissait, le terrassait ; elle jetait un si poignant défi au siècle. C'était d'abord du vertige et de la stupeur qu'il éprouvait, puis l'attendrissement le gagnait peu à peu, et il se surprenait à pleurer comme les autres. Quelle éloquence a provoqué plus de larmes ! Quelle parole a pénétré plus avant dans les cœurs !... Les plus endurcis fondaient comme la cire à ses ardeurs. Elle brûlait, elle rayonnait, elle triomphait ; elle faisait

---

1. Instruction du 28 août 1851. Nous sommes loin de l'époque où M. Vianney imposait des confessions multiples et espaçait les communions.

2. A. Monnin, *Le Curé d'Ars*, éd. 1893. H. Chapelliez et Cie, t. II, p. 310.

mieux que de charmer l'esprit, elle dominait l'âme tout entière et la ramenait à Dieu, non pas par la voie longue et difficile de la discussion, mais par les sentiers de l'émotion, qui abrègent et conduisent directement au but[1]. »

M. Vianney se trouvait aussi à l'aise devant ses paroissiens ou les gens les plus simples de passage que devant les personnalités civiles ou religieuses les plus réputées de France, mais aussi, de Belgique, d'Angleterre, d'Allemagne, voire des Amériques. Je citerai deux personnages célèbres à cette époque : Mgr Dupanloup et le Père Lacordaire. Au premier qui lui faisait part des craintes inspirées par ses lourdes responsabilités d'évêque, il répondit : « Il y a beaucoup d'évêques dans le Bréviaire et presque point de Curés. C'est à moi, Monseigneur, de trembler[2]. » Le second était venu incognito. Il s'avoua très ému de « la chaleureuse exhortation dans laquelle il [l']avait entendu presser et conjurer ses [auditeurs] d'invoquer le Saint-Esprit et d'appeler en eux la plénitude de ses dons[3] ».

M. Vianney commenta ainsi ses sentiments sur sa visite : « Ce qu'il y a de plus grand dans la science est venu s'abaisser devant ce qu'il y a de plus petit dans l'ignorance[4]. » Le Père dominicain, prié par lui de prendre la parole après les vêpres, aurait volontairement fait une allocution jugée bien fade par l'assistance et aurait dit : « Je voudrais prêcher comme lui[5] ». Venant d'un tel orateur, peut-on trouver meilleur éloge ?

---

1. *Idem*, p. 311.
2. Monnin, éd. 1868, p. 305.
3. *Idem*, p. 206.
4. Comtesse des Garets, P. O., p. 918.
5. Baronne de Belvey, P. A. *ne pereant*, p. 192.

Savoir rester réaliste

Une situation « à la bourdifaille »

L'existence de « La Providence », compromise pendant l'absence de M. Vianney, restait conditionnée aux aléas des dons des pèlerins. C'était d'ailleurs, pour lui, une préoccupation constante qu'il redoutait de ne plus être en mesure d'assumer longtemps. Par ailleurs, les parents des élèves d'Ars supportaient de moins en moins leur cohabitation avec les « orphelines » ramassées dans les campagnes environnantes, dépourvues de toute éducation. Ils devenaient de plus en plus sensibles à la défectuosité des conditions d'hygiène. L'enseignement reçu était fort limité et les différents niveaux ne permettaient pas une saine émulation. M. Vianney reconnaissait que « les choses allaient un peu à la bourdiffaille[1] ». Mais il avait pour principal objectif de former de bonnes chrétiennes sans se préoccuper de ces détails qu'il jugeait accessoires. On s'inquiétait cependant dans son entourage de cet état de fait qui, vu les rumeurs qui couraient, ne manquerait pas d'alerter les autorités académiques.

Cette situation ne pouvait durer. On lui conseillait de se décharger des responsabilités de cette institution qui dépassait ses forces. L'abbé Raymond peut en témoigner : « J'étais du nombre de ceux qui le pressaient de faire appel à des Sœurs[2]. » Monseigneur Devie, lui aussi, jugeait nécessaire une prise en main de « La Providence » par une congrégation de religieuses spécialisées dans l'enseignement et l'éducation des filles et qui assureraient la gestion de la maison. Il confia au supérieur du grand séminaire, le chanoine Perrodin, le soin de convaincre M. Vianney de l'opportunité de cette initiative. Le chanoine

1. Monnin, p. 218.
2. P. O., p. 304.

se rendit plusieurs fois à Ars pour le rencontrer. Au cours de leurs entretiens, il lui exposa les arguments pertinents pour l'inviter à passer les pouvoirs de « La Providence » aux Sœurs de Saint-Joseph auxquelles il avait fait appel lui-même à Bourg pour fonder une « Providence » qui lui donnait les meilleures satisfactions.

M. Vianney ne fut pas insensible à ses arguments. Mais il pensait à ses trois « directrices » qui s'étaient dévouées sans compter pendant des années. Allait-il les séparer de leurs « filles adoptives » qui étaient toute leur raison de vivre ? Allait-il les mettre à la rue sans compensation pécuniaire ? Comment pourraient-elles subsister ? Autant de questions à résoudre et de points à négocier avec les futures responsables.

Des pourparlers aux actes

Il fallait donc en venir aux tractations. Mgr Devie profita de l'opportunité (plus ou moins provoquée ?) d'une visite de la Supérieure générale des Sœurs de Saint-Joseph, Mère Saint-Claude, dans son établissement de Villeneuve, pour l'inviter à une entrevue avec M. Vianney. Il pria son vicaire général, M. Guillemain, ami personnel et ce dernier, de se rendre à Ars pour assister en son nom, à la rencontre. Reconnaissant la volonté de Dieu dans cette affaire, M. Vianney donna son accord de principe. Six mois de pourparlers furent ensuite nécessaires pour régler différents problèmes. Le 5 novembre 1847, un sous-seing privé était enfin signé entre M. Vianney et Mère Saint-Claude. Un an après, le 5 novembre 1848, les Sœurs, arrivées quelques jours plus tôt, prenaient officiellement possession des bâtiments, des terrains et des rentes, mais aussi de la chapelle, flambant neuve et parée par M. Vianney, de statues, tableaux et reliquaires. Ainsi, celui qui avait fait bâtir ce sanctuaire à son intention, était-il le plus heureux de s'en défaire « pour la plus grande gloire de Dieu ». Mieux encore : il avait prié Mgr Devie de procéder à sa bénédiction sous le vocable de « La Sainte Famille », le jour même de l'installation des Sœurs. Cette manifestation donna lieu à une cérémonie émouvante où assistèrent tous les Arsois réunis autour de leur maire.

Les « directrices » en reconversion

Il fut convenu que les trois « directrices » pourraient rester jusqu'à leur décès à « La Providence » moyennant quelques services rendus aux Sœurs. Le 27 décembre 1848, tout donnait à penser que leur présence ne suscitait pas de problème majeur, comme le laissait entendre la Supérieure de la Maison à Mère Saint-Claude : « Ces demoiselles fraternisent avec nous. Jeanne-Marie nous donne bien de temps en temps quelques mots à ranger, mais c'est plutôt, je crois, l'effet de son caractère que de sa volonté. Tout ira bien[1]. »

Tout n'alla pas pour le mieux, pour des raisons inhérentes aux évidentes difficultés d'adaptation des trois « directrices » qui se séparèrent des Sœurs quelques mois plus tard. Jeanne-Marie se retira dans sa famille. Catherine Lassagne et Marie Filliat vinrent habiter dans deux pièces jouxtant la cure. Elles seraient chargées du ménage de M. Vianney (nourriture, linge, presbytère) et de l'entretien des ornements et du linge d'autel. Elles allaient s'appliquer à leur nouveau rôle avec un dévouement sans failles. Catherine trouvera le temps de visiter les malades et de rendre des services ponctuels aux Sœurs et de les faire bénéficier sur certains points, des fruits de son expérience. Si M. Vianney se réserva la direction spirituelle des enfants, il leur rendait cependant des visites moins fréquentes depuis l'arrivée des Sœurs qui l'avaient

1. Chanoine Béréziat, *Notice Historique*, p. 432.

déchargé de ses responsabilités, mais qui déploraient sa présence trop discrète : « Nous espérons, écrivait leur Supérieure à la "Générale", que M. le Curé ne restera pas toujours dans l'inaction touchant sa chère "Providence"[1]. » Il allait cependant leur rendre progressivement des visites plus rapprochées. Pour leur prouver la confiance qu'il leur témoignait, il leur confia sa petite-nièce. Celle-ci n'étant pas une enfant facile, la Supérieure se plaignit un jour à lui de ses espiègleries. Il lui répondit en souriant : « Que voulez-vous, dans notre famille, nous ne valons tous rien[2]. »

M. Vianney n'avait pas perdu son humour et ne ratait pas une occasion de se dévaluer aux yeux du monde. Mais la Supérieure ne tint aucun compte de son jugement et témoigna à l'enfant un intérêt accru. Comme elle employa toute son énergie, avec l'aide de sa Communauté, à la bonne marche de « La Providence ». Déjà, en 1850, une commerçante récemment installée à Ars pouvait en témoigner : « Lorsque je vins tenir boutique dans le village, les soins des Sœurs pour la propreté et l'embellissement de "La Providence" la faisaient sortir peu à peu de sa première pauvreté[3]. » Laissons-les poursuivre et revivifier l'Œuvre de son fondateur.

« La Ricotier » en ébullition

Ce changement de propriétaire de « La Providence » ne suscita aucun problème relatif aux Sœurs. En revanche, il provoqua la vive contestation de Marie Ricotier qui s'estimait lésée dans cette affaire. Quand elle s'était dépossédée de ses deux maisons, c'était pour qu'elles reviennent à l'orphelinat fondé par M. Vianney auquel

1. Lettre de Sœur Marie-Séraphine à Mère Saint-Claude du 9 mai 1849.
2. Marthe Miard, P. A. continuatif, p. 852.
3. Marthe Miard, P. A. continuatif, p. 852.

elle déniait le droit de les rétrocéder. Il ne lui suffisait pas que les nouvelles propriétaires aient maintenu la jouissance à vie de la première de ces maisons à elle-même et sa sœur Françoise et celle de la seconde à M. Vianney (qui avait autorisé M. Raymond à l'occuper à sa place). Ses commérages firent tant de bruit et suscitèrent tant de remous dans la paroisse que les Sœurs lui rendirent la pleine propriété de ses immeubles.

Marie Ricotier s'était insurgée contre ces mesures car elle se considérait comme une bienfaitrice ayant son mot à dire en tout et pour tout. « La Ricotier » – comme on l'appelait – habitait près de l'église et se trouvait toujours disposée à rendre tous les services qui étaient en son pouvoir à son Curé, comme elle le précise elle-même : « M. Vianney me chargeait souvent de faire différents achats pour lui et surtout pour « La Providence ». Il m'envoyait aussi vendre à Villefranche différents objets en or ou en argent qu'on lui avait donnés. Le prix en était employé à ses bonnes œuvres, à l'érection et à la décoration de ses chapelles[1] ». Elle était toujours disposée à ouvrir sa bourse pour répondre aux appels de M. Vianney ou des « directrices » de « La Providence ». Mais son bon cœur n'avait d'égal que sa propension au bavardage. Elle mérite cependant notre indulgence, car, ne doutant pas que le « Curé d'Ars » serait un jour canonisé, elle avait pris la précaution de lui acheter, au presbytère, tous les objets lui appartenant dont elle lui laissait la jouissance à vie. Cette initiative originale avait pour but de lui offrir des sommes répondant à ses besoins et de sauvegarder pour la postérité toutes ces choses qu'elle considérait déjà comme des reliques. Ce petit aperçu de Marie Ricotier nous fait davantage saisir le pittoresque du personnage et la complexité de son comportement.

---

1. P. O., p. 1336.

IX

Un cœur qui aime et qui souffre

Démêlés autour d'un projet

Un dessein cher à M. Vianney

M. Vianney savait que Jean Pertinand faisait des efforts considérables pour tenir sa classe au mieux. Mais il redoutait son manque d'autorité qui nécessitait parfois une intervention pour y rétablir l'ordre. Avant de prendre la décision de remettre « La Providence » aux Sœurs de Saint-Joseph, il nourrissait le projet de confier l'école des garçons à des religieux. Après s'être assuré que « cela ne serait pas un sujet de peine ou de sacrifice pour [l'instituteur] », il prit la décision de réserver une somme d'argent à sa réalisation. Déjà, en 1847, il avait informé Claude Laporte (dont il sollicitait encore une fois une aide financière) de son dessein : « Je viens de faire une fondation pour avoir des Frères pour instruire les enfants[1]. » Il avait alors adressé une lettre à Mgr Devie pour l'informer de son projet et lui annoncer

1. Lettre du 7 décembre 1847, *Lettres du Saint Curé d'Ars,* p. 43, Archives de Belley.

qu'il allait lui envoyer en dépôt, pour sa réalisation, une forte somme à remettre à un membre des Frères de la Sainte Famille de Belley (Ain)[1].

« Les amis du bon Dieu se connaissent bien »

Car c'est à cet Institut qu'il était bien résolu de faire appel. Sept ans auparavant, il en avait rencontré le fondateur, Gabriel Taborin, à l'époque de ses premiers balbutiements. Le Frère Taborin, qui n'avait jamais vu M. Vianney, était alors venu à Ars. Perdu dans la foule des pèlerins, il espérait pouvoir l'aborder à son passage, lui dire un mot, lui demander un conseil pour sa Congrégation naissante qui lui créait bien des problèmes. À sa grande surprise, M. Vianney, en passant à son niveau, marqua un temps d'arrêt, le salua avec « un gracieux sourire » et lui lança, sur un ton chaleureux, comme s'il s'adressait à un vieil ami : « Bonjour, bonjour, Frère Gabriel. Comment va votre petite communauté ?

— Mais, monsieur le Curé, vous me connaissez donc ?

— Oh ! les amis du bon Dieu se connaissent bien ! » lui avait-il rétorqué pour toute réponse, avant de s'éloigner.

Quand « le silence est d'or »

L'évêque avait donc reçu la lettre du Frère Gabriel Taborin assortie d'une recommandation en faveur de Jean Pertinand auprès du vicaire général qui lui avait promis de le recaser[2]. M. Vianney pensait que Mgr Devie avait contacté le Supérieur des Frères de la Sainte Famille pour le prier d'envoyer des Frères à Ars et lui remettre la

1. Voir *Frère Gabriel Taborin, à l'École de la Sainte Famille*, F. Bouchard, Éd. Salvator.

2. Le vicaire général tint sa promesse et fit embaucher Jean Pertinand aux mines de fer à Serrières, comme employé, puis comme régisseur.

somme en main propre. Or, le prélat n'avait pas pris contact avec les Frères et s'était contenté de placer l'argent dans la caisse diocésaine.

Les choses en étaient restées là quand, en décembre 1848, Gabriel Taborin, au cours d'une tournée de visites à ses Communautés, s'arrêta à Ars. Il se rendit directement à la cure pour rencontrer M. Vianney et discuter avec lui de la future fondation. Celui-ci étant absent, c'est Marie Ricotier qui l'introduisit et lui proposa de mettre une chambre à sa disposition dans sa maison qu'elle occupait avec sa sœur. L'abbé Raymond qui avait entendu leur conversation, vint le saluer rapidement. Redoutant que « la Ricotier » n'aborde avec lui le sujet épineux de la fondation de son curé, il l'invita « à se défier du langage de son hôtesse et de ne pas croire tout ce qu'elle lui raconterait [...], c'était une pauvre tête[1] ».

Quand la parole lève le voile

Dans la soirée, le Frère Taborin eut un entretien avec sa logeuse qui ne connaissait pas son nom. Elle se mit à fustiger le Supérieur des « Frères de la Sainte Famille » qui avait reçu de M. Vianney une si grosse somme d'argent pour faire une fondation. Qu'en avait-il fait ? Qu'attendait-il pour envoyer ses Frères à Ars où M. le Curé les attendait avec impatience ? Le Frère Taborin en avait assez entendu pour se faire une idée de la réalité de la situation. Il n'eut plus le moindre doute après la conversation qu'il eut ensuite avec M. Vianney : « M. le Curé, rapporte le Frère, venait de faire une fondation pour l'instruction gratuite des enfants de la paroisse d'Ars. Il me manifesta même son étonnement de ce que je n'avais pas encore envoyé de Frères. "Je suis fâché contre vous ; j'ai versé pour vous 18 000 F dans la caisse diocésaine."

1. Lettre de l'abbé Raymond à Mgr Devie, 1.11.1849, *Positio*, Frère Taborin, p. 520.

Il me pria d'envoyer des Frères le plus tôt qu'il me serait possible[1]. »

Il ne restait au Frère Gabriel qu'à prendre des mesures pour ouvrir l'école et à solliciter une audience auprès de Mgr Devie afin de faire toute la lumière sur cette affaire.

L'abbé Raymond monte au créneau

L'abbé Raymond qui avait entendu la conversation entre M. Vianney et le Frère Taborin s'était employé, de toute urgence, à dédramatiser la situation. Ainsi écrivait-il à son évêque : « Quand je fus seul avec le bon Frère, je lui dis que vous aviez l'intention de conserver ce capital dans la caisse diocésaine pour en donner annuellement les revenus à sa maison, dès que la fondation serait achevée ; qu'il ne devait pas vous inquiéter à cet égard[2] ». Or, tant que le Frère Taborin n'avait pas reçu le message, il ne pouvait entreprendre la fondation. Et l'argent ne pouvait être versé tant que celle-ci ne serait pas achevée. Une insoluble quadrature du cercle qui devra attendre, pour être réglée définitivement par la restitution de la somme, l'arrivée de Mgr Chalandon, successeur de Mgr Devie. Dans l'expectative, les Frères de la Sainte Famille se contenteraient des fruits de leurs salaires, du montant des intérêts versés par la caisse diocésaine et, accessoirement, de l'aide ponctuelle de M. Vianney.

Les « camarades » du Curé d'Ars

Frère Taborin prit donc des dispositions pour envoyer à M. Vianney les Frères qu'il réclamait. Il écrivit le 6 mars

1. Frère Gabriel, P. G, 12.9.1864, A. S Vatican S. G des Portes n° 227, p. 1341.
2. Lettre du 1er janvier 1849, Archives des Frères de la Sainte Famille, Belley, Maison-Mère.

1849 à l'abbé Raymond pour le prier de lui annoncer la venue, le 10, de trois d'entre eux qu'il accompagnerait personnellement. Quelle ne fut pas leur surprise, en arrivant à Ars, d'apprendre que l'abbé Raymond avait « oublié » de le prévenir ! L'étonnement de M. Vianney ne fait pas de doute : « Oh, mes Frères, leur dit-il en les voyant, que je suis content de votre arrivée ! Il y a longtemps qu'on vous attendait. Pourquoi ne nous avez-vous pas avertis[1] ? » Voilà qui présage du comportement à venir de l'abbé Raymond envers les Frères !

Les trois Frères de la sainte Famille exerceraient, selon les propres termes de leur Supérieur, diverses fonctions dans la paroisse : celles « d'instituteur communal, de catéchiste, de chantre, de sacristain[2] ». Autant de rôles définis par leurs Constitutions qu'ils remplissaient dans tous les villages où ils étaient appelés. Ils vivraient en Communauté dans la maison d'école mise à leur disposition par la municipalité.

Un Supérieur omniprésent

Un expert en enseignement

Le Frère Taborin leur avait donné pour Supérieur le Frère Athanase qui prendrait en main la direction de l'école et serait chargé de la classe des plus grands élèves. Un Frère lui serait adjoint pour les plus jeunes. C'était un homme jeune (vingt-quatre ans) mais assez expérimenté pour avoir dirigé avec succès plusieurs écoles. Droit comme un i, l'allure preste et virile, il jouissait, avec sa taille au-dessus de la moyenne, d'une autorité naturelle. S'il savait à l'occasion froncer ses épais sourcils pour faire plier les élèves les plus rétifs, il était habité d'une franche bonté qui attirait l'affection de tous les enfants.

1. Frère Athanase, Archives des F.S.F à Ars.
2. Lettre du 6 mars, Archives des Frères de la Sainte Famille de Belley.

Dès les premiers temps de son arrivée, la satisfaction des élèves et de leurs parents fut unanime. Ce succès l'encouragea quelques années plus tard à accéder au désir manifesté par certaines familles des villages voisins : l'ouverture d'un internat. M. Vianney et le Frère Taborin souscrivirent avec enthousiasme à ce projet qui allait pouvoir se réaliser en 1852, quand Mgr Chalandon, successeur de Mgr Devie, remettrait aux Frères le capital retenu par son prédécesseur. Les effectifs n'allaient pas cesser de croître – trois classes en 1854, quatre en 1856 – Les locaux ne pouvant suffire aux prévisions, le Frère Athanase acheta un terrain contigu à l'école et fit bâtir de nouvelles constructions où quelques pièces seraient réservées à la Communauté. M. Vianney qui participa aux frais en leur dispensant de multiples aumônes des pèlerins (bien évidemment, à l'insu de l'abbé Raymond) leur offrit plus tard un cadeau royal : une chapelle pour leur ressourcement spirituel et pour permettre à leurs élèves de s'y rassembler.

Un secrétaire polyvalent

Outre ses fonctions de directeur d'école et enseignant, le Frère Athanase allait occuper le poste de secrétaire de mairie, vacant peu après son arrivée. Il n'allait pas trouver dans son exercice un seul avantage financier pour sa Communauté. Sa disponibilité, sa gentillesse, sa bonne humeur lui gagnèrent l'affection de toute la population. Tous ceux qui avaient bénéficié de ses services étaient disposés, à sa moindre demande, à lui apporter leur aide par leur travail, leur argent, leur influence sur leurs connaissances.

M. Vianney sut mettre à profit sa plume pour la rédaction de ses lettres les plus confidentielles qu'il se refusait à dicter à ses secrétaires habituels (l'abbé Raymond ou Catherine Lassagne). Autant d'opportunités, pour lui, de passer des moments privilégiés dans une intime familiarité avec le Curé d'Ars que lui enviaient bon nombre de ses confrères.

Le Frère Athanase, toujours infatigable, s'était chargé, avec autant de zèle, de la formation des enfants de chœur pour les cérémonies, de l'entraînement de la chorale et de toutes les modalités nécessaires pour assurer un déroulement digne et harmonieux de la liturgie (messes, Saluts du Saint-Sacrement et autres offices, mais aussi, à l'extérieur, processions des Rogations, de la Fête-Dieu). Ce bref aperçu est assez probant de l'exceptionnelle popularité de cet homme hors du commun qui allait laisser, à Ars un souvenir impérissable.

Un second de première importance

S'il n'est pas de l'objectif de cet ouvrage de citer le nom de tous ses confrères qui allaient s'épuiser à la tâche avec un dévouement jamais démenti, il convient cependant de présenter ici l'un d'entre eux qui jouit à Ars d'un égal renom : le Frère Jérôme.

Celui-ci était arrivé dans la paroisse quelque temps après son Supérieur. Il y avait été envoyé au titre de sacristain, mais aussi, de cuisinier, jardinier, portier, chargé de l'entretien des locaux. Point n'est besoin ici de nous arrêter à considérer les divers aspects de sa tâche qui devint si prenante que le Frère Athanase pria le Frère Taborin de l'en décharger en envoyant un quatrième Frère pour les questions domestiques.

Le gardien du sanctuaire

Le rôle de sacristain était assumé par frère Jérôme avec une diligence remarquable. Malgré les va-et-vient incessants des pèlerins, l'église était maintenue dans une propreté impeccable. Les autels étaient toujours fleuris, les nappes, d'un blanc immaculé, les chandeliers en cuivre rutilants, les statues toujours époussetées. Il prenait grand soin des vases sacrés et ornements liturgiques qu'il sortait de leur armoire et de leur crédence avant chaque messe et qu'il y replaçait ensuite. Et il s'en célébrait, à Ars, des messes ! Non seulement celles, quotidiennes, de son curé et de son auxiliaire, mais aussi, celles des prêtres de passage – jusqu'à dix-sept dans la journée selon la comtesse des Garets.

Un autre emploi, et non des moindres, allait lui être attribué : assurer le bon déroulement du passage quotidien des flots de foules. C'est lui qui désignait les équipes tournantes des « gardiens » et des « gardiennes ». Il venait à leur secours quand les ardeurs pieuses des pèlerins amenaient la perturbation dans les chapelles latérales ou que certains autres se bousculaient pour gagner quelques places dans les files d'attente des pénitents. Il s'approchait en souriant des faiseurs de troubles et leur disait : « Du calme ! Du calme ! Allez ! Allez les uns après les autres. Voyons, voyons, votre tour viendra[1]. » L'ordre revenait alors, du moins pour quelque temps.

Le garde du corps de son curé

Le Frère Jérôme était investi d'un rôle qui ne lui tenait pas moins à cœur : la garde rapprochée de M. Vianney. Un peu avant 11 heures, s'étant dégagé du service de sacristie, il passait au milieu de la nef pour exiger que les pèlerins lui laissent un passage. Il allait alors le chercher au confessionnal et le conduisait jusqu'à la « chaire des Catéchismes ». Il l'aidait à s'y installer et l'écoutait, avec un intérêt toujours renouvelé. Puis le raccompagnait, parfois au prix de grands efforts pour écarter curieux et importuns. Ces allers et venues au presbytère où nous avions déjà vu M. Vianney se débattre avec tous ceux qui tentaient de l'approcher, allaient être quelque peu facilités depuis l'arrivée du Frère Jérôme. Il n'en reste pas moins qu'il devait bien souvent se prêter à leurs effusions, prononcer le mot qui apaise, faire le geste qui

1. Mgr Tochu, *Autour du Curé d'Ars*, Ville, p. 121.

encourage, donner l'image qui incite à la prière. Parfois, la densité de la foule était telle que le Frère avait imaginé une ruse avec la complicité de son protégé. Quand ils arrivaient devant la cour du presbytère, M. Vianney lançait une poignée de médailles bénites dont il avait toujours une provision dans ses poches. Pendant que les pèlerins se précipitaient pour les ramasser, il se faufilait lentement dans la cour. Le Frère Jérôme qui l'avait précédé, refermait aussitôt la porte. Et les deux hommes entraient dans la cure, l'œil pétillant de malice comme des enfants venant de faire une bonne farce à des camarades.

« Camarades », c'est justement ce terme qu'utilisait M. Vianney pour désigner Frère Jérôme, Frère Athanase et leurs confrères qui les assistaient. M. Vianney les recevait parfois le soir, dans son intimité, soit seuls, soit en compagnie des privilégiés ayant obtenu de lui un entretien. Oui : les Frères de la Sainte Famille allaient être, jusqu'à sa mort, de ceux qui eurent l'honneur de compter parmi ses « amis[1] ».

Les rentes de M. Vianney

Pendant des années – particulièrement depuis la création du « pèlerinage », M. Vianney ne cessa pas d'être le dépositaire d'énormes sommes d'argent qu'il redistribuait selon les demandes qu'on lui adressait ou les besoins qu'il constatait lui-même. Un des soucis qui le préoccupait c'était l'instruction des enfants. Nous avons pu constater, sur ce point, son rôle à Ars concernant ses deux écoles depuis leur fondation jusqu'à leur prise en main par les Sœurs et les Frères. Parallèlement à ces

1. Ils lui survécurent longtemps et participèrent à cultiver sa mémoire. Les Frères de la Sainte Famille n'ont jamais quitté Ars. Si l'école n'est plus entre leurs mains aujourd'hui, ils sont intégrés dans l'équipe pastorale d'animation du sanctuaire.

deux initiatives, il eut à cœur, pendant des années, d'offrir des aides aux curés du voisinage pour financer la création ou le fonctionnement d'établissement scolaires (notamment à Jassans, Beauregard, Dardilly). De même, il offrit à plusieurs paroisses des ornements et vases sacrés de grande valeur (telles Ambérieu-en-Dombes, Saint-Didier-de-Formans, Toussieux, Frans et bien d'autres).

Il lui arrivait aussi d'être sensibilisé par des circonstances personnelles douloureuses. Ainsi quand, suite aux événements de février 1848, l'abbé Renard, en danger dans sa paroisse de Corbier, était venu se réfugier à Ars, il plaida auprès de son évêque pour qu'il soit admis dans la maison qu'il avait fondée à Pont d'Ain pour les prêtres âgés, malades. L'évêque l'avait accueilli, non sans se plaindre à M. Vianney que, se trouvant sans revenus, il restait à la charge de l'établissement. M. Vianney lui répondit : « Je ne traiterai jamais M. l'abbé comme un prêtre à l'aumône. Je veux le traiter d'une manière plus honorable ». Quelques mois plus tard, il envoyait à la maison de retraite 5 500 F[1] pour lui établir une rente.

Un autre aspect, enfin, de ses participations pécuniaires : la fondation de missions. Ayant constaté lui-même le bien que peuvent faire les missionnaires dans les paroisses, il commença, vers 1849, à orienter une large partie des fonds recueillis à cet effet. Il remit à l'abbé Raymond une somme de 6 000 F dont les intérêts seraient employés à organiser, tous les dix ans, une mission dans deux paroisses différentes, donnée par les Missionnaires diocésains de Pont d'Ain. Dans les années suivantes, il n'accordait que des aides réduites à toutes ses œuvres habituelles pour les consacrer à ces missions décennales. Il disait lui-même en souriant : « Je deviens avare pour le bon Dieu[2] ».

---

1. Abbé Renard, *M. le Curé d'Ars*, t. I, p. 6.
2. A. Monnin, P. A. *ne pereant*, p. 987.

De « l'Ange Conducteur »

Une lacune à combler

Dès l'installation à Ars de ses Frères, le Frère Taborin avait déploré l'absence d'un manuel de piété à l'usage des pèlerins et retraitants. Bien déterminé à remédier à cette lacune, il fit part au Frère Athanase de son intention d'en rédiger un où il inclurait, en première partie, quelques détails sur l'histoire du pèlerinage et son actualité ainsi que sur son curé. Durant son séjour à Ars, il avait lui-même eu soin de prendre quelques notes au cours de ses conversations avec M. Vianney, Catherine Lassagne, l'abbé Raymond et l'inévitable Marie Ricotier. Avant de repartir, il recommanda au Frère Athanase de rechercher de son côté des informations auprès de témoins sûrs et de les lui communiquer : le Supérieur de la Communauté se mit aussitôt à l'ouvrage. Il puisa, de son propre aveu, « à la bonne source » : outre ceux déjà vus par Gabriel Taborin, il consulta « le trésorier de la Fabrique », M. Mandy, le marguillier U[1], et il envoya à leur destinataire ces précieux renseignements qui allaient être suivis de quelques courriers complémentaires.

Une attente à satisfaire

Le Frère Taborin se mit au travail sans négliger de rassurer M. Vianney qui s'inquiétait d'avoir appris par l'abbé Raymond son intention de donner quelques détails le concernant : « Le Frère Athanase m'a écrit pour me dire que vous ne verriez pas avec plaisir que je misse votre vie dans le petit ouvrage. J'avais effectivement le projet d'y mettre une notice dans laquelle se seraient trouvés quelques faits qui auraient pu blesser votre modestie. Mais j'ai mis cela de côté. Je vous dirai que

1. Lettre du F. Athanase, 19 avril 1849, *Positio*, p. 506.

je fais ce petit ouvrage de concert avec Monseigneur, qui le revêtira de son approbation authentique. Soyez donc parfaitement tranquille. »

Tranquille, il le fut, en effet. Tout à son idée de la portée spirituelle du manuel en préparation, il s'impatientait d'apprendre sa sortie de presse, comme en témoignent ces deux extraits de lettres du Frère Athanase au Frère Taborin ; le 21 février 1850, il lui écrivait en effet : « M. Le Curé attend avec la plus vive impatience votre livre[1]. » Et le surlendemain : « Votre livre se fait toujours bien désirer. S'il était terminé, on en débiterait beaucoup vu le grand nombre de pèlerins qui commencent à arriver à Ars[2]. » Cette précision du Frère Athanase lui était dictée par un double objectif : œuvrer pour le bien des âmes et réaliser une opération commerciale qui serait d'un grand succès à son Institut.

Des espérances à nourrir

Le Frère Taborin s'était donc mis au travail. Son livre comportait des éléments très positifs pour ses lecteurs[3] : Dans une première partie, il donne quelques précisions sur le rôle de « conducteurs » tenu, pour tout chrétien, par « l'ange gardien et le bon prêtre ». Ainsi explique-t-il le choix de son titre : *L'Ange Conducteur des Pèlerins d'Ars*. Le sous-titre : « Petit Manuel de Piété » annonce la deuxième partie qui comprend :

– une méthode de méditation pour une retraite de trois jours suivie de divers conseils pour aider les retraitants et d'un règlement définissant les exercices à suivre quotidiennement.

---

1. Lettre du 14 juin 1849, Archives F.S.F, Belley.
2. Lettre du 16 juin, *id.*
3. J'ai pu relever ces quelques considérations sur le manuel du Frère Taborin grâce au prêt d'un exemplaire (aujourd'hui recherché) que m'ont confié les Frères de la Sainte Famille de Belley (Maison-Mère).

– des « avis et considérations » sur tous les devoirs des hommes, des femmes, enfants, dans tous les milieux, dans tous les états, situations et circonstances possibles.

Dans la troisième partie, ce sont des considérations sur la messe, la confession, la communion. Puis il propose une série de prières à diverses intentions, les vêpres et complies du dimanche, des psaumes, hymnes et cantiques, des conseils pour méditer pendant un Chemin de Croix ou une visite au Saint-Sacrement, des litanies à la Vierge, à la Sainte Famille, aux anges, aux saints. Autant de sujets susceptibles de ranimer la foi des pèlerins et leur en rappeler les divers articles.

Le manuscrit fut achevé et confié à l'éditeur. Il sortit de presse début mars 1850. Le Frère Taborin partit aussitôt pour Ars. Le soir même de son arrivée, il alla trouver M. Vianney au presbytère pour lui en offrir six exemplaires qu'il reçut avec une joie empressée. Le Frère Taborin passa la nuit sur place.

Un mauvais tour à l'humilité

Le lendemain, il venait d'entrer dans l'église quand M. Vianney, se trouvant dans la sacristie, lui fit un geste de la main pour l'inviter à le rejoindre « avec un air d'affliction et de sévérité extraordinaires ». L'ayant suivi à la sacristie, nous rapporte le Frère, il ferma la porte et me dit avec animation et en versant des larmes abondantes : « Je ne vous croyais pas capable, mon ami, de faire un mauvais livre.

— Comment donc.

— C'est un mauvais livre, c'est un mauvais livre. Dites-moi de suite combien il vous a coûté et je vous le rembourserai et nous le brûlerons. C'est un mauvais livre[1]. »

1. Tous ces détails sont issus de : « Déposition au Procès de l'Ordinaire pour la Béatification du Curé d'Ars », *Positio*, pp. 540-541.

Qu'est-ce donc qui justifiait dans ce manuel la colère de M. Vianney et son impitoyable prise de position ? La réponse qu'il fit à son auteur dans un flot de larmes nous éclaire : « Votre livre est bon, il fera du bien ; mais il faut en enlever les éloges mensongers que vous aviez mis au commencement. Comment avez-vous pu me donner de semblables louanges, moi qui ne suis qu'un pauvre pécheur, le plus ignorant des prêtres[1]. »

M. Vianney pressentait en effet, à la lecture de cet ouvrage, tous les bons sentiments qu'il allait inspirer à ses pèlerins dans une saine complémentarité avec ses conseils individuels et ses catéchismes et instructions. Mais ce qu'il ne pouvait tolérer, c'était d'avoir été trompé par le Frère Taborin.

À commencer par la reproduction de l'image placée dans les premières pages. Il lui avait annoncé un ange désignant du doigt le ciel où brille une seule étoile et porteur d'une couronne qu'il s'apprête à poser sur la tête du « bon prêtre » tenant une croix dans sa main droite. Bonne illustration, me direz-vous, du titre et du manuel : l'Ange et le prêtre coopérant à la conduite des âmes ! Or, ce que le Frère Taborin avait oublié de préciser à l'intéressé, c'est que ce « bon prêtre » avait incontestablement les traits de son visage.

Cette première découverte de M. Vianney allait se confirmer après lecture de l'introduction tout à son honneur et à la préface en forme de lettre où l'auteur annonce le plan de son ouvrage en y mêlant des propos élogieux. Il allait être au comble du mécontentement en lisant la « notice » le concernant. Sous prétexte de passer en détail une de ses journées, il brosse de lui un véritable panégyrique. C'en était trop pour l'humble Curé d'Ars qui allait opposer un refus systématique à apposer sa

1. *Ibid.*

signature sur les exemplaires de « l'Ange Conducteur » que venaient lui présenter les pèlerins !

Devant la peine qui tourmentait M. Vianney, le Frère Jérôme en vint un jour à suggérer au Frère Gabriel de retirer du commerce les exemplaires édités pour réaliser une nouvelle édition où seraient supprimées les pages incriminées. Le Frère alla demander conseil à son évêque qui resta ferme dans sa réponse : « Gardez-vous bien de ne rien retrancher, je vous le défends[1] ».

Malgré l'opposition de M. Vianney, les Frères de la Sainte Famille n'eurent qu'à se réjouir de la bonne diffusion de « l'Ange Conducteur ».

À « la Vierge qui pleure »

M. Vianney était encore sous le coup de l'émotion causée par la parution de « l'Ange Conducteur » quand il fut troublé par une nouvelle affaire concernant celle qu'on dénommait : « La Vierge qui pleure », apparue à la Salette à deux petits bergers des Alpes. Depuis qu'il avait eu connaissance des faits, survenus en 1846, il y avait adhéré sans restriction ; il avait même béni et distribué images et médailles représentant les scènes de l'Apparition.

Affabulations ?

Mais, depuis le 24 septembre 1850, son opinion avait changé. Ce jour-là, dans la soirée, la diligence de Jean Pertinand avait amené sur la place cinq pèlerins : trois messieurs accompagnant deux adolescents : Angélique Giraud et Maximin, son frère, âgé de quinze ans. Ce dernier était l'un des voyants de La Salette. Il avait été

1. *Ibid.*

conduit par ces messieurs pour, selon eux, demander à M. Vianney de l'aider à discerner sa vocation[1].

Le soir de leur arrivée, ils parvinrent à aborder M. Vianney qui, trop occupé pour les recevoir, pria Maximin de revenir seul le lendemain. Ils eurent cependant le loisir de s'entretenir avec l'abbé Raymond qui parla au jeune homme des risques d'affabulation en matière de faits merveilleux et lui cita le cas de trois fillettes qui, ayant prétendu avoir vu la Vierge, avaient attendu quarante ans pour se rétracter. Piqué au vif comme il le faisait face à ceux qui doutaient de sa parole, il lui répondit : « Mettez, si vous voulez, que je mens et que je n'ai rien vu[2]. »

Ce soir-là, l'abbé Raymond se contenta de rapporter à M. Vianney les paroles de Maximin. C'est donc avec une impression peu favorable qu'il le reçut le lendemain.

Il le vit une première fois derrière le maître-autel, près du confessionnal des prêtres. Leur conversation se prolongea dans la sacristie. M. Vianney lui posa alors la question de circonstance : Avez-vous vu la Vierge ? Ce à quoi il répondit :

« Je ne sais pas si c'est la Sainte Vierge, j'ai vu quelque chose, une belle Dame[3]. »

Ayant ensuite demandé à Maximin s'il ne lui disait pas de mensonge, il en reçut cette réponse :

« Ah j'ai [...] quelquefois menti à M. le Curé de Corps », précisera Maximin à une amie à laquelle il relate cette rencontre.

---

1. Ils avaient, en fait, des intentions plus ténébreuses. Partisans du baron de Richemond qui se faisait passer pour Louis XVII, ils croyaient pouvoir justifier la thèse de la preuve de son identité par quelques éléments du « secret » qu'ils espéraient faire dévoiler par Maximin sous la pression de M. Vianney réputé pour ses intuitions prodigieuses.
2. Mlle des Brulais, *L'Écho de la Sainte Montagne*, Nantes, Charpentier, 1852, p. 17.
3. *Ibid.*

M. Vianney lui rétorqua : « Il faut vous rétracter.

— Mais non, je ne puis pas me rétracter pour cela : ce n'est pas la peine. » Affabulation ?

Ou malentendu ?

Nous avons peut-être là deux éléments de réponse pour expliquer l'interprétation par M. Vianney des paroles de Maximin ; il en aurait déduit : qu'il n'aurait pas vu la Vierge et qu'il aurait menti. La première dénégation pourrait venir du fait que le jeune homme n'ait pas voulu affirmer que ce qu'il avait vu était la Vierge ; la seconde pourrait tenir à ce que M. Vianney ait interprété son aveu de mensonge comme un travestissement de la vérité envers lui. Ce dernier point semble devoir être éludé à la lecture de cet extrait de conversation : Mlle des Brulais avait interrogé Maximin sur ce point précis des mensonges :

« Mais que compreniez-vous donc ?

— Moi, je comprenais mes petits mensonges à M. le Curé de Corps, quand je ne voulais pas lui dire où j'allais ou que je ne voulais pas étudier mes leçons.

— Ainsi, je vois que M. le Curé d'Ars, lui, comprenait que ces mensonges se rapportaient à l'Apparition ?

— Eh ! oui, il a compris comme cela ; du moins on l'a écrit dans les journaux[1]. »

M. Vianney avait-il mal interprété les pensées et intentions de Maximin ? Avait-il des raisons secrètes pour douter alors de sa parole ? En tout cas, l'évêque de Grenoble, cette année-là, n'avait pas encore publié son mandement officiel d'approbation (il paraîtra en septembre 1851). M. Vianney avait donc encore toute latitude pour réfléchir avant de se sentir invité à y souscrire (sans qu'il s'agisse de vérité dogmatique).

1. *Ibid.*

La nuit vaincue

M. Vianney souffrait cependant de ses réticences à croire à La Salette depuis cette entrevue. Lui, si entraîné à lire dans les âmes et dans les cœurs, lui qui possédait un réel charisme à percevoir, par intuition, les tenants et aboutissants des problèmes et difficultés les plus insondables, lui qui annonçait des événements imprévisibles allait-il rester dans les ténèbres du doute ? Il allait y demeurer pendant huit ans ! « Mon âme était comme traînée sur le sable, avouera-t-il lui-même. Je fis alors un acte de foi au sujet de l'Apparition, et aussitôt le calme se rétablit dans mon âme. Je désirai alors voir un prêtre de Grenoble pour lui confier ce qui s'était passé en moi. Le lendemain arriva un ecclésiastique distingué de cette ville. Il entra à la sacristie et me demanda ce qu'il fallait penser de La Salette. Je lui répondis : "On peut y croire[1]". » Cette visite ne devait pas être le fruit du hasard. Pas plus que cette somme importante nécessaire à M. Vianney de toute urgence et qui lui fut portée soudainement après avoir prié Notre-Dame-de-La-Salette !

Un indésirable

M. Vianney fut très affecté par le comportement d'un homme qui avait échoué à Ars après avoir papillonné de séminaire en collège, ouvert une école pour la fermer 8 ans plus tard, tenté des essais infructueux d'une Trappe à l'autre, repris ses cours au grand séminaire pour y recevoir les ordres mineurs. Après de nouveaux échecs, il était venu se placer sous la protection du « Curé d'Ars » qu'il avait connu au cours d'un de ses voyages : il s'appelait Azun de Bernétas[2].

1. P. A., *ne pereant,* p. 895.
2. La particule « de Bernétas » étant un rajout personnel.

Dès son arrivée en 1851, il s'était efforcé de lui rendre mille services : il lui servait la messe, s'offrait à l'aider dans sa correspondance, se faisait l'intermédiaire des intentions à recommander des pèlerins. Cherchant toujours à trouver sa voie, il avait projeté de créer une œuvre qui accueillerait jeunes gens et jeunes filles dépourvus de moyens pour réaliser leur vocation au sacerdoce ou à la vie religieuse. Ce qu'il ne lui disait pas, c'est qu'il placerait sa fondation sous son patronage.

Pour se procurer des revenus, il avait eu l'idée d'écrire un livre à grand tirage : un manuel de prières qui aurait un titre porteur : « Ars et Beaumont ». À l'intérêt commercial suscité par ce lien entre Ars et Beaumont (célèbre depuis le passage de M. Vianney) notre « fondateur » avait rajouté un avantage spirituel : l'achat de chaque ouvrage autoriserait à bénéficier des intentions de la messe hebdomadaire célébrée dans la chapelle.

Déjà, après la parution de « L'Ange Conducteur », M. Vianney avait réagi pour mettre un frein à une série de publications sur Ars et sur lui-même. Il avait écrit à Mgr Chalandon pour les dénoncer et les interdire. L'évêque fit la mise en garde souhaitée. Concernant Azun de Bernétas, il exigea que les références à Ars et Beaumont disparaissent sur la couverture de la deuxième édition. Il fit supprimer en outre le nom de M. Vianney dans l'annonce de sa fondation. Les agissements de l'intrigant étaient démasqués mais M. Vianney avait eu beaucoup à en souffrir et en souffrirait encore.

X

Des rayons et des ombres

Le chanoine et le camail

Des « épines sur le dos »

M. Vianney était devenu, sans conteste, le prêtre le plus connu de France et, de loin, le plus visité. Tous ceux qui vivaient dans son entourage ou qui le rencontraient, ne serait-ce qu'une fois, l'appelaient « le saint, le saint Curé, le Saint Curé d'Ars ». Quand Mgr Chalandon succéda à Mgr Devie (25 juillet 1852)[1], il eut à cœur de lui rendre ce qu'il considérait comme la moindre des justices : lui conférer la dignité qui témoignerait de sa considération personnelle et l'honorerait publiquement selon ses mérites : le canonicat. À soixante-six ans, il avait bien l'âge requis pour un chanoine !

Connaissant le peu d'attrait du personnage pour les marques d'estime ostensibles, l'évêque prévint discrètement l'abbé Raymond de sa visite pour le 25 (ou le 30) octobre. Au jour convenu, il se rendit à Ars avec son vicaire général (M. Poncet) et un professeur du grand

1. Il était son coadjuteur depuis 1850.

séminaire (M. Pernet). Prenant la venue du prélat pour un premier contact sur le terrain, M. Vianney n'en sembla pas étonné.

Le lendemain matin, il vint l'accueillir à la porte de son église et lui offrir de l'eau bénite, selon le rite liturgique. C'est à la plume du Frère Athanase que nous devons la relation de cette anecdote : « Monseigneur a tiré un camail de chanoine de dessous le sien et s'est disposé à le mettre à M. Vianney, ce que voyant, celui-ci s'est retiré en se défendant de tout son pouvoir. M. Poncet et M. Pernet ont pris chacun M. Vianney par le bras et l'ont entretenu pendant que Monseigneur [lui] passait le camail et le lui boutonnait malgré [ses] nouvelles protestations non seulement gestuelles, mais orales ; il disait en effet : "Au lieu de me [le] donner à moi, pauvre petit curé à qui cela va si mal, donnez-le à mon auxiliaire ; cela lui ira mieux qu'à moi ». Mais, bon gré mal gré, il a bien fallu qu'il se résigne à le garder pendant la messe et l'instruction que Monseigneur a faite ».

La nouvelle de la visite du prélat et des raisons qui la motivaient avait vite fait le tour du village et de nombreux paroissiens étaient présents à cette cérémonie improvisée. Ainsi en avons-nous des témoignages tout aussi savoureux : celui du fils de l'ancien maire, Jean-Baptiste Mondy : « il semblait avoir des épines sur le dos[1] ». Pour la comtesse des Garets : « notre pauvre curé ressemblait à un supplicié que l'on mène à l'échafaud la corde au cou. Il se réfugia à la sacristie, poursuit-elle. [Mon] mari, le maire l'y suivit et le trouva occupé à arracher de son dos le malheureux camail. [Il] ne put le déterminer à le garder qu'en lui représentant que s'en dépouiller serait faire injure à Monseigneur[2]. » M. Vianney consentit à sortir de la sacristie pour aller se blottir « dans l'embrasure de la porte,

1. P. G., p. 610.
2. P. G., p. 918.

tout honteux, comme s'il eût voulu se cacher » et ne pas entendre l'allocution de félicitations de son évêque. La cérémonie, en se terminant, mit fin au supplice de celui qui en était le personnage central bien malgré lui. De l'avis de Mme des Garets : « C'était la scène la plus amusante qui se puisse imaginer[1]. »

La mosette aux enchères

Sitôt Mgr Chalandon parti, M. Vianney chercha le meilleur moyen de négocier son camail pour financer l'une ou l'autre de ses œuvres. Il était tout à ses réflexions quand il vit arriver Marie Ricotier qui venait lui rendre compte d'une affaire dont il l'avait chargée. Elle raconte : « Vous arrivez bien à propos, me dit-il ; je veux vous vendre mon camail. Vous m'en donnerez bien 15 F ?

— Mais il vaut plus que cela.

— 20, alors ? »

Je lui versai 25 F dans les mains en ajoutant : « Ce n'est pas encore sa vraie valeur. Mais je m'informerai. J'ai appris que le camail [...] avait coûté 50 F. J'en versai donc 25 encore, en ajoutant : "Pour votre camail de chanoine, oui, il est à moi, mais je vous en laisse la jouissance". Là-dessus, M. le Curé fut si content qu'il s'écria : "Oh que Monseigneur m'en donne un autre, et j'en ferai de l'argent[2] !" » Dix jours plus tard, il écrivait à son évêque : « Monseigneur, le [camail] que vous avez eu la grande charité de me donner m'a fait grand plaisir ; car ne me pouvant achever de compléter une fondation, je l'ai vendu 50 F. Avec ce prix j'ai été content[3]. »

---

1. P. G., page 918.
2. P G., page 1337.
3. Lettre du 11.11.1852. Copie authentique à l'archevêché de Belley. Cette somme devant compléter la fondation conservée à l'évêché pour les Frères de la Sainte Famille et non encore remise par Mgr Chalandon.

Disons là encore un chaleureux merci à notre généreuse bavarde qui nous a permis de conserver ce camail entre autres objets acquis par ses soins de la même manière.

Obéissance vaut mieux que pénitence

La leçon de M. Raymond

Comme chacun sait, M. Raymond n'était pas d'humeur facile. Les Frères Jérôme, Athanase et leurs confrères, les anciennes « directrices », les Garets, « la Ricotier » en firent l'amère expérience en diverses circonstances déjà entrevues ici. Il n'en reste pas moins qu'il reconnaissait les vertus et les mérites de M. Vianney, ne manquait pas d'intérêt à son égard ni de vigilance pour ce qui est de sa santé. En cela, il suivait d'ailleurs les consignes du docteur Saunier et des deux évêques successifs qui l'avaient exhorté à adoucir son régime alimentaire. Un jour, lassé du peu de fruit de ses reproches, il lui lança : « Comment voulez-vous soutenir votre vie si vous ne prenez pas plus de nourriture[1] ? » La leçon fut écoutée et, depuis, « il faisait régulièrement deux repas » avec, à midi, « un peu de viande et de légume ». « Il se vit même obligé de prendre quelques légers adoucissements entre ses repas, tels qu'un peu de vin vieux, quelques pastilles, quelques légères pâtisseries ou quelques fruits ; ces adoucissements étaient nécessaires pour soutenir sa frêle existence[2]. »

L'auxiliaire rajoute des précisions : « [J'ai] observé pendant les huit ans que [j'ai été] prêtre auxiliaire, qu'il prenait une nourriture suffisante pour vivre et qu'à ses

1. Abbé Raymond, P. G., p. 325.
2. P. G., p. 324.

travaux incessants et si pénibles du confessionnal il n'avait pas d'autres austérités à s'imposer[1]. »

M. Vianney avait fait des pénitences dans sa jeunesse pour la conversion des pécheurs (paroissiens et ensuite pèlerins). Depuis que sa vie était devenue une offrande de tous les instants, il avait compris que « l'obéissance vaut mieux que le sacrifice[2]. »

Grignotages

L'abbé Renard nous relate une anecdote qui ne manque pas de croustillant : un jour, il était convié à déjeuner chez l'abbé Raymond qui avait ses appartements chez les Sœurs. Survint M. Vianney au moment où ils mangeaient un bon plat de « friture en pâte », un de ses régals. Sur l'invitation de l'abbé Renard, « il en prit un léger morceau ». Son confrère lui représenta le plat en lui disant : « Monsieur le Curé, il faut que vous finissiez de manger, en esprit de pénitence, cette friture que vous avez entamée ». M. Vianney termina le plat, « but la moitié du verre de vin sucré et mêlé d'eau et couronna cet excès par une tasse de café[3] ». Une autre fois, trois prêtres faisant une retraite, déjeunaient chez l'abbé Raymond. M. Vianney vint les saluer vers la fin du repas. Ayant déjà mangé, il refusa de prendre part à leurs agapes. Un des invités lui présenta un verre sucré avec deux biscuits : « "Monsieur le Curé, lui dit-il, ce soir, vous allez nous donner notre pénitence ; c'est à nous de vous imposer la nôtre à midi, au nom de nos trois confrères, daignez nous faire l'honneur de l'accepter". [M. Vianney] sourit légèrement et accepta avec bonté. Mais il n'était pas au bout de ses peines. Comme il se disposait à partir, l'ecclésiastique le retint et lui dit :

1. A. Raymond, *Vie*, archives, évêché de Belley, p. 135.
2. A. Renard, *M. le Curé d'Ars*, II p. 38.
3. D'après A. Renard, *M. le Curé d'Ars*, t. II, p. 40.

"Comme il est probable que vous me donnerez une pénitence double ; vous ne partirez pas sans accepter une tasse de café. Vous aurez plus de force pour confesser votre monde ; de vieux pécheurs comme nous sont intéressés à vous conserver longtemps." Alors qu'il était déjà sur le seuil de la porte, M. Vianney s'approcha de la table, but rapidement sa tasse de café et de suite il partit en souriant et en faisant [à son confrère] une menace amicale[1]. »

Ces adoucissements étaient bien légitimes vu les hauts et les bas que subissait alors son état de santé qui alternait entre des améliorations sérieuses et des états de faiblesse et des douleurs persistantes. En décembre 1851, il avait même dû garder le lit et dire une seule messe la nuit de Noël[2]. Au printemps 1852, il était atteint d'une toux sèche qui le réveillait la nuit. Il reprit ensuite quelques forces qu'il allait épuiser dans son ministère.

Caprice d'enfant cède aux arguments forts

Pas de « mauvais prêtre » à Ars

M. Vianney prenait à cœur son rôle de confesseur et de directeur spirituel : Mais n'était-il pas trop lourd ? N'était-il pas lui-même bien présomptueux de prétendre donner des conseils à des personnes qui le dépassaient par la science, la situation, le rang religieux ou social ? Par ailleurs, son état de santé ne cessait de se dégrader à un rythme d'activités aussi prenant. Et ses paroissiens ? Qu'en avait-il fait ? Où en étaient les progrès qu'ils avaient réalisés sous sa conduite ? Ne les négligeait-il pas au profit des étrangers ? N'avait-il pas tort de vouloir conserver M. Raymond pour lequel ils n'éprouvaient aucun attrait ? Pourquoi le nombre de communions des hommes

1. *Ibid.*
2. Au lieu des trois prévues par la liturgie.

à Pâques avait-il diminué ? Et les dimanches, pourquoi des jeunes gens et jeunes filles avaient-ils repris le chemin du bal dans les nouveaux cafés-auberges ? Quel mauvais pasteur il faisait ! Quel mauvais serviteur de Jésus-Christ il était ! Il n'y avait qu'une solution à Ars : son remplacement par un autre prêtre. Pour lui, il n'y avait pas d'autre issue que la fuite. Mais, cette fois, il la préparerait. Il fit venir son beau-frère Jacques Melin qui vivait alors à Lyon et convint avec lui des modalités de son évasion. Il partirait d'Ars en pleine nuit. Il se rendrait à pied jusque chez lui en compagnie de Catherine Lassagne et Marie Filliat. De là, Jacques le conduirait jusqu'à la Trappe de La Neylière, près de Saint Symphorien-sur-Coise (Rhône) à une bonne quarantaine de kilomètres de Lyon. M. Vianney avait contacté son vieil ami, le Père Jean-Claude Colin, fondateur de la Société de Marie qui venait, depuis le 16 mai 1852, d'envoyer les premiers membres contemplatifs de sa Congrégation dans la solitude de La Neylière. Le Père Colin avait accepté, à sa simple demande, de lui réserver une chambre. Le départ d'Ars était prévu pour la nuit de dimanche à lundi. Bien déterminé à mettre en œuvre son projet, il en fit part à Catherine Lassagne, sous le sceau du secret, le jeudi 1er septembre, quand elle lui monta son repas dans sa chambre. Elle tâcha de l'en dissuader, mais en vain. Il lui remit une lettre à envoyer à Mgr Chalandon pour justifier son départ[1].

Une bonne nouvelle

Or, pendant la retraite ecclésiastique (dont M. Vianney continuait d'être dispensé), le vicaire général, M. Poncet,

1. Catherine ne devait connaître que la première partie du voyage jusqu'à Lyon : il ne nous dit pas s'il avait d'autres intentions, dit-elle (P. O., p 1468).

annonça à l'abbé Raymond son changement, le lundi suivant, pour la cure de Polliat. L'abbé Toccanier était un des Missionnaires diocésains résidant à Pont d'Ain. C'est lui qui était pressenti comme auxiliaire pour M. Vianney. Cette nomination présentait un avantage certain. Car, en cas de grande affluence à Ars, le Supérieur des Missionnaires mettrait à la disposition des pèlerins autant de confrères que nécessaire.

Le samedi 3 septembre, M. Poncet se rendit à Ars accompagné de l'abbé Toccanier. Le soir, il annonça les deux mutations à M. Vianney qui en parut satisfait. Le lendemain, quand les Arsois apprirent la nouvelle, « tout le monde était content, précise Catherine ; mais moi, que j'étais triste[1] ! »

L'alerte est donnée

Après la fête, vint la soirée du dimanche 4 septembre. Catherine étouffait de ne pouvoir partager son secret avec personne. Après en avoir obtenu l'autorisation de M. Vianney, elle alla le dévoiler à Marie Filliat. À deux, ce serait moins lourd à porter. Elles se consoleraient mutuellement et pourraient peut-être trouver ensemble un moyen d'empêcher ce départ. Vers 21 heures, elles étaient encore dehors à discuter quand vint à passer le Frère Jérôme. Étonné de les trouver là à une heure aussi tardive, il s'arrêta et les salua. Catherine prit alors la parole la première : « Vous paraissez bien gai, frère Jérôme !

— Je n'ai pas de raison d'être triste.

— Je suis bien triste, moi.

— Qu'avez-vous donc ?

— Je ne puis le dire.

La discrétion l'empêchait de parler mais inspirée par l'amour des âmes, elle tourna le dos au frère et pour ne

1. P. O. p. 1468.

pas avoir l'air de lui adresser directement la parole, les yeux fixés sur la fenêtre de la cure, elle s'écria : mon Dieu ! laisserez-vous partir notre père[1] ? »

Elle n'eut pas besoin de lui en dire davantage. Le Frère Jérôme alla de ce pas prévenir le Frère Athanase avec lequel il vint en informer l'abbé Toccanier à son tour (hébergé chez les Sœurs où devait être son futur logement), qui témoigne : « Je leur dis de venir me réveiller si quelque chose arrivait. Vers minuit, ils vinrent en effet m'avertir qu'on voyait à travers la fenêtre M. le Curé faire ses derniers préparatifs. Je me rendis immédiatement avec les deux Frères chez Catherine et j'attendis[2]. »

Les conspirateurs de la nuit

Le lendemain de son arrivée à Ars, l'abbé Toccanier allait passer une nuit bien mouvementée ! « Me voilà sur la place, atteste-t-il, avec les deux Frères, épiant les mouvements de notre saint curé qu'on voyait dans sa chambre, grâce à la lueur de sa lampe, prendre son chapeau, son bréviaire et son parapluie. » « Laissons-le descendre », dis-je aux Frères. Il descend en effet, et se rend chez Marie Filliat et Catherine Lassagne qui devaient l'accompagner. Nous tendons l'oreille. « Êtes-vous prêtes ? demande-t-il en entrant. Eh bien ! partons[3] ! »

Il sort, suivi de Marie qui porte les provisions et de Catherine qui tient en main une lanterne. Soudain, nous nous plaçons devant lui. Sévèrement, il regarde Catherine qui se met à fondre en larmes : « Vous m'avez vendu ! » lui dit-il. Le frère Athanase prend la parole :

1. *Le Curé d'Ars,* Monnin, éd. 1893, t. II, p. 218.
2. P. A. *in genere,* p. 218.
3. *Ibid.*

« Où allez-vous, M. le Curé ? » « Vous voulez nous quitter ? Eh bien ! nous sonnerons le tocsin.

— Et, continue le Frère Jérôme, nous vous suivrons en procession.

— Faites, répond M. Vianney, d'un ton bref et résolu, et laissez-moi passer[1] ! »

C'est alors que l'abbé Toccanier l'interpelle : « Si c'est à cause de moi que vous voulez partir, je ne resterai pas.

— Non, mon ami, au contraire !

— Eh bien ! Monsieur je vous déclare que si vous partez, je ne vous quitte pas, je vous suivrai.

— Eh bien ! venez.

— Comment, M. le Curé, vous partez ainsi sans la permission de Monseigneur !

— Monseigneur connaît bien mes raisons, lui rétorque-t-il ; il ne me grondera pas. »

Et M. Vianney s'en va, suivi de tout le groupe.

Ils arrivent près du Fontblin. Alors, l'abbé Toccanier s'interpose devant M. Vianney pour l'empêcher de le franchir. Il pense en effet que si on le laisse sortir du village, il sera plus difficile de le retenir. M. Vianney se met à crier : « Laissez-moi passer ! » M. Toccanier lui arrache alors un bréviaire qu'il porte sous le bras et le lance à Catherine en lui recommandant de s'éloigner suffisamment pour qu'il ne puisse pas l'attraper. « Je lui dirai une fois à Lyon[2] » dit-il en engageant Marie Filliat à poursuivre son chemin. La réplique de l'abbé Toccanier fuse : « Eh quoi, M. le Curé, vous passerez les heures du jour sans dire votre office ? Bel exemple[3] ! » Le ton faussement choqué du prêtre fait l'effet escompté. M. Vianney prononce les paroles attendues : « J'ai un autre bréviaire dans ma chambre. »

1. A. Toccanier, P. A., *ne pereant,* p. 272.
2. Catherine Lassagne P. M. n° 3.
3. A. Toccanier P. A., *in genere,* p. 161.

— Allons le chercher, reprit l'abbé Toccanier qui a ainsi obtenu ce qu'il souhaitait : gagner du temps. Il tente d'en gagner encore quand, entendant sonner le tocsin, il voit M. le Curé s'agenouiller pour réciter son Ave « de l'heure ». Il lui suggère alors de dire un chapelet. Cette fois, M. Vianney ne se laisse pas berner : prétextant qu'il le fera en route, il poursuit son chemin vers la cure.

Il y arrive enfin et monte dans sa chambre où le suit l'abbé Toccanier qui cherche encore à faire traîner les choses pour attendre que M. des Garets, qu'il a fait prévenir, puisse arriver et lui parler. Il « brouille sur les rayons de la bibliothèque les huit volumes du grand bréviaire ». Au moment où M. Vianney parvient enfin à saisir le tome souhaité, son compagnon lui montre du doigt un tableau de Mgr Devie pendu au mur : « Monsieur le Curé, s'écrie-t-il d'un ton ferme, voyez Mgr Devie qui du haut du ciel vous fait les gros yeux. On doit respecter la volonté de son évêque pendant sa vie, à plus forte raison après sa mort. Souvenez-vous de ce qu'il vous a dit il y a dix ans ! » Il lui avait en effet formulé son refus absolu de quitter sa paroisse ou son diocèse. M. Vianney lui répondit, tel un enfant craignant la sévérité paternelle : « Il ne me grondera pas. Il sait bien que j'ai besoin d'aller pleurer ma pauvre vie ! » Il prit son livre et s'engagea dans l'escalier où il croisa le maire sans s'arrêter pour l'écouter. M. des Garets, avec lequel il se montrait toujours si affable, si amical, fut consterné de lui trouver « une figure décomposée, triste, presque sombre. Comme jamais il ne l'avait trouvé[1]. »

Pas d'alternative pour « un bon prêtre »

M. Vianney tenta sa deuxième sortie du presbytère. En arrivant dans la cour, la foule de tous les hommes

1. Toute cette scène d'après A. Toccanier, P. A. *in genere*, p. 161.

du village alertés par le tocsin auxquels s'étaient joints des dizaines de pèlerins, formait comme un barrage infranchissable. Il s'efforçait d'aller d'une porte à l'autre en disant sur un ton suppliant : « Laissez-moi passer, laissez-moi passer ». Il parvint toutefois à sortir. Entre la cure et l'église, il vit alors arriver toutes les femmes qui passaient la nuit dehors ou dans le vestibule pour attendre leur tour de confession. Elles s'agenouillèrent autour de lui pour tenter de le retenir. Alors l'abbé Toccanier jugea opportun de lui adresser une apostrophe brève mais forte : « Monsieur le Curé, vous auriez le courage de laisser inachevées les confessions de ces hommes, de ces femmes venus de si loin[1] ! »

Alors toutes ces femmes se mirent à redoubler de supplications pour le prier de retourner dans l'église. Des paroissiens s'engagèrent à réparer leurs torts s'ils lui avaient fait de la peine. M. Vianney ne cacha pas la profonde émotion qui l'étreignait. M. des Garets qui s'était approché de lui, lui fit signe de le suivre dans la sacristie où il espérait lui donner les derniers arguments pour le faire revenir sur sa décision. M. Vianney le suivit après avoir adoré le Saint-Sacrement. Il n'eut pas besoin d'écouter son ami. Avant même qu'il n'ait commencé de lui parler, il lui tourna brusquement le dos, prit son surplis et se dirigea vers le confessionnal[2]. « On l'y porta plutôt qu'il n'y marcha » rajoute l'abbé Toccanier.

Quand, le lendemain matin, il fut interrogé sur sa conduite par les abbés Raymond, Toccanier, Beau (son confesseur venu de Jassans) et le vicaire général, il leur répondit naïvement : « J'ai fait l'enfant. » Ce sera sa dernière fuite.

---

1. *Ibid.*
2. Prosper des Garets, P.G., p. 944.

« Le bon Dieu au pied du mur »

L'abbé Toccanier avait pris son poste d'auxiliaire de M. Vianney dans des circonstances bien mouvementées. Ayant lui-même joué un rôle actif dans son revirement, il lui demanda un jour de lui dévoiler dans l'intimité les vraies raisons qui l'avaient poussé à partir. Il lui répondit qu'il voulait « mettre le bon Dieu au pied du mur » afin de pouvoir lui dire : « Si je suis mort curé, c'est vous qui l'avez voulu, et il n'y a pas de ma faute[1]. »

Ces paroles reflètent cette perpétuelle crainte de M. Vianney de ne pas assumer pleinement son ministère sacerdotal. Elle se double d'un abandon au Seigneur à la manière d'un « Jugement de Dieu » : Si Dieu l'estime digne de poursuivre son rôle, il trouvera le moyen de forcer les événements ! Les concours de circonstances ayant empêché sa fuite sont, pour lui, une preuve de sa volonté dans le sens de la continuité. Ce que confirme le comte des Garets : « sa dernière tentative de fuite fut pour lui un trait de lumière. Dès lors, il ne pensa plus à rien de semblable, du moins il n'en parla plus[2]. » Le témoignage de son épouse nous apporte un élément de réponse complémentaire : « Ayant reçu peu après d'un ecclésiastique une lettre où on lui expliquait que son désir de la solitude était une tentation du diable, cette appréciation l'impressionna vivement[3]. »

Quand l'affection prend aux entrailles

M. Vianney prit ainsi aisément conscience de la pertinence des raisons ayant motivé l'intervention

1. Monnin, éd. 1893, t. II, p. 308.
2. P. O., p. 948.
3. Comtesse des Garets, p. 793.

musclée de M. Toccanier sitôt après son arrivée. Lequel s'avéra d'emblée un cadeau de la Providence destiné à lui faire oublier les rudesses et mesquineries de M. Raymond. Il allait en effet s'avérer toujours disposé à prévenir ses moindres désirs, consoler ses peines, l'aider dans ses divers travaux. Non seulement il prit en charge la paroisse – à la satisfaction générale – mais il le secondait auprès des pèlerins avec autant de dévouement que d'amabilité. Plus encore, il avait envers lui un comportement filial. Un jour où M. Vianney lui faisait grief d'une affabilité excessive à son égard, son auxiliaire lui répliqua d'un trait : « Tes père et mère honoreras, afin que tu vives longuement ». Sa figure s'épanouit et témoigna combien il était touché[1]. Affection bien partagée comme le confirment ses propos qu'il eut en accueillant le missionnaire après une absence de trois semaines : « Vous voilà donc, mon bon ami, tant mieux ! Le temps me durait, je me disais que les réprouvés doivent être bien malheureux en enfer, séparés éternellement de Dieu ; puisqu'on souffre déjà tant sur la terre loin des personnes que l'on aime[2]. » Paroles probantes de la capacité à aimer viscérale de M. Vianney !

Tous les missionnaires de Pont d'Ain qui vinrent séjourner chez les Sœurs aux périodes les plus chargées du pèlerinage affichèrent envers M. Vianney une attitude aussi filiale. Tel l'abbé Alfred Monnin – pour ne citer que celui-là – qui avait été envoyé sur ordre de son évêque et de son Supérieur, pour rassembler les éléments susceptibles de servir de base à la rédaction d'une biographie du « saint Curé d'Ars ».

---

1. Abbé Toccanier, P. O., p. 1476.
2. Abbé Toccanier, P. A., *in genere*, p. 164.

Un « rayon » qui embrase le Ciel

Mgr Chalandon était en effet bien placé pour reconnaître la valeur exceptionnelle de son prêtre qui employait toute son énergie et mettait tout son cœur à étendre le Royaume de Dieu sur la terre. Parmi ses pôles spirituels d'attraction, la Vierge Marie tenait une place privilégiée. Aussi allait-il exulter de joie en apprenant, en novembre 1854, la proclamation solennelle par Rome du dogme de l'Immaculée Conception pour le 8 décembre prochain. La baronne de Belvey nous relate le sermon qu'il adressa en chaire en préalable à cette fête : « Il rappela, avec des transports de joie, tout ce qu'il avait fait pour Marie Immaculée. Un frisson passa dans l'auditoire quand il s'écria en terminant : "Si, pour donner quelque chose à la Sainte Vierge, je pouvais me vendre, je me vendrais[1]." »

Cet amour de Marie, il l'avait communiqué à tous ses paroissiens. Dans toutes leurs maisons était exposée une image offerte par lui, au bas de laquelle il avait apposé sa signature ; sur la façade de plusieurs d'entre elles figurait une statuette. On se souvient des statues de Marie qu'il avait placées dans l'église, du cœur en vermeil contenant le nom de ses paroissiens. Et des Ave de l'heure, des chapelets égrenés dans la campagne, de l'éclat de la liturgie pour les fêtes mariales.

Puis vint le 8 décembre 1854. Malgré sa fatigue, il tint à chanter la grand-messe, paré d'un somptueux ornement de velours bleu broché d'or : un cadeau offert par ses paroissiens, dont l'architecte Bossan avait dessiné les figures et les fines arabesques[2]. L'après-midi, après les vêpres, toute la paroisse alla en procession à l'école des Frères où M. Vianney bénit une statue dressée dans

1. P. O. p. 235.
2. Trochu, *Le Curé d'Ars*, éd. 1926, p. 468.

le jardin[1]. Le soir, on illumina le clocher, les murs de l'église, la façade des maisons. Avant de clôturer la cérémonie, M. Vianney redit sa joie dans un dernier discours : « Quel bonheur ! J'ai toujours pensé qu'il manquait ce rayon à l'éclat des vérités catholiques[2]. » Et il fit sonner les cloches à toute volée. Les habitants des villages voisins étonnés de ces illuminations, croyaient que c'était le tocsin ! M. Vianney « se promenait avec plaisir parmi les prêtres présents et les Frères, à la lueur des flambeaux[3] ». Ce fut l'un des plus beaux jours de sa vie.

Un adieu à distance

Au chevet du frère

M. Vianney était bien résolu de mettre fin à toutes ses velléités de fuite depuis qu'il n'y reconnaissait plus la volonté de Dieu. Un certain jour de 1854 non précisé par Catherine Lassagne qui nous relate l'incident, il avait dû s'opposer de toutes ses forces à des paroissiens de Dardilly venus en pleine nuit avec une voiture pour l'enlever. Ayant guetté le moment où il sortirait de son presbytère pour aller commencer ses confessions, ils s'étaient précipités sur lui pour le forcer à les suivre. Il s'était dégagé de leur étreinte en criant : « Je n'ai pas la permission de mon évêque[4]. » Et il était entré dans le vestibule de l'église où des pénitents l'attendaient.

Quelque temps plus tard, vers la Noël 1854, il apprit que la santé de François l'Aîné s'était dangereusement aggravée. Il lui écrivit pour s'informer personnellement de son état : « J'ai appris de tes nouvelles. On me cachait

1. F. Athanase, P. A. *ne pereant,* p. 1064.
2. A. Toccanier, P. O., page 258.
3. Catherine Lassagne, P. M. n° 3, p. 49.
4. P. O., p. 504.

cela, et j'en ai été bien chagriné. Je te prie de bien me faire dire comment tu te trouves. Adieu, mon cher frère, j'espère aller te voir bientôt. Bien des compliments à ma sœur qui, je pense, est dans de grandes peines[1]. » François continuait de s'affaiblir et ne voulait pas quitter cette terre sans revoir ce frère qu'il aimait tant. Il pria son fils Antoine d'aller le chercher en voiture.

Le 26 décembre, quand son neveu arriva, M. Vianney alla prévenir l'abbé Toccanier de l'imminence de son départ. Ce dernier lui proposa de l'accompagner, de même que le Frère Jérôme. Ils ne seraient pas trop de deux au cas où l'on tenterait de retenir le pauvre curé dans son pays natal ! L'abbé Toccanier nous donne des détails sur ce voyage : « Peu habitué aux voitures, il ne put supporter longtemps les cahots de la route. Arrivé à Parcieux : "Je ne peux plus aller plus loin, dit-il, je me sens défaillir." Le mal de cœur l'avait saisi. Il était descendu de voiture et avait gravi la côte à pied. Puis il s'était mis à trembler, car les chemins étaient couverts de neige et de glace. Il franchit ainsi, un bâton à la main, trois à quatre kilomètres lentement, montant dans la voiture et descendant tour à tour. Dans l'impossibilité de poursuivre son chemin, il repartit pour Ars avec le conducteur et le bon sacristain. » M. Vianney irait donc au chevet de son frère...

... par procuration

« Pour moi, sachant lui être agréable en prévenant les désirs de son cœur, poursuit l'abbé Toccanier, je continuais ma route, avec son neveu, jusqu'à Neuville où nous trouvâmes une autre voiture. Quelle déception pour ce pauvre frère de ne pas voir le seul qu'il attendait ! Cependant ma démarche lui fut agréable. »

1. Lettre à son frère François l'Aîné – copie authentique, archives de l'évêché de Belley.

À son grand étonnement, l'abbé Toccanier, le lendemain, s'attendait à retrouver M. Vianney dans un état d'épuisement extrême. « Eh bien, précise-t-il, en revenant vers Ars, ce n'était plus le même homme : il avait retrouvé toute sa fermeté[1]. » Les habitants de Dardilly regrettèrent autant que François que leur compatriote ait dû rebrousser chemin. Le voyage de leur vicaire le lendemain à Ars en est la preuve. Il alla frapper à la porte de la cure pour exhorter M. Vianney à aller voir le malade : « Votre frère doit avoir quelque chose d'important à vous dire. » M. Vianney aurait peut-être cédé à ces exhortations qu'il aurait pu prendre pour un appel pressant. Mais l'abbé Toccanier, prévoyant ce genre d'intervention, avait demandé à François s'il souhaitait qu'il lui transmette un message. Il lui avait répondu : « Non, je désirerais seulement le voir[2]. » M. Vianney auquel son auxiliaire avait fait part de ce détail, éconduit son visiteur, en offrant au Seigneur le sacrifice de cette visite qui compromettait trop sa santé. Et qui risquait de l'éloigner définitivement du terrain où le Seigneur l'avait invité à travailler à sa vigne. François Vianney n'eut pas la consolation de revoir son frère. Il mourut le vendredi saint 6 avril 1855. Le lendemain, le « Curé d'Ars » fut dans l'impossibilité de se rendre à ses obsèques : il était retenu dans son confessionnal devant lequel se pressait la foule de tous ceux qui voulait faire « leurs Pâques ». Plusieurs pénitents l'entendirent pousser des soupirs dans son confessionnal et, quand il sortit, plusieurs témoins virent des larmes perler sur ses joues.

---

1. Lettre de l'abbé Toccanier à Mgr Chalandon, 29.1.1855 (Archives paroissiales d'Ars).
2. *Ibid.*

Une croix hors de prix

« Une célébrité européenne »

Mgr Chalandon avait reconnu la nécessité de gratifier M. Vianney des honneurs ecclésiastiques en lui conférant le canonicat. De son côté, le sous-préfet de l'Ain, marquis de Castellane, eut à cœur de lui faire accorder une distinction honorifique[1]. Dans une lettre du mois de juin 1855 où il signifiait à l'évêque sa décision, il joignait un double de son rapport au préfet de l'Ain. Il y précisait, concernant M. Vianney, « que sa sainteté évangélique et sa haute piété [avaient] acquis une célébrité européenne ». Il y notait que l'humble Curé d'Ars était « un homme d'une simplicité admirable et d'une humilité profonde. C'est un second Vincent de Paul, dont la charité opère des prodiges[2]. »

Les arguments du marquis firent tout leur effet sur le préfet qui en référa au ministre de l'Instruction Publique et des Cultes, lequel soumit la proposition à Napoléon III qui l'agréa. Il s'agissait – qui ne l'aurait deviné ? – de l'attribution de la Légion d'Honneur.

Restait à prévenir l'intéressé. C'est M. des Garets qui en fut chargé par Mgr Chalandon.

« Y a-t-il une rente attachée à cette croix ? Est-ce de l'argent pour mes pauvres ? questionna-[t-il] sans exprimer ni contentement ni surprise.

— Non. C'est seulement une distinction honorifique.

— Eh bien ! puisque les pauvres n'ont rien à y gagner, dites, s'il vous plaît, à l'empereur que je n'en veux point[3]. »

1. Catherine Lassagne, P. M., n° 3, p. 49.
2. Rapport du 28 juin 1855 (Archives Départementales, Bourg, M, 936).
3. Frère Athanase, P. O., p. 830.

Bien évidemment, le message ne fut pas transmis. Quelques jours plus tard, M. Vianney reçut une lettre de la Grande Chancellerie lui réclamant 12 F pour régler les frais d'expédition de la croix. Il leva les yeux au ciel pour manifester son refus à faire pareille dépense : « J'aime mieux placer aujourd'hui cet argent à nourrir douze pauvres ! » s'écria-t-il[1]. Il n'envoya donc pas la somme requise, mais M. Toccanier s'en acquitta pour lui discrètement. Aussi, grande fut sa surprise à la réception de la croix : « Je n'ai pas envoyé l'argent, s'étonnera-t-il, plus tard, et ils [me l']ont tout de même envoyée[2] ! » M. Vianney était vraiment « une célébrité européenne ».

Un humble parmi les humbles

Cette croix, il allait la recevoir des mains de l'abbé Toccanier délégué par son évêque qui ne pensait pas utile de se déranger pour lui remettre un morceau de métal qui risquait de subir le même sort que le camail. Un jour, pendant que M. Vianney s'apprêtait à déjeuner dans sa chambre, il lui présenta le bel écrin de velours. Il avait pris la précaution de convoquer une petite assemblée de proches pour assister à cette cérémonie intime : les Frères Jérôme, Athanase et leurs confrères, Catherine Lassagne et Jeanne Marie Chanay qui attendaient sur le palier. L'abbé Toccanier fit un signe pour les appeler au moment où il commençait d'adresser la parole à M. Vianney.

« M. le Curé lui dit-il, en arborant un léger sourire mystérieux, ce sont peut-être des reliques qu'on vous envoie. » Impatient d'ouvrir le paquet, il en brisa le cachet de cire. Apercevant la croix, il ne put cacher sa déception :

1. *Ibid.*
2. *Ibid.*

« Hélas ! ce n'est que ça ! » Et, la remettant à M. Toccanier, il lui dit : « Tenez mon ami, ayez autant de plaisir en la recevant que moi en vous la donnant[1]. »

Il n'accepta jamais par la suite de l'épingler à sa soutane. Pas plus qu'il ne porta son camail. Un jour, M. Toccanier lui fit une allusion directe à ces deux distinctions : « Toutes les puissances de la terre vous décorent. Dieu ne manquera pas de vous décorer dans le ciel.

— C'est bien, [lui] répondit-il, ce qui me fait peur. Quand la mort viendra et que je me présenterai avec ces bagatelles dans les mains, Dieu me dira : "Va-t-en ! Tu as reçu ta récompense[2] !" »

Voilà de quoi nous donner une belle leçon d'humilité !

1. A. Toccanier, P. O., p. 175. P. A *in genere*, p. 168. M. Vianney donna effectivement cette croix à M. Toccanier par testament. Elle est conservée à la cure.
2. A. Toccanier, P. O., p. 176.

XI

« C'est ma pauvre fin ! »

Harmonie et fausses notes

Âme comblée

Si depuis un certain temps déjà, toute critique avait cessé à l'encontre de M. Vianney, les honneurs décernés par les autorités civiles et religieuses avaient rehaussé encore son image aux yeux du monde. Ces distinctions ne l'avaient pas pour autant incité à s'enorgueillir, bien au contraire. Mais elles durent être, dans le tréfonds de son cœur, comme une reconnaissance publique de cet amour de Dieu qui animait son zèle au service du Christ et de son Église pour éclairer les hommes de son Esprit et les arracher à l'emprise des puissances de l'ombre. Et il croissait en lui chaque jour davantage cet amour : il « semblait augmenter, souligne Catherine Lassagne, à mesure que son âge avançait et que ses forces diminuaient[1] ».

1. *La Confidente*, p. 90.

« Ses catéchismes n'étaient plus qu'une suite d'exclamations qui s'achevaient par des larmes[1]. » En chaire, il revenait toujours à son thème favori : la Présence Réelle. « Il s'interrompait, il versait des larmes ; sa figure devenait rayonnante, et il ne laissait plus entendre que des exclamations d'amour[2]. » Il parlait de plus en plus fréquemment de la miséricorde de Dieu et de la nécessité, pour les hommes, d'avoir recours à son grand « Sacrement d'Amour » le plus souvent possible. Témoin, cette harangue prononcée à un « Catéchisme de onze heures » :

« Ô mon âme, que tu es grande ! Il n'y a que Dieu qui puisse te contenter ! La nourriture de l'âme, c'est le corps et le sang d'un Dieu ! Ô belle nourriture ! L'âme ne peut se nourrir que de Dieu ! Il n'y a que Dieu qui puisse lui suffire ! Il n'y a que Dieu qui puisse la remplir ! Il n'y a que Dieu capable de rassasier sa faim ! Il lui faut absolument son Dieu ! Qu'heureuses sont les âmes pures qui s'unissent à Notre-Seigneur par la communion ! Dans le ciel elles brilleront comme de beaux diamants parce que Dieu rayonnera en elles. Ô vie bienheureuse ! Se nourrir d'un Dieu ! Ô homme que tu es grand ! Nourri et abreuvé du corps et du sang d'un Dieu ! Allez donc à la communion, mes enfants[3] ! » Un tel texte se passe de commentaire. Il dénote une âme comblée.

Le feu au cœur

M. Vianney sentait un accroissement constant de l'amour de Dieu. Par ailleurs, il avait tout lieu d'être satisfait de son entourage. L'abbé Toccanier l'aimait comme un fils. Les Frères Jérôme et Athanase restaient ses meilleurs « camarades ». Ils prévenaient tous ses besoins matériels et ses aspirations profondes par un

---

1. Chanoine Rougemont, P. A. « continuatif », p. 762.
2. Baronne de Belvey, P. A. *ne pereant*, p. 193.
3. *Instructions de Onze Heures* manuscrit de la Bastie, pp. 52 à 54.

entretien parfait de la Maison de Dieu et des soins attentifs pour favoriser un bon déroulement des cérémonies liturgiques avec tous les honneurs requis. En outre, les Missionnaires de Pont d'Ain accouraient à Ars à la simple demande de l'abbé Toccanier pour aider aux confessions. Les trois anciennes « directrices » veillaient maternellement sur son ménage et son régime alimentaire et les Sœurs de Saint-Joseph lui témoignaient une franche sympathie quand il allait faire le catéchisme à leurs élèves. M. Vianney bénéficiait aussi du soutien d'amis sûrs, tels les Belvey, les Cibeins et surtout, les Garets dont il avait vu grandir les enfants. Grâce à l'affection de tous ces proches, il vivait dans une atmosphère propice à une vieillesse heureuse et sereine. Il avait enfin chaud au cœur !

Un pauvre « cadavre »

L'amour de Dieu comblait M. Vianney et son entourage était pour lui un réconfort non négligeable. Mais c'était un homme usé qu'une extrême fatigue éprouvait chaque jour au-delà de ses limites. Il soutenait « un grand combat chaque matin pour se lever avant le jour[1] » précise le Frère Athanase auquel il disait parfois : « C'est tous les jours à recommencer ; c'est toujours la même répugnance[2]. » Il disait parfois à l'abbé Toccanier : « Ma tête s'embrouille » en lisant le bréviaire. Son auxiliaire était alors intervenu auprès de l'évêque qui l'en avait dispensé les jours où il jugerait utile. M. Vianney devrait obéir !

Un jour à midi, il entra dans la cuisine de Catherine Lassagne en disant : « Ah ! ma pauvre Catherine, je n'en puis plus !

---

1. P. O., p. 813.
2. *Op. cit.*

— Asseyez-vous un instant, M. le Curé, je vais vous faire chauffer du lait.

— Oh ! non, ne faites rien, c'est mon lit qu'il me faut[1]. »

Et il sortit pour monter à sa chambre avec sa tasse de lait qu'elle l'obligea à boire dans l'escalier. Il n'eut pas besoin d'autres soins pour s'arrêter de gravir les marches et rebrousser chemin pour aller reprendre ses confessions.

Une toux sèche continuait de l'accabler, par quintes interminables qui l'abattaient. S'il lui arrivait de s'en plaindre, c'était pour déplorer « le temps que ce malaise lui faisait perdre[2] ».

Quand M. des Garets le priait de ménager ses forces, il lui répondait en souriant : « Ah ! bast mon ami, le bon Dieu arrangera tout cela[3] ! » Par suite de ses mauvaises nuits et de ses infirmités, il avait parfois des somnolences dans la journée, même au confessionnal. Les pénitents sortaient alors quelques instants dans la nef pour lui permettre de se reposer. Un jour, l'abbé Toccanier, voyant son état d'épuisement s'aggraver, l'interrogea ainsi : « Mon Père, si le bon Dieu vous donnait à choisir, ou de monter au ciel tout de suite ou de travailler encore comme vous le faites à la conversion des pécheurs, que prendriez-vous ?

— Je resterais.

— Mais au ciel les saints sont si heureux !...

— Oui, mais ce sont des rentiers[4]. » Non : tant qu'il aurait un souffle de vie, M. Vianney ne vivrait plus en rentier de Dieu, mais en serviteur ! Même avec son pauvre cadavre !

---

1. Catherine Lassagne, P. M. n° 1, p. 9.
2. Marthe Miard, P. A. « continuatif », p. 858.
3. P. O., p. 972.
4. A. Toccanier, P. O., pp. 133-134.

Un lit calciné

Un matin de février 1857 où se célébrait la fête des « quarante heures » à Ars, M. Vianney s'était rendu à son confessionnal plus tôt que d'habitude. Il y avait ce jour-là un perpétuel mouvement de personnes qui se relayaient par groupes pour venir adorer le Saint-Sacrement. Un peu avant 7 heures, des passants aperçurent des flammes dans la chambre du curé. Ils se précipitèrent dans l'église au moment où il sortait du confessionnal pour aller se préparer dans la sacristie à célébrer la messe. Sans se troubler, il leur donna sa clé pour permettre aux secours d'aller éteindre le sinistre en disant : « ce vilain "grappin" ! il a cru brûler l'oiseau, il n'a brûlé que la cage[1] ! »

Nous ne nous étendrons pas ici sur l'origine de l'incendie qui pourrait « s'expliquer par des causes naturelles » (notamment une étincelle qui aurait jailli au moment où M. Vianney allumait sa lanterne et qui aurait consumé le bois à petit feu avant de s'enflammer). En revanche, on est en droit de s'étonner du fait suivant : quand les hommes arrivèrent dans la chambre, le feu avait cessé de lui-même alors qu'il ne s'était « pas communiqué par les épais rideaux de serge au plancher supérieur, si noir et si enfumé, qui aurait dû flamber comme de la paille[2] ». Avaient également été consumés « quelques tableaux qui tiraient leur valeur de sa dévotion, les vieilles peintures sur verre de ses biens saints qu'il aimait tant [et qui] étaient la seule chose en ce monde à laquelle il tînt encore un peu[3]. » Le Père Monnin dont nous tenons ce récit, était alors à Ars pour pallier l'absence de l'abbé Toccanier. Il se trouvait dans la chambre

1. Marthe Miard, P. A. « continuatif », p. 843. Comtesse des Garets, P. O., p. 784.
2. A. Monnin, éd 1893, t. I, p. 343.
3. *Op. cit.*

quand survint l'abbé Vianney qui avait souhaité se rendre compte des dégâts juste avant sa messe. Il n'eut aucune réaction. Mais, après l'office, il lui dit, en le fixant d'un regard doux et profond : « Je pense que cette fois je suis bien le plus pauvre de la paroisse ; ils ont tous un lit, et moi, grâce à Dieu, je n'en ai plus[1]. » Cette leçon de détachement nous interpelle. Non seulement concernant le lit, mais aussi, quant à la perte de ses images de saints dont on se rappelle l'intérêt qui l'animait dès son enfance. Il ne resta pas sans lit. Un ami, M. de la Bastie, en fit porter un chez lui le jour même en prenant une précaution : il le lui déposait à titre de prêt, craignant que, s'il le lui donnait il ne le vende[2].

« Pauvre Curé d'Ars ! »

M. Vianney fut très affecté quand Mgr Chalandon, nommé archevêque à Aix, quitta le diocèse le 19 mars 1857. Il comptait sur les liens amicaux qu'il entretenait avec lui pour tenter d'en obtenir le droit officiel à une retraite bien méritée. Quand Mgr Langalerie lui succéda (le 26 avril) il reporta cependant tous ses espoirs sur la compréhension du nouveau prélat. Il lui écrivit en effet une lettre où il énumérait ses raisons : « Monseigneur, je deviens toujours plus infirme, il faut que je passe une partie de la nuit sur une chaise ou bien me lever trois ou quatre fois dans une heure. Je prends des étourdissements dans mon confessionnal. Les médecins ne voient d'autre remède que le repos. Je pense que Votre Grandeur trouvera bon que j'aille passer quelque temps chez mes parents. Vu mes infirmités et mon âge, je veux dire adieu à Ars pour toujours. Vianney pauvre malheureux prêtre[3]. »

---

1. *Id.*, p. 344.
2. D'après Catherine Lassagne, *La confidente*, p. 92.
3. Lettre citée par R. Fourrey, *Le Curé d'Ars Authentique*, p. 515.

L'évêque ne donna pas suite à sa requête. La volonté de Dieu avait encore parlé par son truchement : M. Vianney terminerait son pèlerinage terrestre à Ars !

Si son pauvre corps affaibli lui procurait des souffrances de plus en plus aiguës, « son esprit était toujours libre, son visage calme et souriant. Aux yeux des pèlerins, rien ne trahissait ses douleurs les plus vives[1] » excepté en certains moments de la journée. Quand, au comble de l'épuisement, il s'effondrait sur une chaise devant un de ses intimes, il disait en soupirant : « Ah ! vraiment il y a de quoi rire[2] ! »

En février 1858, il fit un jour une chute dans l'escalier d'accès à la chapelle des Sœurs de Saint-Joseph où il allait célébrer la messe. Il en résultat une plaie assez bénigne au front, mais une, plus grave, à la jambe où se déclara un ulcère assez long à guérir. Dès qu'il se sentait mieux, il circulait autour de l'église pour s'aérer un peu et se détendre. S'il voyait alors un de ses portraits en vente dans les boutiques, il s'écriait : « Toujours ce "carnaval"... Voyez comme je suis malheureux ! On me pend, on me vend. Pauvre curé d'Ars[3] ! »

Messieurs Vianney et Toccanier : mêmes projets

L'abbé Toccanier était un homme très entreprenant qui bouillonnait de cette énergie qui avait animé naguère M. Vianney mais qui commençait à l'abandonner. Il lui soumit un projet auquel il souscrivit aussitôt : l'érection d'une statue à sainte Philomène et la construction d'une belle église en son honneur. L'abbé Toccanier convoqua l'architecte Pierre Bossan et le sculpteur M. Cabuchet.

---

1. A. Toccanier, P. O., p. 134.
2. J.-M. Chanay, P. O., p. 701.
3. Archives postulatoires, P. O., p. 83.

La statue fut commandée à M. Cabuchet qui, à sa demande, lui fit un prix. Pour ce qui est du sanctuaire, M. Vianney se montra plus réticent, soucieux qu'il était de ne pas nuire, par ces dépenses somptueuses, à son œuvre de missions qui lui était si chère.

C'est justement aux Missionnaires qu'il pensait en priorité. Sentant sa vie s'en aller lentement, il voulait laisser à Ars une maison pour les loger afin qu'ils continuent son œuvre à sa suite. Après en avoir obtenu l'autorisation de son évêque, il délégua, fin février 1859, l'abbé Toccanier – tout désigné car Missionnaire lui-même – pour procéder aux démarches requises pour cet achat. C'est ainsi que l'ancien hôtel de Notre-Dame-des-Grâces devint la résidence des Missionnaires diocésains.

Fin avril 1859, M. Vianney était convaincu, après mûre réflexion, que la construction de la basilique était voulue par Dieu. Il réunit tous les hommes de sa paroisse. S'assimilant à Moïse rassemblant le peuple d'Israël avant de mourir, il leur dit : « Oh ! mes enfants, que c'est beau, ce que vous venez de faire ! En remplissant votre devoir pascal, vous avez préparé une demeure au bon Dieu dans votre cœur et vous allez lui en préparer une autre en bâtissant une belle église[1]. » La souscription était lancée ! Et de poursuivre : « Je vous laisse les Missionnaires pour vous diriger, les Frères pour élever vos garçons, les Sœurs pour élever vos filles[2]. » « Soyez bien reconnaissants ! Parce que vous avez reçu beaucoup, Dieu vous demandera beaucoup[3]. »

1. Frère Athanase, P. A., *in genere*, p. 236.
2. P. Oriol, P. O., p. 752.
3. Marthe Miard, P. A., « continuatif », p. 846.

Une heure annoncée

Auto-« intuitions » du Curé d'Ars

M. Vianney savait qu'il pouvait s'en remettre à cet auxiliaire débordant de zèle et d'affection pour poursuivre sa mission à Ars : Il pourrait désormais se préparer à ce « grand départ » qu'il commençait à pressentir et à annoncer en diverses circonstances.

Un jour, il avait dit au Frère Athanase : « Il y a encore des pécheurs dans la paroisse. Il faut que je m'en aille pour qu'un autre puisse les convertir. » Alors que Catherine Lassalle était allée chercher le paiement annuel de la rente que lui versait le baron de Cibeins, il lui dit : « Ce sera pour la dernière fois[1]. »

Autre témoignage, celui de l'abbé Toccanier. Un jour que M. Vianney lui donnait le mandat de ses émoluments, il lui dit : « Tenez ! Ce sera pour payer mon enterrement[2]. »

La Parole des yeux

Au cours du mois de juillet 1859, la santé de M. Vianney s'altéra encore en raison d'une chaleur caniculaire bien difficile à supporter pour un homme de soixante-treize ans déjà exténué. Dehors, un soleil de plomb. Dans l'église, une atmosphère suffocante qui obligeait les pèlerins à sortir fréquemment pour respirer. Et M. Vianney restait sans se plaindre rivé à son confessionnal. Le vendredi 29 juillet, ayant repris son poste dès le matin, il fut atteint de suffocations et dut sortir de l'église à plusieurs reprises. Il était brûlant de fièvre. Avant le Catéchisme de onze heures, il appela un « gardien » dans la sacristie, Pierre Oriol, et lui demanda quelques gouttes de vin qu'il but dans le creux de la main. Il gagna sa

---

1. Catherine Lassagne, P. O., p. 528.
2. Frère Athanase, P. A., *ne pereant*, p. 1056.

chaire mais sa voix était devenue inaudible. Son auditoire comprit cependant qu'il voulait parler de l'amour de Dieu à sa manière de fixer le tabernacle avec des yeux pétillants d'amour et baignés de larmes qu'il n'avait pas la force d'essuyer. Ce fut sa dernière prédication : celle de l'Amour qui se communique sans avoir besoin de paroles.

Les amis en alerte

À midi, il prit un léger repas après quoi il retourna avec peine à l'église au bras du Frère Jérôme. C'est encore avec son appui qu'il sortit de l'église le soir. Le trajet jusqu'à la cure lui sembla interminable. Courbé en deux par la fatigue et la douleur, il eut tout juste la force de bénir d'une main défaillante la famille des Garets consciente de recevoir sa dernière bénédiction. Arrivé au bas de l'escalier, il fut pris d'un malaise. Le Frère Jérôme l'entraîna dehors pour respirer un peu d'air. Ils firent quelques pas, mais le malade pria son fidèle gardien de rentrer. Celui-ci l'aida à monter l'escalier, s'arrêtant à chaque marche pour lui permettre de reprendre son souffle. Le voyant trop anéanti pour se coucher, il lui prêta main-forte pour le mettre au lit et se retira à sa demande.

Catherine Lassagne qui avait assisté à la scène, était venue se mettre en faction dans la chambre voisine pour guetter le moindre appel. Peu après, elle l'entendit frapper. Elle se précipita dans sa chambre, courut à son chevet. « C'est ma pauvre fin, dit-il dans un souffle ; il faut aller chercher M. le curé de Jassans[1]. » Le Frère Jérôme, resté dans la cuisine, monta à son tour. M. Vianney lui répéta les paroles fatidiques : « C'est ma pauvre fin ; allez chercher mon confesseur.

— Je vais chercher aussi le médecin, enchaîna-t-il.

---

1. Frère Jérôme, P. O., p. 569.

— C'est inutile ; le médecin n'y fera rien[1]. »

Le Frère Jérôme partit sans attendre. L'abbé Toccanier parut peu après : « Monsieur le Curé, Philomène qui vous a guéri il y a seize ans, va vous guérir encore cette fois. Entre deux suffocations, il lui répondit, d'une voix à peine perceptible : Oh ! sainte Philomène n'y pourra rien[2] ! »

Quelques heures plus tard, le Frère Jérôme était de retour avec le curé de Jassans, et bien évidemment, le docteur Saunier qu'il était allé chercher malgré la dissuasion de M. Vianney. Le pronostic du médecin fut pessimiste : « Si les chaleurs diminuent, nous pouvons espérer encore ; mais si elles continuent, nous allons le perdre[3]. »

Dans la Miséricorde, Seigneur !

Le curé de Jassans pria ceux qui l'entouraient de le laisser seul avec le malade. Il nous donne un témoignage qui ne manque pas d'intérêt : « Il avait toute sa connaissance et il la conserva jusqu'au dernier moment. Il me fit sa confession avec sa piété ordinaire, sans trouble et sans aucun retour sur son mal. La crainte de la mort qu'il avait manifestée si souvent et si vivement pendant sa vie l'avait abandonné et avait complètement disparu[4] ».

C'est une consolation, pour nous qui avons suivi M. Vianney dans ses travaux, ses satisfactions et ses angoisses, d'apprendre que ses craintes de rendre compte un jour au Seigneur de son ministère sacerdotal avaient fait place à un total abandon à sa miséricorde. Quelques jours plus tôt, il avait eu des propos allant dans ce sens à Catherine Lassagne : « Si un prêtre venait à mourir à

---

1. Frère Jérôme, P. O., p. 569.
2. Catherine Lassagne, P. M. n° 3.
3. *Ibid.*
4. Abbé Beau, P. O., p. 1219.

force de peines et de travaux endurés pour la gloire de Dieu et le salut des âmes, ce ne serait pas mal[1] ».

Vers l'inéluctable

Un défi à la fatalité

Le lendemain 31 juillet, ce fut une totale consternation pour les habitants d'Ars et les pèlerins. On décida de se réunir pour faire des prières, de commencer des neuvaines, d'aller en pèlerinage à Notre-Dame-de-Beaumont, même, pour certains, à Fourvière. On s'entassait dans la petite cour pour arriver à monter jusqu'au seuil de la chambre du malade et en recevoir une bénédiction qu'il donnait, les premiers jours, sans pouvoir prononcer une parole. Les deux jours suivants, l'état d'épuisement s'étant accru, on attendait patiemment les moments où le tintement d'une sonnette annonçait les bénédictions qu'il donnait de son lit.

Quelques hommes du village, soucieux de tenter d'arrêter la progression du mal en faisant tomber la température, recouvrirent le toit et la façade du presbytère de longues bandes de toile qu'ils arrosaient aux heures les plus chaudes de la journée.

Des larmes d'amour

Le 2 août, les Frères Athanase et Jérôme, l'abbé Toccanier, le comte des Garets, Pierre Oriol se relayèrent à son chevet. Pendant la garde du Frère Athanase, le docteur Saunier vint visiter le malade. M. Vianney réussit à émettre un léger filet de voix pour dire au Frère : « Il me reste 36 F ; priez Catherine de les donner à M. Saunier.

1. P. M. n° 3, page 100.

Et puis qu'elle lui demande de [ne] plus revenir : je ne pourrais pas le payer[1]. »

L'abbé Toccanier profita de cet instant pour faire part au malade de ses craintes pour le financement de la basilique après son décès. Il lui répondit, avec une voix toujours aussi faible : « Vous en avez pour trois ans[2]. »

Le soir du mardi 2 août, M. Vianney exprima à son confesseur le désir de recevoir le Viatique et l'Extrême-Onction. On convint que la cérémonie aurait lieu à minuit. En entendant sonner la cloche annonçant le prêtre, le malade se mit à pleurer. Le Frère Jérôme voulut savoir la raison de ses larmes :

« Êtes-vous plus fatigué ?

— Oh ! non, répondit-il d'une voix qui n'avait plus rien de terrestre : je pleure en pensant combien Notre-Seigneur est bon de venir nous visiter dans nos derniers moments[3]. »

Le curé de Jassans entra alors dans la chambre en tenant l'hostie. Il marchait lentement, l'air grave et recueilli. Une vingtaine de confrères le suivaient, tenant un cierge à la main. M. Vianney trouva la force de s'asseoir, et de joindre les mains en prière en fixant le Pain de Vie d'un doux regard voilé de tristesse. Le prêtre le fit communier et l'administra. On éteignit les cierges dont la chaleur transformait la pièce en étuve. Au Frère qui lui demandait pourquoi il pleurait encore, il répondit : « C'est triste de communier pour la dernière fois[4]. »

Les Arsois revendiquent leur droit

Si les pèlerins se pliaient de bonne grâce à l'interdit de revoir M. Vianney, il n'en était pas de même des Arsois.

1. Abbé Toccanier, P. O., p. 182. Ce sera bien trois ans plus tard que l'abbé Toccanier sera en mesure de procéder au début des travaux.
2. *Op. cit.*
3. Frère Athanase, P. O., p. 670.
4. Baronne de Belvey, P. O., p. 206.

Ils savaient que leur curé était condamné et revendiquaient le droit de recevoir son ultime bénédiction. Alors que le Frère Athanase était posté à l'entrée de la cour, un bon nombre d'entre eux s'approchèrent de lui, bien résolus à forcer le passage : « Nous irons malgré vous, lui crièrent-ils en pleurant, il était notre curé avant d'être le vôtre ! » Le Frère Athanase comprit qu'ils étaient poussés par l'énergie du désespoir. Il les laissa monter en leur recommandant de rester silencieux sur le seuil de la chambre. M. Vianney les reconnut et, la main soutenue par le Frère Jérôme, il fit un signe de croix dans leur direction.

Dans les bras d'un « frère »

Le 3 août, vers un heure de l'après-midi, l'abbé Toccanier avait convoqué un notaire et quatre témoins pour noter les volontés de M. Vianney quant au lieu d'inhumation de son corps. Il souhaitait ainsi réduire à néant les prétentions des habitants de Dardilly à se l'approprier.

Le notaire lui demanda : « Où voulez-vous être enterré ? »... On prêta l'oreille et il répondit dans un souffle : « À Ars. » Maître Raffin écrivit ce testament que le mourant n'eut pas la force de signer. Il eut cependant sa conscience pour en écouter la lecture. Quand vint le passage où il était mentionné qu'il donnait son corps à Ars, il marmonna en souriant : « Petit cadeau ! »

Dans l'après-midi, Mgr de Langalerie était au petit séminaire de Meximieux pour présider la cérémonie de distribution des prix. Apprenant que la fin de M. Vianney était proche, il se rendit à Ars où il arriva à 19 heures. Il alla tout droit à la cure. Le mourant le reconnut, lui sourit mais ses lèvres soudées se refusèrent à s'ouvrir pour lui parler. Quand le prélat se baissa pour l'embrasser, il voulut baiser sa croix pectorale qu'il inonda de ses larmes.

Vers 22 heures, il reçut de l'abbé Toccanier l'indulgence plénière. À minuit, l'abbé Monnin lui fit baiser la croix de Missionnaire et récita les prières de la recommandation de l'âme entrecoupées de longs silences.

Le jeudi 4 août 1859, vers deux heures, il achevait cette exhortation avec des sanglots dans la voix : « Que les saints anges de Dieu viennent à sa rencontre et l'introduisent dans la cité vivante, la céleste Jérusalem[1]. » S'affaissant dans les bras du Frère Jérôme qui ne le quittait plus, M. Vianney terminait paisiblement sa « pauvre vie ». Sans râle ni agonie. Comme un ouvrier qui a enfin terminé sa tâche et que son Maître s'apprête à récompenser pour avoir été, dans la fidélité à son service, viscéralement prêtre.

*

Oui ! Jean-Marie Vianney était habité d'un amour viscéral envers ce Dieu incarné et mort pour offrir le salut des hommes ! Et cet amour, il avait su le transmettre de toutes les forces de son cœur. C'est pourquoi l'Église a tenu à mettre en exergue cet humble curé de campagne qui a attiré – et qui attire encore – les foules du monde entier. Moins de cinquante ans après sa mort, Pie X l'a reconnu bienheureux (8 janvier 1905) et l'a déclaré patron des curés de France le 12 avril suivant. Pie XI le canonisa le 31 mai 1925 et le nomma patron des curés de Rome et de l'univers le 23 avril 1929.

Sa vie a inspiré au bienheureux Jean XXIII une encyclique[2] à tous les prêtres du monde pour l'aider à

---

1. Cité par A. Monnin, éd. 1868, p. 458.
2. « *Sacerdotii Nostri Primordia* » à l'occasion du centenaire de la mort de saint Jean-Marie Baptiste Vianney (31 juillet 1959), *La Documentation Catholique* n° 1111310, 16 août 1959.

« persévérer et à grandir dans cette amitié divine qui constitue la joie et la force de toute vie sacerdotale. »

« Vers ces sommets de la sainteté sacerdotale, poursuit-il, saint Jean-Marie Vianney nous entraîne tous... Il fut en vérité pour son petit troupeau le bon pasteur qui connaît ses brebis, les garde du danger et les conduit avec autorité et sagesse. Ne se louait-il pas à son insu par cette apostrophe d'un de ses sermons : "Un bon pasteur, un pasteur selon le cœur de Dieu : c'est là le plus grand trésor que le bon Dieu puisse accorder à une paroisse." »

Jean-Paul II, venu se recueillir à Ars lors de son voyage en France en 1986, fera un témoignage aussi fort devant une assemblée de prêtres : « Ainsi donc, le Christ s'est bien arrêté ici, à Ars, au temps où Jean-Marie Vianney y était curé. Oui, il s'est arrêté. Il a vu "les foules" des hommes et des femmes du siècle dernier qui "étaient fatigués et abattues" comme des brebis sans berger. (Mt 9, 36). Le Christ s'est arrêté ici comme le Bon Pasteur[1]. »

« Que les fortes paroles du Saint Père touchent et rejoignent encore aujourd'hui chacun d'entre nous. Que les prêtres du monde entier qui viennent auprès du saint Curé, leur saint patron, comme auprès d'un grand frère, en repartent réconfortés et fortifiés dans leur vocation et dans leur foi[2]. »

---

1. Message de Jean-Paul II à Ars le 6 octobre 1986.
2. Père Jean-Philippe Nault, *Les Annales du Sanctuaire d'Ars*, n° 297, juillet-août 2005.

Postface

Les grandes influences...

Chacun d'entre nous est marqué par des personnes ou par des faits de son enfance ; on peut d'ailleurs facilement retrouver ces grandes influences dans une vie adulte. Elles ancrent des orientations fondamentales qui marquent toute une vie, même si elles restent parfois inconscientes. Pour le Curé d'Ars, cela est tout aussi vrai, et il est impressionnant de remarquer combien il sera marqué par elles, et combien il cherchera à s'en inspirer ou à en vivre pendant ses quarante et un ans de présence à Ars.

Merci à Madame Françoise Bouchard, de nous avoir retracé la vie et l'œuvre de celui dont le Pape Jean-Paul II précisait : *« le Curé d'Ars demeure pour tous les pays un modèle hors pair, à la fois de l'accomplissement du ministère et de la sainteté du ministre » [Ars, 1986].* La sainteté d'un homme ne laisse jamais indifférent. Elle touche non seulement ses contemporains mais aussi chacun d'entre nous et la lecture de ce livre nous y aide, elle est une invitation. La vie de sainteté aussi est marquée par l'influence de personnes ou de faits qui avec le recul, semblent l'éclairer. La précision, le dynamisme et les articulations de cet ouvrage nous permettent de percevoir ces grandes influences, de les « suivre » tout au long de la vie du Saint Curé. On y perçoit « l'histoire d'une âme » toute orientée vers Dieu et « hantée » par le salut du monde ; un homme profondément humain qui s'est laissé toucher et habiter par Dieu.

Essayons de repérer quelques-unes de ces grandes influences chez Jean-Marie Vianney.

• **Sa Maman tout d'abord, Marie Béluze.** Elle lui a donné, pourrait-on dire, le sens de Dieu, de la vie avec Dieu. C'est elle la première qui lui apprendra à prier, à connaître Dieu et à l'aimer. Elle lui enseignera à vivre sous son regard, c'est-à-dire en toute vérité, en toute intimité et simplicité avec Lui. Cette qualité le guidera toute sa vie, dans les moments plus difficiles où les épreuves sont lourdes et où il ne perçoit pas la volonté de Dieu, ainsi que dans les périodes plus paisibles. Sa familiarité avec le « Bon Dieu » qui surprendra tant ses proches, vient certainement de cette habitude prise dès l'enfance. De cette intimité naît l'authenticité d'une vie chrétienne. Toute sa prière porte la marque d'un abandon confiant, *« l'homme est un pauvre qui a besoin de tout demander à Dieu »*. Sa fidélité totale au-delà des épreuves spirituelles, humaines ou matérielles, s'appuie sur cette amitié avec Dieu.

Marie Béluze lui avait appris à se tourner vers Dieu quand l'horloge de la ferme de Dardilly sonnait les heures, et à confier ainsi ses occupations, ses joies ou ses peines à Jésus. Une des premières choses qu'il fera en arrivant à Ars sera de relever le clocher et d'y installer une pendule ; il pourra ainsi inviter ses paroissiens, lorsque les cloches sonnent, à tourner leur cœur vers le Seigneur.

Il sera tellement marqué par l'exemple de sa Maman, qu'une des raisons de la création de la maison de « Providence » sera pour le Saint Curé, de « former des mamans ». Il pensait que la meilleure façon de gagner le cœur de ses paroissiens et de les tourner vers Dieu était de passer par les mères de famille. Alors, l'urgence est bien de former des mamans : « *la vertu passe facilement du cœur des mamans dans le cœur des enfants* » précisait-il. Son œuvre d'évangélisation passera par là.

Sa Maman avait pressenti, comme c'est souvent le cas pour les mamans, l'ampleur de l'appel de Dieu sur ses enfants et tout spécialement sur son Jean-Marie. Petit, elle lui avait dit un jour : « *tu vois Jean-Marie, si tes frères et sœurs péchaient* (dans le sens de gravement) *cela me ferait de la peine, mais surtout si c'était toi* ». Quand il lui dira déjà grand, sa volonté de devenir prêtre, elle lui répondra : « *tu sais, cela fait longtemps que je le sais* ». Elle a donc porté et accompagné la vocation de son fils, même si elle partira trop tôt pour le voir prêtre. Devenu pasteur d'âmes, il pressentira bien souvent la profondeur de l'appel de Dieu sur ceux qui venaient à lui et il les aidera à répondre de tout leur cœur à cet appel. Le « charisme » de la maman a engendré et porté celui du curé.

• **Son père ensuite, Mathieu Vianney.** Agriculteur solide et pragmatique, il lui apprendra à connaître et à aimer la vie. Il enseignera aussi à son fils à aimer le travail et à y être fidèle. La terre ne ment pas, et en la travaillant pour lui faire porter du fruit, en coopérant à l'œuvre de la création, on rejoint le Créateur. Comment ne pas percevoir chez le saint Curé cet amour de la terre et de son travail. En bon fils de paysan, il s'en servira comme d'un réservoir inépuisable d'exemples et d'analogies pour parler du Créateur ou de la vocation de chacun. Il y percevra une image de la fidélité et de la bonté de Dieu au-delà de tous les bouleversements possibles.

Son père lui apprit aussi à aimer les pauvres et plus largement à les accueillir, c'est-à-dire à reconnaître en eux le Seigneur lui-même. C'était une « tradition » familiale puisqu'en 1770 Benoît Labre (qui deviendra saint Benoît Labre) sera accueilli dans la ferme des Vianney ; marqué par l'accueil reçu il enverra une lettre de remerciement, chose rarissime de sa part ! M. Vianney avait confié à chacun de ses enfants une tâche au service des plus petits, selon ce qu'il était ou selon son âge ; c'est toute la famille qui devenait ainsi accueillante.

Le Curé d'Ars fera de même des années plus tard dans sa paroisse, en répartissant selon le charisme et les capacités de chacun, le service d'accueil des pauvres et des pèlerins. La paroisse devient ainsi une grande famille autour du Seigneur Jésus, chacun y apportant ce qu'il est ou ce qu'il peut donner au service des autres (accueil, permanence de prière ou d'intercession, transport et logement, aide de toute sorte). Si, à la vue d'un pauvre frappant nu-pieds à sa porte, avant toute autre chose il commence par lui donner ses propres chaussures, c'est peut-être à l'exemple de son père qu'il le doit.

Jean-Marie Vianney retiendra aussi de son père, son souci et son attention à sa propre famille, à son devoir d'état. Il y discernera l'importance de l'exemple et de l'image que donnent le père et la mère. À son arrivée à Ars il n'aura de cesse de sauvegarder la famille et de la protéger de tout ce qui peut la blesser (alcool, futilités, jalousie, travail le dimanche, débauche, grossièretés). La famille deviendra un des soucis constant du pasteur et un des axes prioritaires de sa pastorale ; elle engendre les saints.

Mathieu Vianney apprit enfin à son fils l'obéissance filiale. Si les relations ne furent pas toujours faciles entre eux, si le père ne comprit pas toujours son fils dans son désir de devenir prêtre, si le refus de la conscription et la désertion entachèrent fortement leurs liens, il lui montra (même malgré lui) que l'obéissance filiale porte du fruit en son temps. L'amour filial de l'Église et de son évêque qui caractérisera tant le Curé d'Ars, trouve peut-être ici son origine.

• **L'ABBÉ CHARLES BALLEY, CURÉ D'ÉCULLY.** Jusqu'à sa mort, Jean-Marie Vianney l'appellera son maître. On peut imaginer combien il fut marqué par lui, et combien son influence fut grande sur le jeune homme qui voulait devenir prêtre, pour « *gagner des âmes au Bon Dieu* ». Pendant onze années de vie commune au presbytère d'Écully [1806-1817], le jeune séminariste apprendra par osmose et par imitation, ce qu'est la vie d'un prêtre et d'un curé. Monsieur Balley était de plus auréolé par sa « résistance parfois héroïque durant la période troublée de la Révolution et de la persécution religieuse ». Sa forte personnalité, sa rigueur, son sens du sacrifice et de l'abnégation, sa piété et sa foi profonde marqueront à jamais l'âme du jeune Jean-Marie. Il fut un véritable maître et un père pour ce séminariste peu sûr de lui, peu doué pour les sciences, mais au cœur si débordant de générosité et si pieux.

Ses mortifications, le Curé d'Ars les a apprises chez M. Balley. Tous deux rivalisaient dans l'abnégation et le renoncement. Ils voulaient ressembler à leur Maître et Seigneur et apprendre de lui douceur et humilité : « *Apprenez de moi que je suis doux et humble de cœur* » a dit Jésus. C'est avec le curé d'Écully qu'il apprit ce qu'il résumera plus tard ainsi : « *si un prêtre venait à mourir à force d'abnégation et de privations, ce ne serait pas mal !* »

Mais l'Abbé Balley va surtout éveiller en lui un cœur de prêtre, emprunt de zèle, de piété et d'abandon. Il lui apprendra à surmonter et à offrir ses difficultés, ses pauvretés et ainsi à les faire fructifier. Il va l'ancrer dans l'amour de l'Église et donc de la sainteté. L'abbé Balley engendrera enfin chez le jeune séminariste un cœur de pasteur. Il lui apprendra ce qu'il a lui-même reçu de son ordre religieux (les génovéfains), à savoir la visite des familles à domicile, l'attention à la liturgie et à son déploiement, l'implication personnelle du prêtre dans la pastorale, la prière commune à l'église : autant de points mis en œuvres plus tard par le Curé d'Ars.

À la mort de l'Abbé Balley, son jeune vicaire accueillera comme un héritage le témoignage de son curé, celui d'une vie toute donnée « pour la gloire de Dieu et le salut du monde » ; un héritage qu'il cherchera lui aussi à transmettre.

Si en 1929 le Pape Pie XI déclare Jean-Marie Vianney patron de tous les curés de l'univers, et donc des pasteurs ayant charge d'âmes, c'est donc sans doute aussi grâce au curé d'Écully.

• **Le contexte politique et religieux** de la Révolution française et de ses suites, marquera profondément Jean-Marie Vianney, même de façon inconsciente.

Né juste avant la Révolution (en 1786), il en vivra et en subira toutes les péripéties et toutes les souffrances. C'est l'époque troublée où le peuple chrétien est profondément déchiré. Il y a ceux qui même malgré eux suivent le clergé dit « jureur », c'est-à-dire celui qui a fait allégeance au gouvernement en place. Il y a ceux qui veulent rester fidèles à Rome et au Saint Père (clergé dit « réfractaire »). Les premiers ont pignon sur rue, les seconds vivent cachés et sont persécutés. La famille Vianney suit le clergé « réfractaire », et pratique sa foi et le culte de façon « cachée ». Comment un enfant ne serait-il pas marqué profondément par cette foi pour laquelle on est prêt à risquer sa vie ? Si ses parents sont prêts à prendre tant de risques, s'ils sont prêts à faire des kilomètres à pied la nuit pour aller à la Messe en se cachant, combien Dieu doit être important, combien sa foi, sa réponse d'enfant sont fondamentales.

Cela inscrira dans son cœur, une sorte de « hiérarchie » profonde entre ce qui concerne Dieu et « le reste », entre ce qui intéresse le Ciel et ce qui intéresse les hommes. Il sera prêt à donner sa vie pour Dieu ou son Royaume, le reste a pour lui « peu » d'importance dans le sens ou tout ne se comprend qu'en référence à son Seigneur. Ce point éclaire non seulement sa prière personnelle, mais aussi ses priorités pastorales ainsi que son sens inné de la présence de Dieu et de la déférence qui lui est due.

Cette période troublée à tant de niveaux incitera aussi le futur Curé d'Ars à s'appuyer totalement sur Dieu dans l'adversité, et à relativiser les options, les modes ou les événements d'un moment. La stabilité de la foi en Dieu est le meilleur garant parmi les bouleversements du monde ou les humeurs des foules. Jean-Marie Vianney traversera ainsi la première moitié du XIXe siècle, si chargé en péripéties et révolutions, avec le calme serein de celui qui ne compte que sur Dieu.

Ces aspects et bien d'autres encore ont marqué Jean-Marie Vianney. On perçoit mieux ce que fut le Curé d'Ars durant quarante et un ans, quand on rencontre ceux qui l'ont influencé ainsi, ou lorsque l'on perçoit ce qui l'a profondément touché. Beaucoup de ses initiatives, de ses habitudes ou de ses attentions de pasteur prennent ainsi leurs racines dans son enfance. Ces influences ont d'ailleurs certainement été acceptées et offertes : c'est le secret de la communion des saints.

Aujourd'hui encore elles se font sentir dans l'héritage spirituel que nous a légué le saint Curé, et dans son intercession quotidienne.

Puisse Jean-Marie Vianney nous guider nous aussi « *sur le chemin du Ciel* ».

Puisse cet ouvrage nous aider à prendre davantage conscience de notre vocation à la sainteté, et à nous confier toujours plus à l'intercession du « pauvre et saint Curé d'Ars ».

Père Jean-Philippe Nault,
Recteur du Sanctuaire d'Ars.

Bibliographie

L'Ange conducteur des pèlerins d'Ars, Frère Gabriel Taborin, Belley Édit., 1850.

Le Vénérable Curé d'Ars. Sa vie, ses vertus, sa mort, L.F. Guérin, Lyon, Urayet, Édit. 1859.

Le Curé d'Ars. Vie de M. J.-B.M. Vianney, Abbé A. Monnin, Paris, C. Doumiol, Édit. 1861.

Vie nouvelle du Vénérable Curé d'Ars et de Sainte Philomène, J. Darche, Paris, Palme, Édit. 1870.

Vie du Frère Jérôme, sacristain de l'église d'Ars pendant la vie du Vénérable, J. M.B. Vianney.

Mlle Marthe des Garets, Bourg, Édit. 1879.

Le Bienheureux Curé d'Ars, J. Vianney, Paris, Lecoffre. Édit. 1923.

Le Curé d'Ars. Saint J.M.B. Vianney, Abbé F. Trochu, Lyon, Vitte. Édit. 1925

Sermons du Curé d'Ars, Dom M.A. Delaroche, 4 tomes, Paris, Beauchesne, Édit. 1925.

Le Curé d'Ars, H. Ghéon, Paris, Flammarion. Édit. 1928.

L'Âme du Curé d'Ars, Mgr F. Trochu, E. Vitte, Lyon, Édit. 1928.

Saint J.M.B. Vianney – Curé d'Ars. Patron de tous les curés de l'Univers. Abbé G. Sepiéter, Lille. Ets Sepiéter, Édit. 1934.

Vie des Saints et des Bienheureux, R.R. P.P. Bénédictins de Paris, t. VIII, Paris. Letouzey et Ané, Édit. 1949.

Catherine Lassagne, Mgr Trochu, Trévoux, Édit. 1953.

Médium… ou Médiateur ? Dr A. Assailly, Les productions de Paris, Paris, Édit. 1958.

Le Curé d'Ars, Mgr Fourrey, Lyon, Éditions Chalet, Édit. 1958.

J.-M. Vianney, Curé d'Ars, B. Nodet, Paris, Mappus, Édit. 1958.

Le Curé d'Ars Authentique, Mgr Fourrey, Paris, Fayard, Édit. 1964.

Le Curé d'Ars au Quotidien, C. Lassagne, Parole et Silence, Édit. 2003.

Procès de Béatification : C/4 série

« Établissement des Frères de la Sainte Famille ». 01. Belley

Remerciements

Que soit exprimée ici ma gratitude :

– à Monseigneur Jean-Pierre Ricard, Archevêque de Bordeaux, Évêque de Bazas, Président de la Conférence des Évêques de France, qui m'a fait l'honneur de préfacer cet ouvrage ;

– au Père Jean-Philippe Nault, Recteur du sanctuaire d'Ars, qui a bien voulu accepter d'en concevoir la postface ;

– au Père Régis Étienne, Archiviste du sanctuaire d'Ars, pour toutes les informations qu'il a bien voulu me communiquer ;

– et à mes amis François et Joëlle Martino, qui ont eu le mérite de dactylographier mon manuscrit.

Table

Cet ouvrage a été composé
par Atlant'Communication
aux Sables-d'Olonne (Vendée).

Achevé d'imprimer le 13 avril 2011
sur les presses de
La Manufacture - *Imprimeur* – 52200 Langres
Tél. : (33) 325 845 892

N° imprimeur : 11176 - Dépôt légal : juillet 2005
Imprimé en France